U0897204

2016年江西省高校人文社会科学青年项目：
《全球犯罪协同治理下我国洗钱罪立法困境之因由及出路》项目（FX162003）

全球化背景下的洗钱犯罪化

以没收为视角

周锦依 著

上海三联书店

序

洗钱既是一种相对陈旧的犯罪形式，亦是一个较为新兴的犯罪问题。言其陈旧，乃在于洗钱的本质仍然是对犯罪所得的掩饰与隐瞒，而此种犯罪形态由来已久。言其新兴，则在于将反洗钱作为一项犯罪控制策略，以强化对毒品、贪腐、恐怖主义等严重犯罪的打击治理，却是发生于过去不到三十年的时间内。自 1988 年《维也纳公约》第一次将涉毒洗钱入罪以来，世界各国便相继加入了一场规模浩大的反洗钱运动。从洗钱罪的设立及没收制度的构建，到反洗钱监管的实施，再到跨境追赃、缴赃合作的开展，以立法、预防、国际协作为三大基石的全球反洗钱网络已然逐步形成。在此背景之下，洗钱的严重危害，被理所当然地视为了当今反洗钱运动的“发起根源”；国际公约的相关规定，则顺理成章地被各国奉为了国内立法的“金科玉律”；国内立法与国际反洗钱标准统一路径之探寻，也相应成为了当下反洗钱研究的“大势所趋”。

然而，对洗钱严重危害性的普遍共识，难免在一定程度上掩盖了洗钱犯罪化与违法所得没收之间的内在关联；对公约义务履行的关注强调，亦多少忽略了国际组织对国内立法的潜在制约；而对前述两方面的认知不足，又将导致对反洗钱立法统一的追寻流于

“形式一致”，而难以践行其“实质价值”。诚然，洗钱行为的犯罪化缘起于毒品犯罪的打击需要。追缴犯罪所得以断犯罪动机，即是该立法初衷实现的重要手段。但是，真正将洗钱犯罪化推向世界的，却是对犯罪所得跨境流转问题的应对之需。

全球化在方便资本跨境流转的同时，亦使得赃款追缴不得不突破国别限制而走向国际协同的互助模式。在此态势下，赃款追缴之立法思路与司法理念，亦将随之发生相应的转换与改变。跨境追赃需要一定的技术支持与行业支撑，协同合作亦离不开必要的国际共识与立法依托。面对如是需求，全球反洗钱运动应运而生。洗钱行为的犯罪化，即是其中的一项重要组成。全球化的考量视角，让洗钱犯罪化助力于追赃、缴赃之作用根本得以逐步显现；亦让反洗钱服务于跨境追赃协作机制构建之价值导向越发清晰。基于如是认知，如何充分参与全球反洗钱并有效利用其所构建的跨境追赃机制，也就成了相关公约规范在国内立法转化中更深层次的考量。

在某种意义上，反洗钱刑事立法的全球化进程，其实是在构建跨境追赃协同机制的共同诉求下，对各国洗钱犯罪化与违法所得没收规范“求同存异”的改造过程。在此过程当中，“求同”的程度要达到几许、“存异”的空间又可以有多大，则是各国在调整、完善本国反洗钱刑事立法不可回避的问题。对此问题的合理认知，既涉及对当今反洗钱作用根本的客观把握，亦关乎本国立法空间与国际立法制约的有效平衡。

基于上述考量，立足于全球化之时代背景，本研究试图通过对洗钱犯罪化之作用根本的基础论证、结合国际社会之于国内相关立法影响与制约方式之探究，揭示当今洗钱犯罪化研究之立论根基。以此为基础，进一步为我国洗钱犯罪化所涉争议问题解决及相关立法完善路径提供一定的分析视角与考量依据。

目　录

导 言

一、研究背景及意义

洗钱作为一种掩饰、隐瞒犯罪所得的方法或手段，尽管得名于20世纪30年代美国黑帮教父AL Capone对自助洗衣店的利用，但究其根本，实为一种赃物犯罪的表现形式。而赃物犯罪，却是由来已久。因为对获利性犯罪而言，顺利保有犯罪所得以对其使用获益乃是其犯罪后的本能需要。基于此种需要，其必然会通过各种方式掩盖赃款的违法属性以躲避国家司法机关的追诉与追缴。然而，如此由来已久的犯罪形式，却在过去不到三十年的时间内一跃成了国际社会关注与打击的重点。对此，“严重的社会危害性”似乎早已成为推动全球反洗钱不言自明的当然理由。但是，若对当今关于洗钱危害说的各类论证进行分析梳理便不难发现，社会各界对洗钱严重危害性之共识，似乎并非出于对洗钱危害的客观认知，而是更多源于国际反洗钱运动的发展使然。从某种意义而言，“严重的社会危害”乃是作为一种普适性的入罪化依据，以在全球范围内顺利推行针对洗钱犯罪相对统一的刑事规制。

如此，所引发的一系列问题则是：为何国际社会一定要“统一"各国对洗钱犯罪的刑事规制？引发洗钱在全球犯罪化的根源究竟为何？如果说洗钱犯罪化的目的在于打击特定上游犯罪，那么为何近年来国际公约对洗钱罪的修正却多专注于对上游犯罪的拓宽，甚至是将洗钱罪的适用范围延伸至一切犯罪？如此又该如何界定洗钱犯罪与传统赃物犯罪的边界？而相比于洗钱罪立法修正方向之单一，反洗钱相关公约中针对犯罪所得的刑事追缴举措却在被不断丰富与完善。例如，1988年《联合国禁止非法贩运麻醉药品和精神药物公约》（简称《维也纳公约》）即对刑事没收及相关的跨国合作作出了体系性的规定；又如，2000年《联合国打击跨国有组织犯罪公约》（简称《巴勒莫公约》）开始建立对银行、非银行以及其他易被用于洗钱之行业与机构的综合性监管（包括验证客户身份、保持记录、报告可疑交易等几项规定）；再如，2005年《联合国反腐败公约》则对资产追回机制予以创制与细化。值得一提的是，1990年金融特别行动工作组（简称FATF）更是直接将洗钱犯罪化与涉案财物没收规定为各国打击洗钱犯罪立法体系的重要组成。若将上述反洗钱举措仅仅理解为对毒品等特定上游犯罪的打击治理，未免过于"兴师动众"。但如果将洗钱犯罪化归因于犯罪所得追缴，又难以合理解释为何《维也纳公约》《巴勒莫公约》等国际规范却有意将洗钱罪的上游犯罪限定于毒品犯罪等有限罪名？除此之外，尽管《维也纳公约》对涉毒洗钱的入罪在一定程度上受到了美国利用反洗钱打击毒品犯罪的影响；但是，国际社会何以要借鉴一个国家的犯罪控制策略并试图将该策略强制推行至世界各国？毕竟，犯罪控制策略本身带有极强的政治色彩和地域特征。对上述问题之探究，难免引发对洗钱犯罪化之作用根本的思考。而从另一个视角看，由于洗钱犯罪化只是反洗钱体系中的一个组成部分，其既有别于反洗钱亦服务于反洗钱。因此，对洗钱犯罪化作用根本的探索，并不仅仅是对国际反洗钱作用根本的挖掘，其在一定程度上还是对洗钱犯罪化之于反洗钱体系以及体系内部各项举措(反洗钱预防监管、与国际合作)之价值与意义的探寻。

其次,回顾我国洗钱行为的犯罪化进程。尽管1997年刑法典增设第191条洗钱罪之时,既已存在的第312条"窝藏、转移、收购、销售赃物罪"[①]与刑法第349条"窝藏、转移、隐瞒毒品、毒赃罪"已然能够在一定程度上满足对赃物犯罪的惩戒。[②] 但《维也纳公约》及FATF《40条建议》在当时对金融领域的特别关注,亦使得刑法第191条仍然以其对利用金融领域清洗特定上游犯罪所得的重点打击而独立于其他赃物犯罪。然而,上述打击重点,却因后续公约及国际组织相关规定的出台而逐渐被淡化。一方面,《联合国打击跨国有组织犯罪公约》《联合国反腐败公约》及FATF《40条建议》对上游犯罪范围的大规模扩容,使得我国不得不在对《刑法》第191条上游犯罪进行两次扩增后,再次借助对刑法第312条"掩饰、隐瞒犯罪所得、犯罪所得收益罪"[③]的修正弥补洗钱罪适用范围过窄的缺陷。另一方面,为了配合2003年FATF《40条建议》将反洗钱范围向非金融领域延伸的修订,我国亦通过司法解释拆除了刑法第191条设立之初对洗钱方式(即"利用金融领域"清洗犯

---

① 该条文规定"明知是犯罪所得的赃物而予以窝藏、转移、收购或者代为销售的,处三年以下有期徒刑、拘役或者管制,并处或单处罚金"。该罪名后变更为"掩饰、隐瞒犯罪所得、犯罪所得收益罪"。

② 毕竟,"赃物"概念本身具有较强的模糊性,其既可以被理解为具体的物品种类而与"赃款"区分,亦可以被视为一种抽象的属性概念指代一切的有形与无形、实体与虚拟。而"窝藏、转移"的表述亦很难完全否认其对"掩饰、隐瞒"含义的涵盖。

③ 2009年经过《刑法修正案(六)》的修订,刑法第312条变更为"明知是犯罪所得及其产生的收益而予以窝藏、转移、收购、代为销售或者以其他方法掩饰、隐瞒的,处三年以下有期徒刑、拘役或者管制,并处或单处罚金;情节严重的,处三年以上七年以下有期徒刑,并处罚金",罪名也更改为"掩饰、隐瞒犯罪所得、犯罪所得收益罪"。

罪所得)的限制,以囊括典当、租赁、买卖、投资等非金融洗钱方式。[①] 不难发现,我国洗钱行为的犯罪化进程在某种意义上即是不断修正国内立法,以迎合国际反洗钱要求的过程。国际公约及国际组织的相关要求在某种程度上甚至超越了本国立法与修法的内在需求,而一度成了左右我国洗钱罪立法进程的主导。在此背景之下,对国际社会制约国内立法机制的了解与把握便成为了合理认知反洗钱刑事立法问题的基本前提。实际上,近年来学界关于洗钱犯罪化问题的争议,无论是对自洗钱应否入罪的探讨、还是上游犯罪应然范围的界定、抑或是对反向洗钱入罪的构想,究其根源,仍在于国内立法规范与国际反洗钱要求的分歧。然而,对此问题的探讨若仅仅停留在"遵循公约要求修改国内立法"的层面,无疑在承认国际社会影响力的同时间接抹杀了我国的立法自主性。实际上,我国洗钱犯罪化受到国际反洗钱标准影响与制约的过程,在某种意义上也恰恰是我国参与并利用国际反洗钱体系的过程。如何全局性地把握"国际反洗钱宗旨""国际反洗钱标准"以及"国内立法及修法空间"之间的相互关系,则成为了合理平衡我国立法自主性与国际立法干预力之间关系的关键。而从另一方面看,对该问题的认知与把握,亦将作为调和、应对我国洗钱罪立法规范与国际反洗钱相关诉求间冲突与矛盾的方向指导,而贯穿于整个洗钱犯罪化进程中。

再次,"国际反洗钱刑事立法举措"的另一核心内容——犯罪所得没收,却鲜少以与反洗钱,尤其是洗钱犯罪化直接关联的形态出现在国内的相关学术研究当中。此种脱节,在一定程度上源于对洗钱犯罪化之作用根本的认识不足。长久以来,反洗钱大多被

---

① 2009 年《最高人民法院关于审理洗钱等刑事案件具体应用法律若干问题的解释》第 2 条。

视为一种打击上游犯罪、管控金融秩序的有力手段。这亦使得国内对洗钱犯罪化及涉案财物没收的研究彼此相对独立。由于视角受限，无论是洗钱犯罪化抑或是涉案财物没收，均难以立足于反洗钱体系并结合与其他反洗钱举措之相互关联，探究洗钱犯罪化之可能路径选择与优化完善策略。实际上，反洗钱并非仅限于对洗钱犯罪的防控治理，而是以"赃款流转"为监管对象、以"赃物犯罪"为配套打击、以"跨境追赃"为宏观导向的综合性的赃款追缴体系。作为该体系中的重要组成，洗钱犯罪化与犯罪所得没收之立法构建与司法适用，亦不可背离反洗钱体系的基本价值追寻。恰如脱离反洗钱体系讨论洗钱犯罪化犹如"无本之木"一般；脱离反洗钱体系而讨论犯罪所得没收，则无异于"闭门造车"，因为其与当下赃款跨境流转、世界各国联合追赃之国际趋势是不相符合的。如此，既不利于我国参与国际反洗钱机制的构建，亦不利于我国运用反洗钱机制的功能。不得不承认，伴随全球犯罪治理机制的逐步发展与完善，共同打击特定犯罪之责任承担早已使得一国无法完全独立于世界体系而"独善其身"。因此，如何在国际追赃形势与国内没收立法之间寻求一定程度的平衡、如何在洗钱犯罪化与涉案财物没收之间形成有效呼应，则显得尤为重要。在此背景之下，立足于本国司法实践及现有理论的同时，兼顾对反洗钱跨境没收宗旨的配合；在解读与修正实体法规范的同时，为程序法可能的发展趋势预留一定的操作空间，则是刑法实现洗钱犯罪化功能与价值的又一重要使命。

二、研究对象

本研究立足于全球化之大背景，通过对洗钱犯罪化作用根本的深入挖掘，以期揭示洗钱犯罪化与涉案财物没收之间的内在关联，并进一步呈现全球反洗钱服务于跨境追赃之宗旨所在。以此为主线，结合国际反洗钱标准对国内立法影响机制之探究，本研究试图从没收视角对我国洗钱犯罪化进程及其所涉争议问题进行分析与解读，并据此提出相关的修正完善建议。

对于“全球化”之立论背景，本研究主要从如下两方面予以重点关注。一方面，是经济全球化的时代特征。当今世界经济已然形成超越国界、相互依存、彼此联系的有机整体。受益于此，资本及与其关联之活动如金融服务、贸易往来等得以在跨境规模与自由度方面获得大幅提升；受制于此，反洗钱亦因赃款跨境流转而面临新的困境与难题。另一方面，则是全球犯罪协同治理的发展趋势。跨国犯罪的治理防控需要跨国力量的合作互助，更有赖于协同机制的构建推行。随着公约规范、区域规范以及国际组织相关规定的制定实施，针对跨国、跨区域性犯罪的国际治理合力正在逐步形成。洗钱犯罪因时代赋予的跨境特性，自然属于该协同治理的服务标的；反洗钱本身，在某种意义上亦可视为是该协同治理的重要实现。

对于“没收”之研究视角，其乃是本研究对洗钱犯罪化认知分析的核心切入与立论基础。此处的“没收”，主要是指代针对犯罪所得的刑事没收。作为研究的核心切入，本文对洗钱犯罪化之探讨缘起于对其作用根本——“没收犯罪所得”的思考，落脚于对反洗钱体系中洗钱犯罪化与刑事没收内在关联的揭示；作为研究的立论基础，本文对洗钱犯罪化进程及所涉争议问题分析，则均是建立在当今反洗钱服务于跨境追赃之基本宗旨的指引之下。从问题切入到争议解决，“没收”为整个研究划定了视阈边界。而从洗钱犯罪化价值实现的角度，文末亦对洗钱所涉财物的刑事没收问题进行了部分探讨。

对于本文的研究主体，“洗钱犯罪化”之作用根本、立法制约以及完善路径，乃是本研究关注的三大核心。对作用根本之探究，旨在揭示当今洗钱犯罪化在反洗钱体系乃至犯罪协同治理体系中的功能价值，以为后续研究提供立论基础；对立法制约之考察，意在探索洗钱犯罪化进程中国内立法自主与国际立法制约之间的平衡之法，以为提出改良之策提供具体方法依托；对完善路径之思考，既立足于微观层面对具体争议问题的分析解决，亦着眼于宏观层面对洗钱犯罪层次化打击模式之构想。简而言之，本文对洗钱犯罪化之研究，始于其价值考量、终于其价值实现。

三、研究综述

（一）洗钱罪研究整体概况

就洗钱罪的整体研究情况而言，在 1997 年刑法典增设第 191 条洗钱罪之前，洗钱犯罪多作为一种附随性的概念散见于一些国际法或者经济类犯罪的文献著述中。前者如赵永琛所著的《国际刑法与司法协助》，[①]后者如高铭暄主编的《经济犯罪和侵犯人身权利犯罪研究》。[②] 相比之下，对窝藏、转移、隐瞒毒品、毒赃罪的相关讨论在一定程度上则可以视为我国洗钱罪研究的雏形。例如，赵海峰于 1992 年发表的《试述掩饰、隐瞒出售毒品所得财物的非法性质和来源罪》即涉及到了对洗钱概念、特征以及刑事责任的讨论。[③]

洗钱犯罪开始作为一项独立的问题受到学界关注，则是在 1997 年刑法典正式设立洗钱罪以后。在早期的研究当中，理论界

---

① 赵永琛：《国际刑法与司法协助》，法律出版社 1994 年版，第 70 页。

② 高铭暄主编：《经济犯罪和侵犯人身权利犯罪研究》，中国人民公安大学出版社 1995 年版，第 299—300 页。

③ 赵海峰：《试述掩饰、隐瞒出售毒品所得财物的非法性质和来源罪》，《法学杂志》1992 年第 6 期，第 21—22 页。

对洗钱罪的研究重点大多集中在洗钱的概念界定以及犯罪构成要件的明确。例如,《洗钱罪初探》对洗钱罪的立法价值与意义以及洗钱罪的行为特征进行了总结;[①]《论洗钱罪的几个问题》就洗钱罪的定义及犯罪构成进行了解读;[②]《洗钱罪的认定及处罚》将洗钱罪客体界定为复杂客体,并就洗钱罪对象及主观要件中的"明知"进行了阐释。[③] 此外,将洗钱罪与传统赃物类犯罪进行比较研究,亦是早期学界关注的另一重点,例如,1999 年陈明华发表的《洗钱罪与窝赃、销赃罪比较研究》。[④]

2000 年以后,学界对洗钱罪的研究逐渐形成一定规模。研究视角主要集中在以下几个方面。其一,是对洗钱罪的基础理论研究。例如,2004 年吉林大学博士论文《洗钱罪研究》[⑤]以及 2007 年吉林大学博士论文《洗钱罪基础理论问题研究》均对洗钱罪概念、犯罪构成要件、共犯与未完成犯罪形态以及牵连犯与连续犯等基础理论进行了体系性研究。[⑥] 其二,是对不同国家或地区间洗钱罪的比较研究。例如,2005 年《中国洗钱犯罪立法与司法与欧盟反洗钱制度比较研究》,即是从反洗钱制度层面对中欧地区进行的对比研究;[⑦]2012 年发表的《德国反洗钱刑事立法述评与启示》一文,基于对德国洗钱的犯罪化进程以及反洗钱立法体系的阐释,提出了我国应当完善洗钱罪上游犯罪、重新审视自洗钱行为的独立

---

① 王朋、赵准:《洗钱罪初探》,《人民检察》1997 年第 8 期,第 13 页。

② 李希慧:《论洗钱罪的几个问题》,《法商研究》(中南政法学院学报)1998 年第 2 期,第 46—52 页。

③ 陈明华:《洗钱罪的认定及处罚》,《法律科学》(西北政法学院学报)1997 年第 6 期。

④ 刘贵涛、张成发:《洗钱罪与窝赃、销赃罪比较研究》,《理论界》1999 年第 3 期,第 40 页。

⑤ 刘飞:《洗钱罪研究》,吉林大学 2004 年博士学位论文。

⑥ 曾文波:《洗钱罪基础理论问题研究》,吉林大学 2007 年博士学位论文。

⑦ 何萍:《中国洗钱犯罪立法与司法与欧盟反洗钱制度比较研究》,上海人民出版社 2005 年版。

成罪以及设立过失洗钱罪等立法完善建议；[①]华东政法大学 2013 年博士论文《两岸洗钱犯罪比较研究》，对大陆和台湾洗钱罪的比较研究则涵盖了从刑事立法到司法适用，再到反洗钱行政立法和反洗钱司法合作等反洗钱体系的方方面面；[②]2014 年西南政法大学博士论文《中美洗钱罪立法比较研究》则体系性地对中美洗钱罪历史演进、具体犯罪构成要件以及量刑规范进行了详细的对比研习。[③] 其三，则是将国内反洗钱立法与国际反洗钱公约相结合，对比分析国内立法的差距与不足。例如，《〈联合国反腐败公约〉与我国洗钱罪之刑事立法》即是经由对公约的分析解读，指出我国在洗钱罪主体、上游犯罪范围、洗钱方式方面予以改进之需要；[④]《〈联合国禁毒公约〉与我国洗钱收益之没收》则是对比我国立法与公约规定在没收犯罪所得方面的差距，提出扩大没收概念、增添举证责任倒置以及合理对抗银行保密规则等建议；[⑤]《反洗钱：概念与规范诠释》则对整个国际反洗钱立法规范的发展与演变轨迹进行了体系性的阐释。[⑥] 在此基础之上，亦有学者针对反洗钱国际合作进行了专门研究。例如，《论我国反洗钱犯罪的国际合作》即从反洗钱信息交换、执行标准以及相关机构间的协调合作等方面提出了相关的改进建议。[⑦]

---

① 王新：《德国反洗钱刑事立法述评与启示》，《河南财经政法大学学报》2012 年第 1 期，第 132—138 页。

② 周娟：《两岸洗钱犯罪比较研究》，华东政法大学 2013 年博士学位论文。

③ 李云飞：《中美洗钱罪立法比较研究》，西南政法大学 2014 年博士学位论文。

④ 王琼：《〈联合国反腐败公约〉与我国洗钱罪之刑事立法》，《人民司法》2006 年第 8 期，第 61—63 页。

⑤ 陈晖：《〈联合国禁毒公约〉与我国洗钱收益之没收》，《环球法律评论》2006 年第 6 期，第 755—760 页。

⑥ 王新：《反洗钱：概念与规范诠释》，中国法制出版社 2011 年版。

⑦ 赵永林：《论我国反洗钱犯罪的国际合作》，《法学杂志》2011 年第 5 期，第 61—64 页。

(二) 本研究所涉问题研究现状

结合本研究所涉主要问题(包括"洗钱犯罪化"之作用根本、反洗钱立法国际标准化中受到的外在制约以及洗钱犯罪化价值实现之具体路径),当前相关研究大致呈现如下问题与不足:

首先,相较于对洗钱犯罪化路径的探讨,现有研究却鲜少关注洗钱犯罪化的作用根本。在某种程度上,我国对该问题的研究大多混同于对洗钱严重危害性的分析阐释或是对洗钱罪客体性质的辨析界定。对于洗钱危害性的阐释,学界主要是从两大视角展开。其一,是从理论层面推导洗钱的严重危害。比如,以洗钱危害金融秩序为核心,向外延伸至可能受到洗钱不利影响的方方面面(例如滋生贪污腐败、影响政府公信力、破坏社会秩序等)。[①] 其二,则是通过频繁引用统计数据以印证洗钱的危害后果。对此,国际货币基金组织(IMF)、联合国毒品犯罪办公室(UNODC)以及金融行动特别工作组(FATF)三大机构公布的反洗钱数据,则是反复出现在各类洗钱危害论中的座上宾。另一方面,学界对洗钱罪客体性质的探讨,亦大多是从如下两大视角展开——"金融管理秩序"与"司法机关的正常活动"。洗钱罪在我国隶属于刑法分则第 3 章第 4 节"破坏金融管理秩序罪",以及洗钱罪对银行等金融领域的高度利用率,是学界主张洗钱破坏"金融管理秩序"的关键。[②] 相比之下,洗钱以掩饰、隐瞒犯罪所得为目的的行为特征

---

① 张军主编:《反洗钱立法与实务》,人民法院出版社 2007 年 11 月,第 40 页;姜志刚:《洗钱罪比较研究》,《现代法学》1999 年第 1 期,第 76 页;王新:《反洗钱:概念于规范诠释》,中国法制出版社 2011 年版,第 30 页。

② 刘宪权:《金融犯罪刑法理论与实践》,北京大学出版社 2008 年版,第 419 页;杨春洗、杨敦先主编:《中国刑法论》(第二版),北京大学出版社 1998 年版,第 381 页。

则是侵犯“司法机关正常活动”客体立论的主要依据。[①] 与此同时，为了弥补上述两大视角可能存在的缺陷与弊端，复杂客体说、[②]选择性客体说、[③]多重客体说、[④]以及不确定客体说[⑤]等学说亦开始出现。

其次，对反洗钱刑事立法（即洗钱犯罪化与所涉财物没收）的国际标准化进程，学界当前的论述大多集中于对公约规定及国际组织相关要求的分析解读，且目的也多服务于为国内立法提供对比参照，以强调修正当前立法以迎合国际标准之必要与必然。[⑥] 相比之下，对于国际社会制约国内立法的作用机制，以及对该作用机制的合理应对之策，却较少被关注或述及。后者亦是本文论述的重点之一。

再次，对我国洗钱行为的犯罪化研究，上游犯罪范围过窄、自洗钱行为应否独立成罪以及反向洗钱的刑事规制，乃是当前学界的争议热点。就上游犯罪范围过窄的问题，对扩容上游犯罪持“支持”态度的学者占据了绝对优势。其中，“惩治洗钱犯罪之现实需求”以及“开展国际反洗钱合作之必然需要”乃是学者论述其主张

---

① 张翔飞：《洗钱罪构成要件探析》，《宁波大学学报》2001 年第 3 期。

② 高铭暄、马克昌：《刑法学》，北京大学出版社、高等教育出版社 2000 年版，第 425 页；周道鸾、张军主编：《刑法罪名精释》，人民法院出版社 2013 年版，第 309 页；陈兴良主编：《罪名指南》（第二版）（上册），中国人民大学出版社 2008 年版，第 437 页。

③ 刘飞：《洗钱罪研究》，社科文献出版社 2005 年版，第 104 页。

④ 周振想：《中国新刑法释论与罪案》，中国方正出版社 1997 年版，第 861 页；鲜铁可：《金融犯罪的定罪与量刑》，人民法院出版社 1999 年版，第 392 页。

⑤ 刘宪权：《金融犯罪刑法理论与实践》，北京大学出版社 2008 年版，第 417 页。

⑥ 王琼：《〈联合国反腐败公约〉与我国洗钱罪之刑事立法》，《人民司法》2006 年第 8 期；陈晖：《〈联合国禁毒公约〉与我国洗钱收益之没收》，《环球法律评论》2006 年第 6 期；王新：《反洗钱：概念与规范诠释》，中国法制出版社 2011 年版。

的两大主要依据。[①] 具体的扩容方式，又细分为激进扩容说[②]、有限扩容说[③]以及空白罪状说。[④] 相比之下，反对扩容上游犯罪范围的学者则主要是从节约司法资源以及刑法第 191 条与刑法第 312 条之间的相互关系角度论述其观点。[⑤] 关于自洗钱行为独立成罪的探讨，持否定观点的学者主要是从"罪刑法定原则""不可罚事后行为"以及"吸收犯"的角度加以论证。[⑥] 而持肯定观点的学者则主要是基于洗钱罪侵害的新法益、其他国家对自洗钱独立成罪的采纳以及国际反洗钱要求而主张对立法的进一步完善。[⑦] 而伴随着《刑法修正案（十一）》对刑法第 191 条洗钱罪"明知"的删除，更是让不少学者据此主张我国自洗钱独立成罪的语义障碍已被拆

① 肖乾利、孙华南：《我国洗钱罪刑事立法缺陷与完善之探讨》，《云南行政学院学报》2012 年第 1 期，第 161 页；阴建峰：《洗钱罪上游犯罪之再扩容》，《法学》2010 年第 12 期，第 73 页。

② 侯国云、安丽萍：《洗钱罪相关问题探讨》，《河南师范大学学报》2007 年 1 月，第 85 页；莫洪宪主编：《加入〈联合国打击跨国有组织犯罪公约〉对中国的影响》，中国人民公安大学出版社 2005 年版，第 115 页。

③ 马克昌：《完善我国关于洗钱罪的刑事立法——以〈联合国打击跨国有组织犯罪公约〉为依据》，载赵秉志主编：《联合国公约在刑事法治领域的贯彻实施》，中国人民公安大学出版社 2010 年版，第 731 页；贾宇、舒洪水：《洗钱犯罪若干争议问题研究》，《中国刑事法杂志》2005 年第 5 期。

④ 蔡桂生：《洗钱罪上游犯罪刑事立法研究》，《大连大学学报》2008 年 2 月，第 67 页。

⑤ 马长生、辜志珍：《论刑法修正案（六）对洗钱罪的扩容》，《河北法学》2007 年第 9 期；黄太云：《立法解读：刑法修正案及刑法立法解释》，人民法院出版社 2006 年版，第 143 页。

⑥ 张明楷：《刑法学》，法律出版社 2015 年第四版，第 700 页；赵秉志主编：《中国刑法案例与学理研究（分则篇二）（上）》，法律出版社 2001 年，第 228 页；【日】大谷实：《刑法总论》，黎宏译，法律出版社 2003 年版，第 359 页；林山田：《论法律竟合与不罚之前后行为》，《台大法学论丛》，1993 年 22 卷第 2 期，第 129 页。

⑦ 贾学胜：《事后不可罚行为研究》，《现代法学》2001 年第 5 期，第 80 页；赵金成：《洗钱犯罪研究》，中国人民公安大学出版社 2006 年版，第 68—69 页；王新：《德国反洗钱刑事立法述评与启示》，《河南财经政法大学学报》，2012 年第 1 期，第 135 页；《台湾洗钱防治法》第 2 条第 1 款，该法颁布于 1996 年 10 月 23 日，施行于 1997 年 4 月 23 日；王新：《反洗钱：概念与规范诠释》，中国法制出版社 2011 年版，第 210 页。

除。[①] 对此，又进一步引发了关于自洗钱独立成罪应否仅适用于洗钱罪而不涉及其他赃物犯罪的学理争议。[②] 对于反向洗钱的入罪研究，因现有罪名规制不能而导致无法满足国际反洗钱需要，乃是学界主张反向洗钱入罪的根源所在。具体的入罪建议则主要集中于对刑法第 191 条行为方式的具体修正。[③]

最后，针对反洗钱所涉刑事没收。该没收之法律性质、犯罪所得及其收益的具体范围、非基于刑事定罪之特别没收的适用边界与限制以及洗钱所涉对象的追索及处置举措，则是目前学界的讨论焦点。就洗钱所涉没收之法律性质的界定，刑罚说、[④]保安处分说[⑤]以及折中说（或多义说）[⑥]是目前理论界的三大立场。关于犯

---

① 王新：《自洗钱犯罪：传统赃物罪理论有新解》，《检察日报》2021 年 5 月 12 日第 003 版。

② 刘宪权、陆一敏：《自洗钱入罪司法适用的疑难解析》，《检查日报》2021 年 5 月 12 日，何萍：《自洗钱入罪后的罪数问题》，《人民法院报》2021 年 7 月 8 日。

③ 袁永超：《洗钱犯罪的规范解读及其防治》，中国人民大学 2015 年博士学位论文；于志刚：《恐怖活动犯罪中资助行为入罪化的价值取向——与传统洗钱罪的冲突与整合》，《中国检察官》2006 年第 6 期，第 32 页；张磊：《以“反向洗钱”的入罪化为中心反思我国洗钱罪的行为方式》，《当代法学》2012 年第 1 期，第 109 页。

④ 金光旭：《日本刑法中的不法收益之剥夺》，《中外法学》2009 年第 5 期，第 785 页；【日】木村龟二主编：《刑法学词典》，顾肖荣等译，上海翻译出版公司 1991 年版，第 428 页；何帆：《刑事没收研究——国际法与比较法视角》，法律出版社 2007 年版，第 92 页；张明楷：《论刑法中的没收》，《法学家》2012 年第 3 期，第 60 页；陈子平：《刑法总论》，中国人民大学出版社 2009 年版，第 483—487 页。

⑤ 高铭暄主编：《刑法学原理》（第 3 卷），中国人民大学出版社 1993 年版，第 184—186 页；张明楷：《论刑法中的没收》，《法学家》2012 年第 3 期，第 63 页；【日】大塚仁：《刑法概说・总论》，冯军译，中国人民大学出版社 2003 年版，第 452 页；《意大利刑法典》，黄风译，中国政法大学出版社 1998 年版，第 75 页；李长坤：《刑事涉案财物处理制度研究》，华东政法大学 2010 年博士学位论文。

⑥ 傅美惠：《论没收——刑法修正草案“没收”规范评析》，《中正法学集刊》第 17 期，第 79 页；李祥源：《没收的法律性质》，京师刑事法治网，https://www.criminallawbnu.cn/criminal/Info/showpage.asp?pkID=10874，最后访问于 2015 年 12 月 19 日；何鹏主编：《现代日本刑法专题研究》，吉林大学出版社 1994 年版，第 268 页。

罪所得及其收益的具体范围，应否吸收犯罪成本（“纯利说”与“毛利说”之争），[①]是否排除经由合法劳动创造的犯罪收益，[②]以及对善意第三人的保护范围，[③]目前尚无定论。对于违法所得特别没收的适用边界，尽管早期将刑诉法规定的“恐怖主义犯罪、贪污贿赂犯罪等重大犯罪案件”解读为“仅仅适用于贪污贿赂犯罪与恐怖犯罪这两类”受到了一定的认可。[④] 但遵循最高人民法院就“重大犯罪案件”发布的司法解释，从嫌犯、被告人可能判处的刑期以及案件的社会影响予以综合考量则是学界主流。[⑤] 另一方面，对非基于刑事定罪之特别没收程序的适用限制，则主要集中在对其证明标准的设置上。对此，借鉴英美国家采取的民事证明标准（优势证据）、[⑥]运用刑事证明标准（排除合理怀疑），[⑦]以及采取介乎两者之间的证明标准[⑧]三派观点之间形成了对峙。至于洗钱所涉对象的追索及处置举措，学界大致分为三种主张。将“追缴”与“责令退赔”视为“部分的没收”；[⑨]将“追缴”“责令退赔”视为程序上的强制

---

① 参见戴长林主编：《刑事案件涉案财物处理程序》，法律出版社 2014 年版，第 37—40 页。

② 参见时延安：《违法所得没收条款的刑事法解释》，《法学》2015 年第 11 期，第 127—128 页。

③ 参见李长坤：《刑事涉案财物处理制度研究》，华东政法大学 2010 年博士学位论文。

④ 参见王尚新、李寿伟主编：《〈关于修改刑事诉讼法的决定〉解释与适用》，人民法院出版社 2012 年版，第 289 页。

⑤ 参见张慧芳、曹琳：《论正确适用违法所得没收程序理念》，《河北法学》2015 年第 9 期，第 79 页。

⑥ 参见黄风：《我国特别刑事没收程序若干问题探讨》，《人民检察》2013 年第 13 期，第 11 页。

⑦ 参见陈卫东、李响：《论违法所得没收特别程序中的利害关系人》，《政法论坛》2015 年第 1 期，第 82 页。

⑧ 参见时延安：《违法所得没收条款的刑事法解释》，《法学》2015 年第 11 期，第 123—124 页。

⑨ 张明楷：《论刑法中的没收》，《法学家》2012 年第 3 期，第 57 页。

措施以区别"没收"这一实体处分;[①]以及将"追缴"视为强制措施,而将"责令退赔""没收"视为实体处分。[②] 而论及应否与他国分享没收后的犯罪所得,世界各国基于打击特定犯罪之共同义务,[③]以及犯罪所得本应归属于各国所有,[④]乃是学界对其持否定态度的主要理由。

四、研究方法

本文涉及的研究方法主要包括以下几种:

(一) 规范分析法

对洗钱犯罪化及相关没收问题的研究既涉及对国内立法规范的解读,还涉及对国际公约以及国际组织相关规定的理解与适用。因此,立足于现有规范,探寻规范设立之目的,以及不同规范之效力等级、相互关联,乃是本文就具体问题展开分析与研究的基础。

(二) 价值分析法

对洗钱犯罪化之作用点的考察涉及到对不同利益价值的平衡与取舍。例如,反洗钱对银行保密义务的突破,即是司法机关追缴赃款之需求胜过私权利保护的结果。另一方面,洗钱罪在全球范围内的普及,则是发达国家与发展中国家就国家利益博弈的结果。

---

① 何帆:《刑事没收研究——国际法与比较法视角》,法律出版社 2007 年版,第 108 页。

② 曲升霞,袁江华:《论我国〈刑法〉第 64 条的理解与适用》,《法律适用》2007 年第 4 期,第 86 页。

③ 参见储槐植、郭明跃:《联合国反腐败公约与中国反腐败国际合作研究》,《刑法论丛》2007 年第 1 期。

④ 参见毛兴勤:《违法所得没收裁定的域外执行:机遇、挑战与进路》,《法治研究》2014 年第 3 期。

与此同时，在没收犯罪所得的立法及司法实践中，对超属性、过限度没收的“默许”，亦是国家在特定时期打击特定犯罪之需求超越公民财产权利之保护的体现。

（三）历史分析法

对国际反洗钱举措的认知以及国内相关立法的解读，不能仅仅局限于当下的国际社会大环境，而是应当放眼于相关立法及举措形成的具体过程与发展轨迹。依循历史以了解现状的优势在于：一方面，有利于全局性地观察、了解同一立法举措在不同时期存在的利弊得失；另一方面，有利于更加客观、理性地认知眼下的问题与缺陷，同时遵循既有轨迹寻找相应的解决方案。

（四）比较分析法

对洗钱犯罪化及所涉财物没收的问题研究，将涉及对前人既有解决方案的大量比较分析。比较的意义，不仅仅在于发现和累积认知问题的不同视角。更重要的，是从各类观点差异中找寻出引发争议的根源。例如，经由对现有学说的对比分析便不难发现，上游犯罪应然范围之争议，其根源乃在于对当下国际反洗钱目的的认知模糊，以及对刑法第 191 条现有立法定位的错解。

| 第1章 |

洗钱犯罪化之作用根本：没收犯罪所得

洗钱犯罪被西方社会认为是"20 世纪 90 年代的犯罪"[①]，因为自那时起，洗钱一改 80 年代所处的边缘状态[②]而一跃成为西方各大刑事司法议程的"座上宾"。相比之下，我国将洗钱作为一项独立的犯罪进行打击则是自 1997 年《刑法》设立第 191 条洗钱罪开始。实际上，无论世界各国对洗钱犯罪的关注源于何时，不可否认的是，在不到 30 年的时间内，洗钱犯罪已由衍生于赃物犯罪的分支而一跃成为全球范围联合国际力量协同打击毒品犯罪、有组织犯罪、贪腐犯罪以及恐怖主义犯罪的重要手段。

1.1 洗钱犯罪化进程

1.1.1 洗钱犯罪化的国际推进

国际层面，从最早涉及洗钱犯罪化的 1988 年《联合国禁止非

① G. Richard Strafer, "Money laundering: the crime of the '90s'", *American Criminal Law Review*, 1989, 27(1), pp. 149 - 207.

② 除去经济因素，在 80 年代，很多西方国家甚至还没有形成一套惩治洗钱犯罪所依赖的没收机制。

法贩运麻醉药品和精神药物公约》(以下简称《维也纳公约》)到1999年《制止向恐怖主义提供资助的国际公约》再到2000年《联合国打击跨国有组织犯罪公约》(以下简称《巴勒莫公约》)以至2003年《联合国反腐败公约》,各公约的打击标的虽各有不同,但通过洗钱犯罪化以助力特定上游犯罪打击,却是共同的宗旨。这些规定,共同构建了当今国际反洗钱的立法基础。除此之外,金融行动特别工作组(以下简称FATF)的成立以及《40条建议》的出台,则为进一步督促与衡量各国反洗钱发展进程提供了重要依托与评价标尺。

自国际反洗钱运动发展以来,各国如同“膝跳反应”一般纷纷在国内实现洗钱入罪,并不断顺应公约要求加以修正。即便少数坚持不将洗钱入罪的国家,也不得不慑于FATF“黑名单”以及来自其他反洗钱国家的压力而纷纷屈同。这场在全球范围内刮起的“洗钱犯罪化”浪潮看似是各国自主为之,但实际上,各国就洗钱行为“是否”以及“如何”犯罪化之自主性却已然丧失。先设立洗钱罪后探讨入罪正当性这一有悖于理性刑事立法的情形在世界各国屡见不鲜。①

除此之外,美国“9·11”恐怖袭击后,资助恐怖活动罪也被纳入到各国的反洗钱框架之中。不同于洗钱罪对被隐赃款“来源”的关注,资助恐怖活动罪则是针对被隐赃款之“去向”。将一种与传统洗钱犯罪截然不同甚至方向完全相反的行为(又称“反向洗钱”)纳入反洗钱的打击领域,无疑是对各国刑事立法的又一挑战。

---

① 如果仅仅以“禁止从犯罪中获利”作为洗钱罪设立之正当化基础,那么在洗钱行为独立成罪之前,赃物类犯罪本身的存在,以及一国对犯罪所得的没收也可以实现禁止从犯罪中获利,而没有必要一定要将洗钱行为单独成罪。

1.1.2 洗钱犯罪化的国内实现

国内层面，自1997年刑法设立第191条洗钱罪以来，上游犯罪从最初的毒品、走私、黑社会性质有组织犯罪，相继增加了恐怖主义犯罪(2001年)[①]，以及贪污贿赂犯罪、破坏金融管理秩序犯罪和金融诈骗犯罪(2006)[②]。尔后，为解决上游犯罪范围受限的弊端，我国则开始出现"广义洗钱罪"之概念。[③] 将刑法第191条洗钱罪，第312条掩饰、隐瞒犯罪所得、犯罪所得收益罪，第349条窝藏、转移、隐瞒毒赃罪统称为"广义洗钱罪"，以使洗钱罪的惩戒范围得以囊括一切上游犯罪。与此同时，洗钱罪的行为方式，也由最初规定的利用银行等金融系统，扩张延伸至包括利用典当、租赁、商场、饭店、赌博等非金融领域。[④] 与此进程相伴的，则是理论实务界对洗钱犯罪化的争议探讨。例如，围绕洗钱罪客体是否单一、可变，学界一直众说纷纭、莫衷一是；[⑤]洗钱罪与其他赃物犯罪的

---

① 2001年12月13日全国人民代表大会常务委员会通过的《刑法修正案(三)》第7条规定"明知是毒品犯罪、黑社会性质组织犯罪、恐怖活动犯罪、走私犯罪的违法所得及其产生的收益……"。

② 2006年6月29日全国人民代表大会常务委员会颁行的《刑法修正案(六)》第16条规定将贪污贿赂犯罪、破坏金融管理秩序犯罪、金融诈骗犯罪列为洗钱罪的上游犯罪。

③ 王新：《竞合抑或全异：辨析洗钱罪与掩饰、隐瞒犯罪所得、犯罪所得利益罪之关系》，《政治与法律》2009年第1期。

④ 2009年11月4日最高人民法院《关于审理洗钱等刑事案件具体应用法律若干问题的解释》(自2009年11月11日起施行)第2条"具有下列情形之一的，可以认定为刑法第一百九十一条第(五)款规定的'以其他方式掩饰、隐瞒犯罪所得及其收益的来源和性质'：(一)通过典当、租赁、买卖、投资等方式……(二)通过与商场、饭店、娱乐场所等先进密集型场所的经营收入相混合的方式……(三)通过虚构交易、虚设债权债务、虚假担保、虚报收入等方式……(四)通过买卖彩票、奖券等方式……(五)通过赌博方式……(六)协助将犯罪所得及其收益携带、运输或者邮寄出入境的"。

⑤ 李希慧：《论洗钱罪的几个问题》，《法商研究》1998年第2期。我国第191条洗钱罪处于《刑法》分则第三章第四节破坏金融管理秩序罪，根据立法归类，国家金融管理秩序至少是该罪侵犯的客体之一。

适用竞合在理论、实务界也一直存在不同的看法；[①]“广义洗钱犯罪”概念的提出，亦难免引发对刑法第 191 条存在意义之反思。[②]

实际上，面对三十年来世界各国相继完成洗钱犯罪化并不断扩张惩戒范围的发展态势，仅以“严重的社会危害性”对此过程进行诠释难免过于含糊与笼统。在经济全球化、国际社会协同治理以及反洗钱浪潮等背景下，对洗钱行为“为何”以及“如何”犯罪化问题的探讨已然很难局限于国内立法层面。影响洗钱犯罪化的国际因素也不只是犯罪手段、资金流转具有跨国性如此简单。不探究洗钱犯罪化的作用根本，不了解当今各国通行的洗钱罪缘何产生、因何发展，对洗钱罪所涉问题的探讨便如同无源之水、无本之木，对洗钱犯罪未来走向之把握也只能是亦步亦趋而缺乏前瞻与主动。故而，有必要对洗钱入罪的根本缘由进行深入探讨，以为后续具体问题讨论提供基础前提。

1.2 对洗钱犯罪化因由——“严重危害性”的审视

洗钱，作为一种将非法所得转化为合法收入的行为。由于不存在直接受害人，人们对其危害性的感知往往具有非直观性。然而，非直观性的危害感知大多抽象且难以准确衡量。例如，你很难说一个毒枭将其在一国贩毒所得转变为另一国合法收入的过程究竟伤害了哪些具体个体以及伤害得有多严重。相比之下，破坏金融业的信用及稳定、侵害国家经济秩序、以至于威胁国家安全等抽

① 吴波：《洗钱罪的司法适用困境及出路》，《法学》2021 年第 10 期。

② 王新：《竞合抑或全异：辨析洗钱罪与掩饰、隐瞒犯罪所得、犯罪所得利益罪之关系》，《政治与法律》2009 年第 1 期。如果将上游犯罪扩展至包括一切犯罪且犯罪手段不再限制于金融领域，那么第 312 条掩饰、隐瞒犯罪所得收益罪则足以囊括，又何需专门成立 191 条洗钱罪呢？

象表述则被频繁用于描述洗钱危害。而自20世纪90年代以来，无论是官方宣传还是媒体鼓吹，均显示出各国政府之所以出台种种反洗钱举措，乃是基于对洗钱严重危害性之共识。这一"共识"，亦被理所当然地视为推动洗钱入罪全球化的重要缘由。然而，普遍的危害共识未必是对洗钱危害的客观认知，理所当然的入罪依据亦未必是引发事物背后的真正源头。冷静而理性地审视洗钱危害，或许有助于揭示推动洗钱入罪全球化的根本动力所在。

1.2.1　洗钱"严重危害性"的理论支撑

自国际反洗钱运动发起以来，理论界对洗钱危害性的讨论便不绝于耳。小到对物价汇率的影响，大到对人类社会的威胁，各种观点层出不穷。令人颇为惊讶的是，纵观近年来的诸多论述探讨，无论基于何种视角，得出的结论却空前一致——洗钱危害不容小觑。对此，可大致从"纵向"与"横向"两方面予以梳理呈现。

理论界对洗钱危害性之"纵向"挖掘主要集中在其对经济领域的影响。由于洗钱的目的是将非法所得转化为合法所有，任何一种实体经济或金融贸易服务都有可能被其利用。故而，洗钱对经济领域的侵害无疑最为直接。爱尔兰学者Joras Ferwerda曾对国际货币基金组织（IMF）、经合组织（OECD）、金融特别行动工作组（FATF）出版的反洗钱刊物，以及美国经济学会电子数据库Econlit、荷兰中央数据库（NCC）和Google学术库等搜索引擎内涵盖的大量相关文献进行过细致的统计。在其整理出的25种洗钱危害中，有17项即归属于经济领域。它们包括：在短期内扭曲消费、人为哄抬物价、引发不公平竞争、影响进出口、影响出口收入及就业、影响一国税收、改变利率与汇率、使利率与汇率不稳定、易化信贷可获得性、加大资本流出/入以及在长期内扭曲投资、影响一国经济增长、威胁私有化进程、影响外商直接投资、加剧金融业的运营风险、影响金融业的获利、使得非法经济进一步污染合法经济。① 伴随这些理论成果的积累,洗钱在经济领域的危害被不断细化。而这种细化本身,即是对洗钱严重危害性的有力诠释。

不同于在经济领域内的"纵向"深入,对洗钱危害性之"横向"探索则广袤许多。之所以用"广袤"形容,主要源于该种论证方式乃是放眼于一切可能受到洗钱影响的方方面面,通过将洗钱与其他社会问题相关联,以在更宏观的层面揭示洗钱的危害。例如,有学者指出洗钱对贪腐的助长②有可能会进一步影响一国政府在公众和国际社会中的形象以致引发政府的信任危机;③亦有学者认为洗钱对司法机关追查、惩治犯罪的妨碍④为罪犯享有犯罪所得提供了更多机会,而这又将反哺并诱发更多的犯罪以致影响社会治安;⑤有学者相信洗钱与恐怖融资之间的密切交织将导致国家甚至全球安全都将受到威胁与挑战;⑥亦有学者担忧洗钱导致资金从穷国流入富国的态势会加重发展中国家对发达国家的依赖,甚至严重影响国际新秩序的构建。⑦ 简而言之,洗钱除了危害经济领域之外,其还影响到了政治、司法、社会安定、国家安全、以至

---

① Joras Ferwerda, *The effects of money laundering*, edited in "Research Handbook on Money Laundering" edited by Brigitte Unger, Daan van der Linde, Publshed by Edward Elgar Publishing Limited, 2013, pp. 36 - 37.

② 学者邵沙平曾指出"洗钱保护腐败,腐败又推动洗钱",《国际刑法专家:洗钱已成为维护腐败的重要手段》,https://finance. sina. com. cn/g/20050915/08591970043. shtml,最后访问于 2015 年 2 月 7 日。

③ 张军主编:《反洗钱立法与实务》,人民法院出版社 2007 年版,第 40 页。

④ 姜志刚:《洗钱罪比较研究》,《现代法学》1999 年第 1 期,第 76 页。

⑤ Mackrell, N., *Economic consequences of money laundering*, in A. Graycar and Pc Brabosky (eds), *Money Laundering in the 21st Century: Risks and Countermeasures*, Australian Institute of Criminology, Research and Public Policy Series, Canberra, Australia, 1997.

⑥ 王新:《反洗钱:概念与规范诠释》,中国法制出版社 2011 年版,第 30 页。

⑦ 张军主编:《反洗钱立法与实务》,人民法院出版社 2007 年版,第 42 页。

国际秩序的维护。不难发现，学界对洗钱危害的“横向”探讨通过把洗钱置于社会、国家乃至国际大环境中，利用事物之间相互联系的客观规律，将洗钱可能产生的各种不利不断延伸扩张，从而在更宏观的层面论证洗钱的严重危害。

纵然视角不同，各方对洗钱严重危害性的论证结论却高度统一。洗钱的严重危害不仅体现在其对特定领域（经济）的侵害之“深”，还表现在其对不特定领域的影响之“广”。与此同时，近年来诸多官方机构及权威部门公布的各类统计数据，亦为印证洗钱的严重危害提供了重要佐证。

1.2.2 洗钱“严重危害性”的数据支持

对于全球洗钱规模的统计，较为权威的数据主要来源于国际货币基金组织（IMF）、联合国毒品犯罪办公室（UNODC）以及金融行动特别工作组（FATF）三大机构。其中，国际货币基金组织（IMF）公布的数据被引用得最为广泛与频繁。1998 年国际货币基金组织（IMF）常务理事 Michel Camdessus 在对金融行动特别工作组（FATF）发表的讲话中指出“世界洗钱总额约占到全球 GDP 的 2%到 5%”。[①] 这个百分比在当年意味着大约有 1.5 万亿美元的资金被清洗。而如果将该比例适用于当下，那么全球洗钱总额则大致在 1.9 万亿美元至 4.7 万亿美元之间。[②] 联合国毒品犯罪办公室（UNODC）也曾在 2009 年将全球毒品犯罪和有组织犯罪违法所得的总量估算为全球 GDP 的 3.6%，并认为在这个比

---

① Walker，J. and B. Unger，*Estimating money laundering*：*The Walker Gravity Model*，Review of Law and Economics，December，2009.

② 2021 年全球 GDP 总量约为 94.9 万亿美元，https://www.statista.com/statistics/268750/global-gross-domestic-product-gdp，最后访问于 2022 年 1 月 10 日。

重中约有 2.7%被进行了清洗。[①] 相比之下,FATF 统计的结果则相对保守一些。FATF 曾将其推测的每年约 5000 亿美元的全球犯罪所得总额视为全球每年可能产生的洗钱总量。[②]

反观国内洗钱规模的统计,除了援引国际货币基金组织(IMF)公布的比例并根据我国每年 GDP 总额进行估算外,较直观地反映我国洗钱状况的权威数据则基本来源于中国人民银行的反洗钱报告。该报告通过公布人民币和外汇大额、可疑交易量,可疑交易报告及涉案金额;以及破获的涉嫌洗钱案件数和涉案金额来呈现当年的洗钱状况。[③] 据中国人民银行 2019 年反洗钱报告显示,该年我国反洗钱监测分析中心共接收大额交易报告约 8.67 亿份、可疑交易报告约 163.76 万份,同比增长 2.22%;侦查机关立案 474 起,同比增长 33.17%;全国检察机关批捕涉嫌洗钱犯罪案件 5073 起,提起公诉 5766 起;法院依法一审审结洗钱案件 5734 起。[④] 除此之外,另一个被经常引用以揭示洗钱规模的数据则是我国的外逃资本数额。有学者曾基于我国洗钱与资本外逃规模的正相关系,推测洗钱是不正常资本外逃的引发原因。[⑤] 而对于我

---

① "How much money is laundered per year", https://www.fatf-gafi.org/pages/faq/moneylaundering/,最后访问于 2015 年 2 月 10 日。

② Vito Tanzi, *Money Laundering and the International Financial System*, IMF Working Paper 96/55, Washington DC, International Monetary Fund, 1996.

③ 北大学者王新曾对上述数据进行过详细的整理与归纳,详见王新:《反洗钱:概念与规范诠释》,中国法制出版社 2011 年版,第 26—27 页。

④ 此处的数额统计包括了以《刑法》第 191 条、312 条、349 条定罪的所有案件。参见中国人民银行:《2019 年中国反洗钱报告》,https://www.pbc.gov.cn/fanxiqianju/resource/cms/2020/12/2020122918425737536.pdf,最后访问于 2022 年 1 月 10 日。

⑤ 马理、姜楠、李甲翔:《非法洗钱与资本外逃对中国金融安全的影响研究》,《世界经济研究》2021 年第 3 期。

国外逃资本规模的估算，除却经济学家的专业统计外，[①]各大网站的“相关数据”亦可略见一斑。例如，“中国国际收支余额(2010年为600亿美元)中的错误和遗漏表明，资本外逃的规模可能高达数百亿美元”、[②]“中国国际收支平衡表中净误差与遗漏(Net Errors and Omission)数字自2010年起逆差累计已达3000亿美元以上(近两万亿人民币)，包括2014年三季度创下的负630亿美元的历史极值”。[③]

值得一提的是，不论是国际组织对全球洗钱规模的估算，抑或是国内机构对本土洗钱规模的统计，具体的测算结果尽管存在不同程度的差异，但各方结论却无一例外地指向当下洗钱规模之“巨”。这意味着，如果理论界对洗钱危害之“质”的论证皆能成立，那么现有统计数据则无疑实证性地从“量”上印证了洗钱在现实中的巨大危害。

1.2.3 对洗钱“严重危害性”论证依据之反思

统观近年来国内外关于洗钱危害的研究成果，不难发现一种研究态势：在国际社会不断强调洗钱问题以及各国政府逐年加大反洗钱力度的背景下，无论研究者们是将洗钱的危害聚焦于某个特定领域进行条分缕析，还是将其危害放眼于尽可能宏观的方方面面，又或是致力于各种揭示洗钱规模的数据统计，其论证的结论均无一例外地落脚于强调洗钱危害之“重”。然而，究竟是研究结

---

① 赵方华、张雯、何伦志：《我国资本外逃规模估算与影响因素分析》，《统计与决策》2019年第5期，第4期。

② 《中国资本外逃暗潮》，载FT中文网(中国经济)，https://www.ftchinese.com/story/001042976?full=y，最后访问于2015年2月10日。

③ 高盛：《中国近两万亿收支误差或反映资本隐秘外流》，载华尔街见闻网，https://wallstreetcn.com/node/213063，最后访问于2012年2月11日。

论的空前一致，致使人们确信论证的结果本就是毋庸置疑的客观事实？还是当下研究成果的统一，其实是以既定背景为前提的先入为主？或许，换一种审视的态度来看待当下有关洗钱危害性的各方论证将有助于更加客观地认识该问题。

就上述理论研究而言，无论其基于何种视角均可谓言之有理。然而，若要说上述论断言之有据则未必妥当。毕竟，理论观点是建立在逻辑分析基础上的一种推断与设想，对其准确性的考量仍然需要相关经验数据的辅助。这好比在医学界，也许可以通过蛋白质与核酸分析发现某种病毒可能对人体呼吸系统产生的损害。但在获知人体对该种病毒的实际感染率以及该种病毒在人体内增殖、表达、甚至突变而引发危害的临床数据之前，充其量也只能初步认定该病毒在病理上的危害性，却不能得出该病毒必然造成严重危害的结论。对洗钱危害性的论证亦是如此。纵然，学者们罗列出了多种洗钱可能存在的负面影响，但是这些言之有理的危害观点却鲜少获得来自经验数据的支持。被学者们频繁旁征博引的仍旧是源自几大国际组织或权威机构的宏观统计。然而，这些显示洗钱规模的笼统数据本身却并不足以论证洗钱在各个领域，以及各领域的各个方面可能产生的具体危害究竟有多严重。换言之，支持洗钱严重危害性的大多数理论观点仍旧是学者们对洗钱危害的推测，这些推测彼此关联、相互支持地架构出了一幅洗钱严重危害性的“宏图”。但是，在获得经验数据验证之前，推测并不足以与真实客观的危害划等号。

其次，对于目前公布的统计数据，虽然有关国际组织对全球洗钱规模的估测甚至精确到了全球 GDP 的百分比。然而，数据统计方法却从未公布。这意味着，任何组织或个人都难以检测这些测量方法的合理性与统计结果的准确性。相比之下，我国官方至今都未曾出具过任何有关洗钱规模的正面统计。虽然中国人民银行的反洗钱报告几乎每年都对大额、可疑报告量，报案和审结案件的数字以及涉案金额进行统计。但是，即便不去追究被提交的报告中真正涉嫌洗钱的交易所占比例究竟多少，单就审理洗钱案件之“涉案金额”的用语本身就带有极大的模糊性。[①] 而就外逃资本而言，即便其可以被视为洗钱的一种表现，可是引发资本外逃的原因除了转移非法所得之外，还包括实现化公为私、逃避管制、趋利避险以及因担心私人合法资本被侵占而转移个人财产[②]等多种动机。将基于以上诸多因素引发的资本外逃总额用来反映我国洗钱的整体规模，数据本身涵盖的水分恐怕同样不容小觑。[③] 不得不承认，被广泛引用的两类数据在某种程度上仅能视为对我国洗钱规模的间接反映，而无法直接证明我国洗钱的严重程度。实际上，要实现对国际与国内洗钱规模的客观统计是极其困难的。因为用于统计的前提条件本身并不清晰。例如，在国际层面，对洗钱总量的确定需以对“洗钱”概念的明确为前提，而时至今日，世界各国对上游犯罪范围的规定仍各不相同。其次，对清洗数额的计算究竟是基于单笔犯罪所得，还是基于同一笔犯罪所得经过的交易次数之数额累积也尚不清楚。相比之下，在国内层面，单就统计洗钱

---

① 中国人民银行统计的数据包括了以《刑法》第 191 条、312 条、349 条以及第 121 条之一定罪的所有案件，而并非第 191 条洗钱罪；与此同时，涉案金额究竟是指经过洗钱的金额，还是犯罪分子实施上游犯罪所产生的犯罪所得金额，则并不清晰。

② 任惠：《中国资本外逃的规模测算和对策分析》，《经济研究》2001 年第 11 期，第 70 页。

③ 实际上，2012 年我国国家外汇管理局有关部门负责人在当年前三季度我国国际收支状况答记者问中就曾明确指出媒体报道的两三千亿美元资本外逃的说法并不属实，详情参见国家外汇管理局官网，https://www.safe.gov.cn/wps/portal/!ut/p/c4/04_SB8K8xLLM9MSSzPy8xBz9CP0os3gPZxdnX293QwMLE09nA09Pr0BXLy8PQyNPI_2CbEdFAKLWUno!/?WCM_GLOBAL_CONTEXT=/wps/wcm/connect/safe_web_store/safe_web/whxw/ywfb/node_news_ywfb_store/415ce1804d385e75a05aa4fd3fd7c3dc，最后访问于 2015 年 2 月 12 日。

罪[①]上游犯罪数量，本就是一个难题，更毋庸说这些犯罪所产生的违法所得总额了。

值得一提的是，不论是来自国际组织公布的统计结果，还是源自国内相关数据的间接反映，这些笼统而模糊的数据除了让人意识到目前对洗钱规模的测量尚处于相对初级的阶段外，似乎亦隐藏着一种统计态度。即，相较于对有可能低估洗钱严重程度的担忧，统计者们似乎并不介意统计结论是否超出或远超出实际的数值。换言之，人们（至少官方）更愿意“选择相信”洗钱的规模“确实”异常庞大。例如，联合国禁毒署（UNDCP）前顾问、经济学家 Francisco Thoumi 就曾在其发表的一篇文章中披露，“FATF 曾于 90 年代末开展过一项针对全球非法所得（尤其是毒品交易）数额的统计调查，但是考虑到统计结果（约 450 亿美元到 2800 亿美元）达不到某些成员国所‘期待’的较大规模，其最终决定不予对外公布”。[②] 无独有偶，类似的态度也出现在理论界。国际反洗钱浪潮引发学者们不断探索洗钱可能存在的各种危害，而学者们在论证洗钱危害的过程中又不断将国际社会的反洗钱态度作为其有力的佐证。“因为国际社会加大反洗钱力度，所以洗钱问题异常严重；因为洗钱问题异常严重，所以国际社会加大反洗钱力度”的循环论证在各类理论著述中屡见不鲜。学者们似乎在论证洗钱严重危害性之前，已经不自觉地戴上了有色眼镜。然而，正如荷兰蒂尔堡大学教授 Petrus C. van Duyne 所说，“如果全球洗钱规模确实达到了当今的统计数值，那么其所造成的现实危害恐怕早已远大于人

---

① 此处仅仅针对我国《刑法》第 191 条洗钱罪而提出上游犯罪的概念，如果依循当今学者提倡的广义洗钱罪（包括 191、312、349、121 之一在内），将意味所有犯罪都有可能产生洗钱罪的上游犯罪。

② Francisco E. Thoumi, “The Numbers Game: Let’s All Guess the Size of the Illegal Drug Industry!”, *Journal of Drug Issues*, 2005, 35(1), pp. 185 - 200.

们目前所看到的……毕竟，被清洗的这些巨额赃款并没有被转移到月球上去，而是切实存在并参与到社会生产的各个环节当中”。[①]

行文至此，笔者并无意否认洗钱的严重危害。实际上，在获得更准确的统计方法与测算结果之前，对洗钱危害的否定或肯定、低估或夸大都不尽客观。对现有理论观点及统计数据的审视与反思，目的也并不在于推翻已有的研究成果，而是希望能够在现有研究基础上更加理性地对待洗钱危害，避免想当然地将论证结果的一致视为毫无争议的客观事实。毕竟，没有人能否认洗钱研究的热潮是伴随着国际反洗钱运动而发展起来的。而在如此背景下，谁又敢断言当下各国各界对洗钱严重危害性的共识不曾受到国际反洗钱运动一丝半缕的影响？而如果说对洗钱危害性的研究或多或少都带有一定的片面色彩而并非中立，那么将这一看似合理的非客观共识作为推动洗钱在全球范围内犯罪化的前提是否也就不那么理所应当？或许，相较于反复强调洗钱在经济及其他领域的严重危害，更值得关注的是如何衡量洗钱对各个领域的具体影响。[②] 而相较于想当然地将严重危害性视为推动洗钱行为犯罪化的源头，更值得探索的或许是在这个“巨大危害”面具背后所隐藏的，迫使各国纷纷设立洗钱罪的更深层次动因。

---

① Petrus van Duyne, “Money-laundering: Pavlov's Dog and beyond”, *Howard Journal of Criminal Justice*, 1998, 37(4), pp. 359 - 360; See also Petrus van Duyne and Hervy de Miranda, “The Emperor's Clothes of Disclosure: Hot Money and Suspect Disclosures”, *Crime Law and Social Change*, 1999, 31(3). p. 245.

② 近年来，尤其在西方社会，伴随着反洗钱成本投入的不断增大，不少研究机构已经开始反思洗钱的实际危害是否足够严重到值得投入如此巨额的反洗钱成本，现在也已经有不少经济学家投入到构建洗钱危害统计模型的研究中，以期客观评价当今全球的反洗钱成本。

1.3 洗钱犯罪化背后的利益作用机制

日本刑法学者西原春夫曾在其论著中深入阐述过影响一国刑事立法的诸多原动力。在其看来,反映受害状况及国民呼声等社会舆论的新闻媒介、对政治行为具有一定影响力的利益集团以及对政策决定具有一定约束力的政治捐款,均能够通过影响政党的基本方针而左右国会议员对法律草案的态度,并最终决定一国的刑事立法。[①] 异曲同工,西方的"监管经济学理论"(the economic theory of regulation)亦指出特定的利益团体或政治参与者将通过各种方式,利用政府的监管力与强制力推行那些对其有利的法律法规。[②] 换言之,如果忽略当下各国立法机制存在的制度设计问题而将其视为完全正当且合理的程序,那么整个立法过程所受的多方影响,便是一场来自各方的利益博弈。同理,在洗钱行为犯罪化的背后,也必然存在着相应的利益作用机制。因此,将设立洗钱罪对各方利益可能产生的影响加以分析对比,无疑有助于进一步挖掘"危害论"背后推进洗钱行为犯罪化之更深层次动因。

1.3.1 国内团体的利益取舍

众所周知,全球反洗钱缘起于美国。然而,美国洗钱罪的设立却并非基于对洗钱危害性的充分认知,而是加大打击毒品犯罪之强烈需求。20 世纪 80 年代,面对连年不降反升的毒品交易量,美

---

① 【日】西原春夫著:《刑法的根基与哲学》,顾肖荣等译,法律出版社 2004 年第 1 版,第 16 页。

② Stigler, G., "The theory of economic regulation", *Bell Journal of Economics*, 1971, 2 (2), pp. 3 - 21; Becker Gary, "Crime and punishment: an economic approach", *The Journal of Political Economy*, 1968, Vol. 76, pp. 169 - 217.

国政府最终决定转变反毒策略，通过采取追踪毒赃而非仅追捕罪犯的新方法，以期降低毒品犯罪的可获利性，从而在源头上直接遏制毒品犯罪的源动力。① 随后，该种立法理念被国际公约采纳并进一步推行至各缔约国。第一个涉及反洗钱的国际公约(1988 年《维也纳公约》)就在其序言中明确表示"本公约缔约国……决心剥夺从事非法贩运者从其犯罪活动中得到的利益，从而消除其从事此类贩运活动的主要刺激因素"。② 从上述立法初衷不难发现，相较于防控洗钱行为本身产生的诸多危害，洗钱行为犯罪化之目的，至少在立法之初，更在于为司法机关惩处特定上游犯罪(毒品犯罪)提供二次机会。如果将洗钱犯罪化对公权力团体带来的利益阐释得更具体一些，则是：即便实施上游犯罪者有幸逃脱了司法机关的追捕，其仍然会因日后隐匿或使用上游犯罪所得而再次暴露自己；而纵使公诉机关因证据不足等种种因素无法对行为人以上游犯罪定罪，该行为人也仍然可能因洗钱罪的指控而获刑，并被没收上游犯罪所得。毫无疑问，从维护政府利益的角度出发，尽管对洗钱行为的行政规制与监管在当时甚至眼下都不能说已然充分发挥效用，洗钱行为的独立成罪却无疑为掌权者提供了一条最为便捷的新途径以确保当政下的公共利益与社会秩序免于受到毒品犯罪乃至后续延伸的诸多上游犯罪的侵害。毕竟，相较于曲折而艰难地探索那些能够维护良好秩序的政策与清明政治，多利用刑罚权来维护国家秩序则相对简便许多。③

反观与公权力相对的义务承担方，银行等金融机构代表的私

① United Nations Office on Drugs and Crime (UNODC) (2009, 2010, 2011), *World Drug Report 2009. 2010. 2011*, Vienna.

② 序言 1988 年《联合国禁止非法贩运麻醉药品和精神药物公约》。

③ 【日】西原春夫著：《刑法的根基与哲学》，顾肖荣等译，法律出版社 2004 年第 1 版，第 45 页。

利团体进行反洗钱举措的利益动机则并不鲜明。尽管,在学界提出的各类洗钱危害论中,“洗钱对金融秩序的破坏”确实能在一定程度上视为金融机构拥护反洗钱监管的有利因素。然而,洗钱犯罪不存在直接受害人的特性,则意味着金融机构很难真正出于对自身利益的维护,去积极响应甚至主动推进反洗钱进程的发展。换言之,传统观念所秉持的洗钱对金融秩序的侵害,代表的仍然是一种对公共利益的维护。然而,暂且不论在以国家或世界为单位的整体考量中,洗钱造成的危害是否确有目前论述的如此严重,指望仅作为独立运营个体的金融机构真切感受到其经手的某笔交易,在年均 GDP 以及本外币存款或贷款金额达数十万亿[①]的国家金融秩序中产生的负面影响恐怕极不现实。诚然,将“防止银行信誉损失”“保障银行系统正常运行”作为刺激银行反洗钱的利益动机确有其合理之处。但若仔细推敲便不难发现,这些利益动机亦难以真正成立。就损失银行信誉而言,纵然银行会因涉嫌洗钱而严重影响其在业界的声誉,但是该种声名的损失却是以国家将洗钱定性为犯罪,并确立了银行反洗钱监管义务为前提的。因此,与其说该种损失是洗钱行为所固有的危害,不如说是“洗钱行为犯罪化”所赋予的危害。换言之,是先有国家将洗钱行为入罪之因,而后有银行洗钱因涉嫌违法甚至犯罪而背负声名损失之果,其乃是银行未能按规定履行法定义务的违法后果之一。而就洗钱侵害银行系统正常运营秩序而言,尽管著名的国际信贷商业银行(BCCI)倒闭案因行内多位高管涉嫌清洗毒赃,而一直为公众乐道为洗钱摧毁银行系统的实例。然而,在 BCCI 涉嫌的诸多罪名中,并不存

① 中国金融年鉴在 2011 年发布的数据显示,概念中国名义 GDP 总额达到 47.26 万亿元,金融机构本外币各项存款余额 82.7 万亿元,金融机构本外币贷款余额 58.2 万亿元。

在任何证据显示洗钱是引发银行倒闭的直接原因。实际上，国际信贷商业银行在其关闭之时已然破产，①银行内部大规模的体系性欺诈（systematic frauds）才是掏空银行资产并引发银行倒闭的真凶。② 如果说，上述例证尚不足以质疑洗钱对银行运营稳定性的绝对侵害，那么联合国毒品犯罪办公室前主管 Antonio Maria Costa 曾经受访时的一段讲话或许能在一定程度上还原洗钱对银行界的客观影响。Antonio Maria Costa 曾表示全球金融危机之时，在银行被迫大规模停止放贷的窘境下，活跃于银行体系内的大量毒赃着实成为了银行间得以流动的唯一资本。③ Antonio Maria Costa 之所以得出上述论断，乃是因为其曾见证高达 2380 亿欧元的毒资在全球金融危机之时获得了清洗。虽然该资金源于犯罪，但其却在一定程度上"拯救"了银行界，甚至维持了当时金融市场的稳定。由此看来，洗钱对银行系统，甚至金融市场秩序的稳定也许并非"百害而无一利"。

据此，从洗钱行为犯罪化对国内利益团体的影响角度看，洗钱犯罪化对司法机关打击上游犯罪、追缴犯罪所得、维护社会秩序以致维系政权统治所带来的种种积极效用，使得公权力团体成为了洗钱犯罪化的坚实拥护者与积极推进者。相比之下，承担大量反洗钱监管义务的银行等金融机构对洗钱危害性的弱感知力，以及其在一定情形下甚至受益于洗钱犯罪的客观现实，则让其着实难

---

① Peter Alldridge, *Money Laundering Law*, Hart Publishing c/o International Specialized Book Services, 2003.

② Thomas Bingham, *Inquiry into the supervision of the Bank of Credit and Commerce International*, HC 198 (London, HMSO, 1992) para 2.3. And see, for example, *Bank of Credit and Commerce International* (*Overseas*) *L + d.* (*in liquidation*) *and another v Akindele*, 2000, 4 All ER 221.

③ Joras Ferwerda, *The effects of money laundering*, Research Handbook on Money Laundering, 2013, p. 40.

以仅凭各类洗钱危害论的盛行而“自发”成为推动洗钱犯罪化的主力军。实际上，洗钱犯罪化对保密义务的突破，如同对以银行为首的金融团体的一次重创，反洗钱监管的推行无疑让金融业流失了大量的“潜在客户”。而仅凭这一点，便不难理解其对反洗钱监管义务履行的消极与被动。因此，从某种意义而言，引发洗钱犯罪化的一个关键因素乃是政府对上游犯罪的打击诉求。只不过，该打击借着洗钱危害之形，在行追缴犯罪所得以断犯罪动机之实。

1.3.2 国家之间的利益博弈

根据上文论述，洗钱行为犯罪化的初衷乃在于对上游犯罪（尤其是毒品犯罪）的打击。然而，该动机虽然可以合理解释洗钱罪的出现，却无法充分说明该罪名在世界范围内的普及。毕竟，某些国家为打击特定犯罪制定的相关立法或刑事政策很难具有真正意义的普适性。换言之，并非每一个国家都必然需要借助反洗钱来打击上游犯罪，也并非所有国家都必须在其刑法中专门设立具有一定共性的洗钱罪名[①]来实现对清洗犯罪所得行为的惩治。因此，有必要跳出国内视角，以国家为单位来论述洗钱行为犯罪化背后的利益作用机制。

不可否认，如果没有全球化，洗钱不可能在不到三十年的时间内迅速跃升为国际社会关注的焦点。交通运输成本的降低、通信技术的发达、经贸自由度的提升以及市场逐渐取代国家成为世界经济调控主体等诸多发展与转变，使得国家间人力、物力以及资本的跨境流转变得越发自由、高效与便捷。然而，正如硬币的正反

---

① 以我国为例，在1997年《刑法》增设191条洗钱罪之时，第349条窝藏、转移、隐瞒毒赃罪、第312条窝藏、转移、收购、销售赃物罪（后修正为掩饰、隐瞒犯罪所得、犯罪所得收益罪）在一定程度上亦能满足对洗钱犯罪的适用。

面，全球化在推动人类社会发展进步的同时，亦为犯罪的实施提供了无限可能与方便，而犯罪分子对新市场与新机遇的发现利用速度也似乎总是快于国家的调控管制步伐。[①] 在反洗钱领域，对于那些致力于通过洗钱犯罪化来打击上游犯罪的国家而言，全球化无疑为该国的反洗钱壁垒打开了一道缺口。面对犯罪所得的跨境流转，领土主权对刑事管辖的限制，使得反洗钱国难以再仅凭一己之力实现"剥夺犯罪所得以断犯罪动机"的洗钱犯罪化初衷。然而，相比于资金流出国的"力不从心"，对于资金流入国而言，犯罪所得的跨境流转却意味着"对内投资额"的增加。不可否认，无论是否遵循市场规律，资本运行过程本身并不会对资本的法律属性加以区别对待。也正因如此，对内投资额的增长，即便来源于非法所得，也仍然会为一国带来包括增加外汇储备、缓解资金紧缺、加速资金流转、增加国家税收、提供就业机会以及促进国民经济增长等诸多经济利益。或许正是基于以上考虑，某位前苏维埃共和国政府大臣在该国洗钱罪立法草案的审议进程中，才会如此直白地表达其立场："按照我的理解，洗钱就是人们将其在国外非法获得的收入带到我国进行投资和消费。既然如此，我们又何必要反对该种行为呢？"[②]

行文至此，不妨借用一组条件假设来阐明经济全球化背景下洗钱犯罪化对各国的利益影响——假设存在甲、乙两国，且两国均

---

① M. Levitsky, "Transnational Criminal Networks and International Security", 30 *Syracuse Journal of International Law and Commerce*, 2003, p. 227; M. Levitsky, "The Dark Side of Globalization", 5 *International Studies Review*, 2003, p. 253.

② See Vito Tanzi, *Money Laundering and the International Financial System*, IMF Working Paper 96/55 (Washington DC, International Monetary Fund, 1996) at 5: "Recently some small countries have almost advertised their willingness to accept laundered money."

面临本国犯罪所得跨境转移到对方国家的问题,那么:

首先,如果甲国和乙国均拒绝反洗钱,那么本国犯罪所得向对方国家转移的动机则主要在于逃避本国对上游犯罪的刑事制裁以更好地持有犯罪所得。在此情形下,两国在面临犯罪所得跨境转移问题的同时,还将面临洗钱在本国可能引发的诸多负面影响。[①]

其次,如果甲国选择反洗钱,那么倘若乙国拒绝反洗钱,则甲乙两国在反洗钱态度上的差异将会为乙国带来诸多"利益"。即,一方面乙国罪犯会慑于甲国对洗钱犯罪的惩治而削弱其向甲国转移犯罪所得的动力;另一方面乙国又会因其对洗钱行为的"庇护"而吸引更多的资本(尽管来源非法)从甲国流入。而对甲国而言,其对洗钱犯罪的打击纵然能在一定程度上抑制本国的洗钱行为,却在根本上无益于实现反洗钱的初衷——打击上游犯罪。毕竟,该举措非但无法真正降低上游犯罪的可获利性,反而还将刺激更多的犯罪所得从甲国流失至境外。

再次,如果甲国拒绝反洗钱,那么结合上述情形,乙国出于对自身经济利益的维护则更不会轻易选择反洗钱,否则将无异置自己于第二种假设中甲国的不利位置。

最后,当甲国与乙国均选择反洗钱,那么,第二种假设中因一国"包庇"洗钱而对犯罪所得跨境转移形成的吸引优势便不复存在。反洗钱的一致态度使得两国对彼此国家犯罪所得的吸引力又恢复到了第一种假设中的初始状态。[②] 有所不同的是,看似两国

---

① 具体影响详见第一节对洗钱危害论的整理。

② 此处仅从定性而非定量的角度分析,由于两国都将洗钱入罪化,所以犯罪所得的跨境转移再次恢复到为逃避本国对上游犯罪的刑事惩处,而无法实现借由转移犯罪所得获得对洗钱行为的庇护以更好持有犯罪所得的状态。如此,犯罪所得跨境转移的利益动机便与两国均不将洗钱行为入罪化时相一致。

依旧未能彻底改善犯罪所得的跨境转移，但各国至少均在本国领土内实现了对洗钱行为的打击，并有望在共同反洗钱的基础上进一步开展国际间的互助合作，从而也为解决犯罪所得跨境流转问题提供了契机。

不难发现，如果从维护国家利益的角度出发，洗钱罪在世界范围普及的背后，其实是一场已实施反洗钱国与未实施反洗钱国间的利益博弈。在该场博弈中，尚未实施反洗钱的国家，在"外来资本"流入的巨大诱惑、实施反洗钱的成本投入以及选择反洗钱后所处"不利"地位等多种因素的综合作用下，显然更倾向于固守本国反洗钱的空白状态，而不会贸然借鉴或轻易效仿他国打击上游犯罪的反洗钱策略。相比之下，博弈的另一方——率先垂范反洗钱的国家，面对该国在立法、行政、司法领域投入的大量反洗钱成本，以及非但未能有效节制却反倒加剧本国资本流失的窘境，则必然会努力通过各种方式并借助一切力量尽可能提高反洗钱在全球范围的普及率，以避免本国反洗钱沦为得不偿失的名存实亡之举。值得一提的是，尽管洗钱罪在世界范围内的普及始于国家对个体利益的维护，但该过程发展的结果却最终落脚于对共同利益的实现。因为，若将世界各国视为一个利益共同体，且暂时搁置部分国家实施反洗钱是否妥当之争议，[①]洗钱行为犯罪化至少为各国在整体上打击上游犯罪提供了新的助力与契机。毕竟，各国即使无法对发生于本国领域外的上游犯罪主张刑事管辖权，也仍然可以

① 单纯从国内反洗钱必要性而言，并非每一个国家都已然具备了成熟的反洗钱土壤，换言之，不是所有国家实施反洗钱策略所获之利（预防与减少洗钱、打击与控制上游犯罪等）都大于或远大于其弊（在金融领域、司法领域、国家行政领域为构建反洗钱网络而付出的大量成本）。对部分国家而言，其甚至需要分配国家极其有限的立法、行政、司法资源去打击洗钱犯罪，因而，反洗钱对这些国家所带来的负担其实更大于便利。

通过对发生于领土内的洗钱犯罪施以惩治以实现对域外上游犯罪的间接打击。不可否认,以上所述的一切优势,相比“部分国家反洗钱”以及“各国均不反洗钱”之情形,显然更符合资源分配的“帕累托最优”(Pareto Optimality)原理。①

据此,“维护国家利益”乃是推进洗钱犯罪化的另一重要因素。只不过,在国家利益博弈的背后,真正将洗钱问题推向国际舞台的并非洗钱行为本身,而是全球化背景下犯罪所得跨境转移的客观现实。因此,在一定程度上,洗钱行为的犯罪化实际上是借着洗钱危害之名,在行解决犯罪所得跨境转移问题之实。

1.3.3 利益作用机制对洗钱犯罪化作用根本的揭示

根据前文所述,洗钱犯罪化实则受到国内、国际两大利益动机驱使。国内司法机关治理上游犯罪之诉求,是设立洗钱罪之初衷所在;而全球化背景下犯罪所得跨境转移之现实,则是引发洗钱罪在世界各国普及的根源,其乃是实现反洗钱②初衷的衍生之举。如此一来,洗钱犯罪化之因由便进一步还原为对上游犯罪的打击。显然,这与当下普遍秉持的基于洗钱的严重危害而将其入罪之共识并无太多关联。导致该现象的一个重要原因,在于洗钱罪的立法初衷在本质上仍是一种上游犯罪的刑事打击策略。而正如前文所述,适用于某国的犯罪控制策略很难具有普适性,并非每一个国家都必然地需要借助反洗钱来治理上游犯罪。因此,为了尽快消除因各国反洗钱立法司法差异而加剧的赃款“流失”,反洗钱先行

---

① 帕累托最优(Pareto Optimality),也称为帕累托效率(Pareto Efficiency),是指资源分配的一种理想状态,假定固有的一群人和可分配的资源,从一种分配状态到另一种状态的变化中,在没有使任何人境况变坏的前提下,使得至少一个人变得更好。

② 严格意义上,反洗钱与洗钱罪实为两个概念,洗钱的犯罪化仅是反洗钱体系中的一项举措。此处的“反洗钱”并非表示反洗钱体系,而意在指代对洗钱犯罪的惩治。

国需要借助一个更具说服力且普适性的入罪因由以推进全球反洗钱进程。而相比于赤裸而直白地强迫他国接纳本国的犯罪控制策略，“将某种行为的危害严重化并拓展至每一个国家都将深受其害”无疑更有利于唤醒各国打击该种罪行之共识。[①] 因此，从某种意义而言，洗钱罪在世界各国的普及过程也恰恰是反洗钱发起国将其犯罪控制策略向其他国家推行与拓展的过程。

值得一提的是，尽管洗钱犯罪化的初衷在于打击上游犯罪，但却不可将其等同于洗钱犯罪化的作用根本。毕竟，“打击上游犯罪”仍是一个宏观的刑事政策目标，目标本身却并不足以揭示洗钱犯罪化的施力源头。换言之，洗钱犯罪化的作用根本不单在于实现对上游犯罪之打击，更在于是通过何种途径实现对上游犯罪之打击。结合前文所述，国内反洗钱初衷的实现有赖于“剥夺犯罪所得以断犯罪动机”，国际反洗钱的背后亦是对犯罪所得的跨境追缴。不难发现，助力犯罪所得没收，才是洗钱犯罪化作用的共性所向。只不过，全球化的出现迫使司法机关对赃款追缴的范围不得不由国内扩张至国际。如此一来，对洗钱犯罪化作用根本的阐释，便进一步转化为对洗钱犯罪化之于没收犯罪所得之意义与价值的明确。

1.4　洗钱犯罪化对犯罪所得追缴之意义与价值

若将刑事没收视为一种针对违法所得的终局处置状态，那么这一状态的实现，既有赖于对犯罪所得的及时发现与追踪，也离不开对犯罪所得的有效控制与缴获。而洗钱犯罪化助力犯罪所得没

---

① Neil Boister, *An Introduction to Transnational Criminal Law*, Oxford University Press, 2012, p. 11.

收之关键,则在于其不仅为赃款的追踪扫清了行业阻力,还为赃款的追缴构建了协作基础。

1.4.1 洗钱犯罪化对追踪犯罪所得的意义

结合前文所述,反洗钱打击上游犯罪的关键在于剥夺上游犯罪所得以断犯罪动机。然而,对上游犯罪所得的缴获,却是以成功追踪赃款为前提。不可否认,以银行为首的金融机构在国家支付体系以及资产收集与传递方面具备的资金融通特性,使其当之无愧地成为了赃款清洗的首选。而在洗钱独立成罪之前,阻碍司法机关追踪赃款的一大障碍,却是业已存在的银行保密制度。银行对其客户信息及交易事宜保持沉默之义务,使得大量洗钱者得以凭借严格的银行保密条款为其洗钱行为保驾护航。因此,如何突破法律对私人权利的既有保护以从银行顺利获取赃款之具体走向,便成为了横亘在刑事追赃面前的一大难题。洗钱的犯罪化,即是在此背景之下孕育而生。洗钱罪的设立,无疑将银行由"看似与洗钱无关的第三方"转变为了"涉嫌洗钱的参与者"。而此举更深层次的意义则在于,银行对洗钱的工具性价值,使得其无法再以保守秘密为由拒绝司法机关对其内部交易记录及相关信息的获取。因为从某种意义而言,银行亦成为了司法机关调查的对象之一。而此,即是洗钱犯罪化之于追踪赃款的意义所在。借用英国反洗钱学者 Peter Alldridge 的评价即是:"洗钱的入罪为公权力突破银行保密义务提供了重要契机。"[①]实际上,最早涉及反洗钱的 1988 年《维也纳公约》在要求各缔约国将涉毒洗钱犯罪化的同时,就突破性地明确了相关举措排除银行保密条款的效力。而其规定的

① Peter Alldridge, *Money Laundering Law*, Hart Publishing Oxford and Portland, Oregon, 2003, p. 69.

"任一缔约国均不得以保守银行秘密为由拒绝按照本款规定采取行动"[①]，也正是为了确保"主管当局得以识别、追查和冻结、扣押公约涉及的犯罪收益、财产、工具或任何其他物品，以便最终没收"。[②] 无疑，洗钱的犯罪化拆除了阻碍司法机关追踪赃款的一大障碍。

当然，若将洗钱犯罪化之于犯罪所得追踪的意义仅局限于对银行保密条款的排除则过于狭隘。成功将银行之于洗钱的作用由"助力"转变为"制约"则是洗钱犯罪化的另一重大贡献。不得不承认，司法机关若要实现对上游犯罪所得的成功没收，争取银行的主动帮助显然比获取银行的被动配合要明智得多。毕竟，作为清洗赃款的主要渠道，银行所经手的任何一笔交易或接待的任何一位客户都可能存在与上游犯罪的牵连。因此，银行若是根据司法机关要求而被动提供赃款的流转记录，其至多不过是协助惩治了已然发现的上游犯罪。然而，银行若能在运营过程中主动发现并上报各类可疑资金流，则必然有助于查获更多未知的上游犯罪及犯罪所得。显然，后者比前者更利于对上游犯罪的打击。然而，如何让银行在不收取任何费用甚至自担反洗钱监管成本的前提下，由被动提供信息转为主动履行相应披露监管义务并承担因未履行义务而引发的相应责任？显然，将被监测报告的行为上升至犯罪的严重程度无疑是行之有效的操作方法。毕竟，洗钱的犯罪化使得银行对监测、报告义务的履行，在本质上成为了其排除参与洗钱犯罪的有力证明。而从某种意义而言，银行反洗钱监管措施的推行则意味着银行业开始担负起了部分刑事追赃的职责。换言之，洗钱的犯罪化在一定程度上拓宽了赃款追踪责任主体的范围，银行

① 《联合国禁止非法贩运麻醉药品和精神药物公约》第 5 条第 3 款。

② 《联合国禁止非法贩运麻醉药品和精神药物公约》第 5 条第 2 款。

在洗钱中所扮演的角色已然由助力者转变为了打击者。

1.4.2 洗钱犯罪化对追缴犯罪所得的价值

如果说洗钱犯罪化对犯罪所得追踪的意义在于从国内层面扩大了赃款发现的责任主体范围，那么洗钱犯罪化对犯罪所得追缴的价值则在于从国际层面为各国跨境缴获犯罪所得提供了合作平台与互助基础。

正如前文所述，全球化背景下资本跨境自由流转的客观现实，使得一国无法再仅凭一己之力实现对犯罪所得的没收。然而，恰如银行保密条款对赃款追踪的妨碍，以国家领土主权为根据的刑事管辖权则成为了赃款缴获的巨大制约。由于洗钱者完全可以将其在 A 国的犯罪所得转移至 B 国开设的账户，再于 C 国兑换成现金消费，并将最终交易所得转运至 D 国。故而，一国对转移至境外犯罪所得的识别、冻结、扣押乃至没收，便随时面临着因被请求国拒不配合而阻滞、中断的风险。不得不承认，尽管一国对国内洗钱犯罪的打击有赖于本国相关立法与政策的执行，但是对跨国洗钱犯罪的有效治理却唯有站在国际层面才能够实现。[①] 然而，即便国与国之间也许会基于良好的邦交及互信而给予彼此非正式的司法互助。但对于那些在政治及法律体制上缺乏足够契合度的国家，大多则仍需以国际条约或区域条约的相关规定为合作互助开展依据。[②] 显然，全球化背景下开放性的金融体系，使得赃款的跨境流转不再仅限于局部地区，而是具有全球性。因此，如何在跨境

---

① Vito Tanzi, *Money Laundering and the International Financial System*, IMF Working Paper 96/55 (Washington DC, International Monetary Fund, 1996, at 11. And see above, 48.

② PB Heymann, *Two Models of National Attitudes toward International Co-operation in Law Enforcement*, 31 Harvard International Law Journal, 1990.

没收问题上尽快为各国提供彼此协作互助的相应保障，便成了当务之急。洗钱犯罪化之于缴赃的价值即在于此。

深入而言，如果以"具体罪名"为依托开展跨境追赃国际合作，罪名的多样性则意味着无论是国际还是国内，均要面临大量烦冗且复杂的立法与修法工作。各国之间需要不断就具体罪名达成共识，变法的频率也将随着合作罪名的增加而提升。而如果以"抽象的上游犯罪概念"为依托建立赃款的跨境追缴机制，又将面临如何就上游犯罪范围在世界各国达成一致的难题，其难免陷入对各种具体上游犯罪之危害程度、国际打击必要性、相关打击方式等漫长且繁琐的讨论当中。洗钱的犯罪化，无疑巧妙地避开了上述困境或难题。一方面，其有效回避了不同上游犯罪间的罪名差异，而选择立足于"清洗犯罪所得"这一赃款追缴的共性问题，从而避免了各国就具体上游犯罪逐一达成共识的漫长过程，极大地节约了各国与公约协调的立法、修法成本。另一方面，其将上游犯罪范围的确认问题置于了一个相对次要的位置，而以国际打击呼声最高的毒品犯罪为切入点率先建立毒赃追缴的国际合作。以此为基础，凭借各大公约逐步将已然达成共识的罪名逐步纳入上游犯罪范围，避免了因难以确定合作范围，而阻滞赃款跨境追缴合作机制建立的尴尬局面。实际上，即便是在当下，世界各国对洗钱罪上游犯罪的规定也各有差异。但受益于洗钱犯罪化，赃款追缴之国际合作得以相对独立于上游犯罪而发展、完善起来。

不难发现，国际公约对洗钱行为的犯罪化不仅仅在于提高各成员国对洗钱的重视程度和惩治力度，其更深层次的价值还在于借助洗钱犯罪化在各国的立法统一，为跨境缴赃的国际协作提供最低限度的合作基础与协同空间。换言之，经由立法统一度的提升，跨境追赃所涉各项合作举措（如证据获取、文书送达、冻结扣押、识别追查、以致引渡罪犯等）得以在更大的范围、相对普遍地展开。毕竟,各国立法统一度越高,协同追赃阻力越小,追赃效果也就越好。

1.5 反洗钱体系对洗钱犯罪化作用根本的印证

当今的反洗钱体系形成于 1988 年的《维也纳公约》,发展于《制止向恐怖主义提供资助的国际公约》(1999 年)、《巴勒莫公约》(2000 年)及《联合国反腐败公约》(2003 年),并最终成形于《FATF 建议》(最新修订于 2021 年 10 月,下文简称《建议》)。根据相关公约与《建议》之规定,反洗钱大致呈现为以立法、预防、国际合作为三大核心举措的体系性框架。笼统而言,反洗钱立法,致力于在各国落实公约关于洗钱犯罪化及所涉刑事没收的各项立法要求;[①]反洗钱预防,意欲在金融行业以及指定的非金融行业(DNFBPs)推行包括"客户尽职调查""交易记录保存"以及"可疑交易报告"在内的一系列前置性监管措施;[②]反洗钱国际合作,则力图在执法领域为洗钱案件的调查、起诉、引渡以及法律互助提供有力的多边合作基础。[③] 上述举措彼此关联,互相配合地共同构建了一张全球反洗钱网络。而若对该反洗钱网络之建构逻辑、立法要求以及发展趋势加以分析便不难发现,作用其背后的,在一定程度上亦是洗钱犯罪化与犯罪所得没收之间的内在关联。

1.5.1 体系建构逻辑的印证

基于前文对洗钱犯罪化之于赃款追缴的价值分析,洗钱犯罪

① Recommendation 1,2,3, and SR II, SRIII, SRVIII, "*FATF Recommendation*".

② Recommendation 4 - 10, 14 - 16, 21, 22, and SR IV, SRVI, SRVII, "*FATF Recommendation*".

③ Recommendation 35,36,38 - 40, and SR I, SRV, "*FATF Recommendation*".

化既为反洗钱监管义务的施加提供了一定的正当化依据；又为跨境追赃合作的普遍展开提供了统一的罪名依托。而若将其比对反洗钱体系便不难发现，“反洗钱预防”与“反洗钱国际合作”恰恰是对上述两大洗钱犯罪化价值的重要实现。

一方面，各国对洗钱犯罪化共识之达成，使得反洗钱监管义务得以顺利在以银行为首的各大金融机构当中广泛推行。基于涉猎洗钱犯罪之高风险，金融行业不得在“资本来源审查”与“资本流转监管”方面构建一定的“作为义务”以排除犯罪嫌疑。前者，旨在从源头上控制金融领域涉猎洗钱犯罪的风险；后者，意在从过程上排除金融行业涉猎洗钱犯罪之可能。如是举措的推行，在一定程度上形成了金融行业对洗钱犯罪的有效预防。因为其既从源头上加剧了赃款进入主流资本渠道的阻碍，亦在流转过程中提升了赃款拦截捕获的概率。赃款在资本活动中的流转风险、隐匿成本都被大幅提升。

另一方面，“反洗钱国际合作”所涉各项协同互助举措，亦是建立在各国相继实现洗钱犯罪化的前提之下。不论是提升调查、扣押、冻结、引渡等具体追赃举措的协作效率（如敦促各缔约国、成员国确定协作对接主管机关、明确开展协作的形式及操作原则等）；抑或是为存在协作困境的国家寻求最低限度的合作共识（包括对“双重犯罪”原则的灵活适用等），如是举措均是以追诉洗钱犯罪为合作开展之共同依据。基于此，国际合作得以针对“犯罪所得”进行相对广泛的追踪追缴合作。因为犯罪所得既是上游犯罪的既得利益，亦是洗钱犯罪的作用对象，其以过程证据的形态贯穿于整个洗钱犯罪始末，而当然成为国家联合追诉犯罪的重要线索与必然依赖。

不难发现，“立法—预防—国际合作”虽是构建当今反洗钱体系的三大核心举措，但各项举措之间却并非相互独立或彼此平行。相较之下，反洗钱立法的地位更为核心与基础。此并非仅仅源于当今的反洗钱运动始于洗钱行为的犯罪化，更是基于反洗钱体系的另外两大分支——反洗钱预防与国际合作，在某种意义上恰是以反洗钱立法尤其是洗钱犯罪化为依托而发展、延伸而来。

1.5.2 刑事立法要求的印证

在反洗钱视阈下，1988 年《维也纳公约》最为人称道的往往是其第一次以公约的形式将针对毒赃的掩饰、隐瞒行为予以了犯罪化，从而开启了全球反洗之先河。然而，1988《维也纳公约》之于反洗钱的另一重要贡献，还在于其开创性地就毒赃没收进行了相对体系化的规定，从而使得各国得以告别过去依赖双边条约开展赃款追缴互助之零散合作局面。经由对没收对象、前置性举措、没收财物处置等方面的规定，《维也纳公约》为缔约国在毒赃追缴领域开展相对普遍性的协同互助提供了重要操作指引与基础合作依据。而自 1988 年《维也纳公约》以来，涉案财物没收便自始与洗钱犯罪化相生相伴地出现在与反洗钱相关的各大国际公约当中。后续颁布的 2000 年《巴勒莫公约》以及 2003 年《联合国反腐败公约》对刑事没收举措的规定，在某种程度上也均是对《维也纳公约》相关规定的延续与完善。《FATF 40 条建议》，更是直接将洗钱犯罪化与涉案财物没收确立为各国构建反洗钱立法体系的两大重要组成。

如是立法要求，在一定程度上显示出涉案财物没收在全球反洗钱运动中不亚于洗钱犯罪化的重要考量地位。借助公约规定的国内立法转化，国际社会不仅能够在各国实现针对洗钱犯罪的统一化打击，还有望在全球范围内建立起具有基础“共性”的涉案财物没收。对于开展普遍性的跨境追赃合作，各国对两大立法共识的达成，则意味着来自于规范层面的合作阻力正在被逐渐克服。因为前者，为赃款追缴扫清了罪名差异的障碍；后者，则为协同互助削弱了制度差异的壁垒。尽管各国不可能实现对相关立法的绝对统一，但具有基础共性的赃款追缴模式却可以为各国开展跨境追赃协作提供最低限度的合作保障。该保障，本就是对赃款跨境流转的一种有效应对。

结合以上分析，聚焦于洗钱犯罪化与涉案财物没收作用的共同标的——犯罪所得，反洗钱体系的刑事立法要求，在某种意义上即是对反洗钱与赃款追缴间之潜在关联的一种呈现。反洗钱并非仅仅指代对洗钱犯罪之打击，而是希望借助洗钱犯罪之惩戒构建全球性的跨境追缴网络。而此，亦与洗钱犯罪化作用于没收之判断相吻合。

1.5.3　整体发展趋势的印证

反洗钱虽然缘起于上游犯罪打击，但伴随着国际反洗钱体系的逐步发展与完善，"上游犯罪"对追缴对象的限制功能却在被逐渐淡化。参照近年来颁布的各大涉及反洗钱的公约，对洗钱犯罪化要求的修正基本都集中在上游犯罪范围的扩展。例如，根据 2000 年《巴勒莫公约》的规定，[①]洗钱罪的适用对象被明确拓展至参加有组织犯罪集团的犯罪、腐败犯罪、妨害司法犯罪以及最高刑为四年以上自由刑的严重犯罪。[②] 又如，被视为衡量各国反洗钱标准的《FATF 建议》，亦明确规定："各国应当将洗钱罪适用于所

---

① 仅就入罪化而言，2003 年的《联合国反腐败公约》并未提出任何新的要求。

② 《联合国打击跨国有组织犯罪公约》第 6 条第 2 款(b)规定各缔约国应将公约第 2 条所界定的所有严重犯罪，第 5 条(参加有组织犯罪集团犯罪)、第 8 条(腐败犯罪)、第 23 条(妨害司法犯罪)确立的犯罪列为上游犯罪。

有的严重犯罪，以涵盖最为广泛的上游犯罪。”[①]不得不承认，在上游犯罪范围不断扩展的背景下，洗钱犯罪化的作用根本已然从“没收特定上游犯罪所得”转变为“没收犯罪所得”。这在一定程度上，亦反映出反洗钱功能导向的转变。纵然洗钱入罪初衷在于打击特定上游犯罪，但其对没收犯罪所得的贡献却不受限于上游犯罪。换言之，无论是对毒品犯罪所得，或是贪腐等其他严重犯罪所得的剥夺，以洗钱犯罪化为基础构建起来的追赃、缴赃网络只是将犯罪所得来源作为了一个可供调节的变量，该变量的大小或许会受到国际犯罪控制策略的左右，却并不影响借由反洗钱而“没收犯罪所得”之本质。

另一方面，伴随着上游犯罪范围的扩增，协助司法机关追踪犯罪所得的责任主体也在逐渐壮大。尽管，在洗钱行为入罪之初，其之于赃款追踪的意义还只是停留在突破银行保密条款，以将银行业纳入赃款追踪责任主体范围。但是，随着洗钱途径与手段的日益多样化，对银行反洗钱监管举措的成功推行，则使得排除保密条款效力、承担反洗钱监管义务被如法炮制地适用于越来越多的行业与领域。2012 年《FATF 建议》就曾明确，应将包括赌场、房产经纪人、贵重金属交易商、律师、公证人以及信托公司在内的诸多指定非金融行业（DNFBPs）纳入反洗钱监管主体行列。[②] 如是监管义务的拓展延伸，在某种意义上亦反映出反洗钱的作用标的实在于犯罪所得，而非洗钱所涉领域。虽然银行等金融机构因其资金融通特性而当然成为反洗钱监管之首选与重点，但赃款隐匿方

---

① “THE FATF RECOMMENDATION”, Interpretive Note to Recommendation 3 (Money Laundering Offence), https://www.fatf-gafi.org/media/fatf/documents/recommendations/pdfs/FATF_Recommendations.pdf，最后访问于 2015 年 3 月 15 日。

② General Glossary, “*FATF Recommendation 2012*”.

式却并不受限于特定领域或行业。当犯罪所得因特定领域流转风险之提升而向其他渠道分流，在更多的行业推行反洗钱监管便是必然的应对之举。而伴随着反洗钱监管范围的逐步拓宽，犯罪所得在整个社会的流转风险与成本都将大幅度提升，反洗钱预防机制才算相对完整地建立起来。而这，亦是反洗钱监管更深层次的价值所在。

结合反洗钱之发展趋势，反洗钱以洗钱犯罪为切入点并服务于赃款没收之功能导向变得越发清晰。特定领域、特定犯罪的适用限制正在被逐渐突破，反洗钱得以在更高的程度、更大的范围为赃款追缴提供助力。依托反洗钱，各国乃至全球得以形成一张“犯罪资本流转监控网”，犯罪所得既是该网络捕获之对象，亦是司法追诉的重要线索与工具。

小结

长久以来，学界对洗钱犯罪化之作用根本的认知往往混同于洗钱罪的立法初衷。洗钱的严重危害性也一度被视为洗钱犯罪化的根本原因所在。诚然，若是站在既已设立洗钱罪的立场反向推导，[①]“严重危害性”自然是洗钱犯罪化之根本因由，或许这也恰是当今各界对洗钱危害性高度认同的缘由所在。然而，对洗钱犯罪化之作用根本的探讨却不可以刑法对洗钱的既有干预为前提，而是应前置于此阶段以探寻影响洗钱入罪之根源，并从中发掘出洗钱罪作用之根本。

根据前文所述，洗钱的独立成罪缘起于国家打击特定上游犯罪的刑事策略，洗钱罪的立法初衷乃是通过“剥夺犯罪所得以断犯

① 张明楷：《刑法学》，法律出版社2015年第四版，第88页。

罪动机”以实现对上游犯罪的制约。然而，全球化的出现与发展，使得犯罪所得的跨境流转成为了阻挠反洗钱初衷实现的巨大障碍。为了改变因反洗钱立法差异而加剧的赃款流失，已然设立洗钱罪的国家不得不诉诸于国际公约以向全球推行洗钱犯罪化。借由公约义务的履行，依托洗钱犯罪化，服务于赃款追踪追缴的反洗钱预防与国际合作机制得以迅速建立，其与反洗钱立法一同构建出了现今通行于世界各国的反洗钱体系。反洗钱体系，旨在联合全球力量没收犯罪所得。该体系服务于打击上游犯罪，但其追缴犯罪所得之功能发挥却不受限于上游犯罪。伴随着反洗钱体系的建立与完善，“上游犯罪”逐步由当初的打击对象转变为调控跨境没收合作范围的缩放器。在此背景之下，洗钱犯罪化的功能定位也相应由“剥夺上游犯罪所得以断犯罪动机”而悄然转变为“受限于上游犯罪的违法所得没收”。简而言之，从某种意义而言，洗钱犯罪化的作用根本，即是弥补司法机关对犯罪所得的没收不力，这种不力伴随着国际化的出现而进一步加剧并影响至世界各国。

基于此，对洗钱犯罪化的研究与探讨则应建立在以下前提与基础之上：

第一，洗钱犯罪化不能脱离全球化的国际大环境。当今的反洗钱是全球化背景下资本跨境自由流转的产物，涉及洗钱罪的相关立法既受制于国际公约的具体规定，亦服务于跨境没收犯罪所得的国际协作。因此，对洗钱犯罪化相关问题的讨论不可割裂其与国际犯罪控制策略之关联，而应以后者为基础把握前者的来龙去脉及发展走势。

第二，洗钱犯罪化不能脱离其助力于没收犯罪所得的作用本质。无论是洗钱罪立法之初的“没收犯罪所得以打击特定上游犯罪”，还是现如今的“受限于上游犯罪的违法所得没收”，洗钱罪的作用对象其实并未发生改变，都是对犯罪所得的没收。唯有把握住该点；才能够理解洗钱犯罪化在当今反洗钱体系中的价值与意义，也才能够进一步明了国际反洗钱公约中洗钱犯罪化与相关没收立法之间的紧密关联以及其他反洗钱举措开展的因由。

第三，洗钱犯罪化不能脱离洗钱行为由入罪到普遍出现于各国立法当中的发展进程。洗钱罪并非在立法之初便致力于扩大追赃主体范围以及开展国际追赃合作，而是经历了一个发展演变过程。全球化固然是上述过程的转折点，但助力上游犯罪打击仍是洗钱犯罪化的重要工具价值。基于此，才能够正确认识上游犯罪在洗钱犯罪化中所扮演的角色，也才能够合理应对各国洗钱罪打击范围与国际反洗钱打击要求之间的差距。

第2章

反洗钱刑事立法：犯罪化与没收的国际标准化

1988年《维也纳公约》对涉毒洗钱的犯罪化，标志着洗钱犯罪开始被正式纳入全球犯罪治理体制（the regime of global governance of crime）[①]。全球犯罪治理体制，以跨国犯罪为主要打击对象，以国际条约和区域条约为打击依据，并以国际组织的相关举措为打击保障。该体制所秉持的基本理念即是："唯有进行国际合作才能实现对跨国犯罪的有效打击。"[②]从积极的角度看，全球犯罪治理体制无疑为各国开展广泛的司法互助提供了有利条件，从而得以联合全球力量打击"共同敌人"。但从消极的角度看，全球犯罪治理体制亦使得各国对相应犯罪的惩戒自主性不可避免地受到来自国际社会的影响与制约。就反洗钱刑事立法（洗钱的犯罪化及涉案财物没收）而言，尽管各国是在本国的立法框架内进行，但是各国对洗钱罪是否设立、如何设立，以及犯罪所得的范围

① Edited by Valsamis Mitsilegas, Peter Alldridge and Leonidas Cheliotis, *Globalisation, Criminal Law and Criminal Justice*, Hart Publishing, 2015, p. 153.

② Neil Boister, *An Introduction to Transnational Criminal Law*, Oxford University Press, 2012, p. 8.

界定、没收方式的具体选择却并非完全自主。相比之下，如何调整国内立法以满足国际反洗钱公约要求，则是左右各国洗钱犯罪化以及相关没收制度修正完善的动力所在。换言之，借由国际公约的颁布以及国际组织相关规定的出台，各缔约国对洗钱罪及所涉财物没收的立法模式，已然走向了一条求同存异的国际标准化道路。对此，有必要立足于国际社会对反洗钱刑事立法的具体要求，结合英、美等反洗钱先行国在相关立法上的演变进程，探寻国际立法对国内立法的作用影响方式，以为我国应对反洗钱刑事立法国际化提供参考依据。

2.1　国际社会对反洗钱刑事立法的基本要求

2.1.1　洗钱犯罪化的基本要求

1988年，《维也纳公约》第一次以公约的形式将针对毒赃的掩饰、隐瞒行为犯罪化。只不过，此时的公约还尚未使用“洗钱”或“洗钱犯罪”的表述。根据公约的规定，清洗毒赃罪的具体行为方式主要包括七种——转换、转让、掩饰、隐瞒、获取、占有和使用。其中，转换、转让、掩饰、隐瞒四种行为方式为强制性要求，即成员国必须将其进行犯罪化；而获取、占有、使用三种行为方式则属于选择性要求，即当有违本国宪法原则或法律制度基本概念时，该国可以不将其犯罪化。[①] 而对于相关犯罪的主观认定，公约则指出“可以根据客观事实情况加以判断”所列罪行的知情、故意和目的

---

① Article 3(1)(b)(c), “*United Nations Convention against Illicit Traffic in Narcotic Drugs and Psychotropic Substances*”.

等要素。[①]《维也纳公约》对洗钱罪行为方式及主观认定的规定基本为后续公约所承继。

2000 年,《巴勒莫公约》正式出现"洗钱行为"或"洗钱活动"的表述。公约正式引入"上游犯罪"概念,并将洗钱罪的适用范围由《维也纳公约》之毒品犯罪拓展到了至少包括公约指定犯罪[②](最高刑在四年以上自由刑之公约界定为严重的犯罪、参加有组织犯罪集团的犯罪、腐败犯罪、妨害司法犯罪)在内的与有组织犯罪集团有关的广泛的上游犯罪。同时,公约还对跨国界上游犯罪进行了规定。即当上游犯罪发生在缔约国刑事管辖权范围之外时,唯有根据其在发生时所在国本国法律为刑事犯罪,且行为若发生在适用本条约之缔约国也构成刑事犯罪时才能构成上游犯罪。[③] 此外,较《维也纳公约》而言,《巴勒莫公约》进一步明确了洗钱罪之主体:一方面,公约指出各缔约国在本国法律基本原则的要求下,可以拒绝将洗钱罪适用于实施上游犯罪的罪犯;[④]另一方面,公约要求各缔约国确立法人参与公约指定犯罪(包括洗钱犯罪在内)时应当承担的责任。[⑤] 值得一提的是,公约并未将法人责任限制在刑事领域,而是提出各缔约国在不违反本国法律原则的情况下,法人

---

① Article 3(3), "*United Nations Convention against Illicit Traffic in Narcotic Drugs and Psychotropic Substances*".

② Article 6(2)(b), "*United Nations Convention against Transnational Organized Crime*". 该款规定各缔约国应将公约第 2 条所界定的所有严重犯罪、公约第 5 条(参加有组织犯罪集团犯罪)、第 8 条(腐败犯罪)、第 23 条(妨害司法犯罪)确立的犯罪列为上游犯罪。

③ Article 6(2)(c), "*United Nations Convention against Transnational Organized Crime*".

④ Article 6(2)(e), "*United Nations Convention against Transnational Organized Crime*".

⑤ Article 10(1), "*United Nations Convention against Transnational Organized Crime*".

责任可以包括刑事、民事与行政责任。[①] 这在一定程度上体现了公约对各国法律传统的尊重。只不过，此种尊重却为缔约国之间开展相关国际协作带来了困难。例如，将法人责任限定在刑事领域的缔约国，若请求仅规定法人行政或民事责任的另一缔约国追究相应法人的刑事责任，便难以在被请求国实现。尽管公约在后续的规定中对此进行了一定补救（即要求被请求国为别国追究法人责任之请求提供尽可能充分的司法协助[②]），但此款内容却被公约的另一款规定——“缔约国可以‘非双重犯罪’为由拒绝提供司法协助”[③]所否决。换言之，在进行国际司法协助的缔约国之间未统一确认法人刑事责任的情况下，就追究法人责任而进行刑事司法协助，将面临因无法满足“双重犯罪”原则而被拒绝的局面。

2003年，《联合国反腐败公约》基本照搬了《巴勒莫公约》关于洗钱罪的规定。在此基础之上，该公约还创新性地规定了窝赃犯罪。[④] 即，要求缔约国在不影响公约对洗钱罪的规定前提下，考虑采取必要的立法和其他措施将“虽未参与公约确立的犯罪，但明知财产是公约确立犯罪的违法所得却窝藏或者继续保留该财产”的行为规定为犯罪。然而，由于公约使用的是“考虑”之用语，所以对于窝赃行为的入罪则并非是对缔约国的强制性规定。

值得一提的是，自美国911恐怖袭击以后，国际反洗钱体系将

---

① Article 10 (2), “*United Nations Convention against Transnational Organized Crime*”.

② Article 18 (2), “*United Nations Convention against Transnational Organized Crime*”. 该款规定：“对于请求缔约国根据本公约第10条可能追究法人责任的犯罪所进行的侦查、起诉和审判程序，应当根据被请求缔约国的有关法律、条约、协定和安排，尽可能充分地提供司法协助。”

③ Article 18 (9) “*United Nations Convention against Transnational Organized Crime*”.

④ Article 24, “*United Nations Convention against Corruption*”.

资助恐怖主义行为也纳入了调控范围。因此，1999 年颁布的《联合国制止向恐怖主义提供资助公约》中规定的资助恐怖主义犯罪亦被归入了洗钱罪的上游犯罪当中。

经由以上陈述，国际公约对洗钱犯罪化的基本要求基本涵盖如下几方面：其一，在行为方式上，以"转换、转让、掩饰、隐瞒"四种行为方式为强制性要求，以"获取、占有、使用"三种行为方式为选择性要求；其二，在上游犯罪方面，以公约确立的各类犯罪为最低标准，并建议各缔约国将其拓展至最为广泛的上游犯罪；其三，在犯罪主体方面，要求追究法人责任，但该责任并不受限于刑事领域，同时允许各国在本国法律原则的要求下排除自洗钱行为的独立成罪；其四，在主观方面，允许各国依据客观情况判定各类主观要素。

公约对洗钱犯罪化的上述要求在后续颁布的《FATF 建议》中被予以了再次肯定与强调。有所不同的是，FATF 在公约要求的基础上，进一步扩大了上游犯罪范围。一方面，其要求各国应当将洗钱罪适用于所有的严重犯罪，以涵盖最为广泛的上游犯罪。规定方式可以多样，但至少应当包括每一种指定的犯罪类型；[①]另一方面，其进一步指出采取量刑起点法的国家，上游犯罪则应当包括最高刑可能判处 1 年以上监禁的罪行或是最低可能判处 6 个月以上监禁的罪行。[②] 如此一来，国际反洗钱标准对洗钱罪上游犯罪之要求，实际上已然走向了一切犯罪。

2.1.2 相关刑事没收的基本要求

结合前文所述，洗钱犯罪化的作用根本在于弥补司法机关对

---

① Interpretive Note to Recommendation 3 of the " *FATF Recommendations*", para. 1,2,4.

② Interpretive Note to Recommendation 3 of the "*FATF Recommendations*", para. 3.

犯罪所得的没收不力。因此，与洗钱犯罪化要求相生相伴的则是对洗钱所涉财物没收的相关举措。实际上，在国际公约就涉案财物没收作出正式规定前，国与国之间基于双边条约开展的没收合作，多是将犯罪所得作为“物”予以移交。[①] 即便有些双边条约对没收合作有所提及，也多只停留于“在没收程序中予以相互协助”的概括表述，缺乏具体的实施方法和操作细则。[②] 1988 年《维也纳公约》的颁布无疑改善了上述情形。该公约不仅开创了洗钱入罪的先河，其对没收毒赃的体系性规定更为构建跨境追赃机制提供了基础与框架。事实上，后续颁布的 2000 年《巴勒莫公约》以及 2003 年《联合国反腐败公约》对没收举措的规定，也均是在《维也纳公约》基础上的发展与完善。而伴随着上述公约的相继出台，国际社会也逐步形成了一套缘起于反洗钱并服务于反洗钱的刑事没收机制。公约对涉案财物没收的基本要求主要集中在没收对象、前置性举措以及对没收财产处置三大方面：

对于没收对象，公约将其归纳为“犯罪所得”以及“供犯罪所用财物”[③]两大类。根据《维也纳公约》的规定，“各缔约国应制定可能必要的措施以便能够没收：(a)从按第 3 条第 1 款确立犯罪的犯

---

① 【日】森下忠：《国际刑法入门》，阮齐林译，中国人民公安大学出版社 2004 年版，第 184 页。例如，1973 年《西班牙与意大利关于刑事司法协助和引渡的条约》，第 42 条第 1 款规定：“……被请求方应当在本国立法允许的范围内获取并移交所有下列物品……(2)被作为犯罪结果而获得并且在逮捕被请求引渡者时发现由其持有的或者是以后发现的物品……”

② 中华人民共和国司法部司法协助局翻译：《国际司法协助条约集》，法律出版社 1990 年版，第 409 页。例如，1985 年《加拿大政府和美利坚合众国政府刑事司法协助条约》第 17 条第 2 款。

③ 在洗钱犯罪中，上游犯罪所得实际上具有“双重”属性。其既是源于上游犯罪的“违法所得”，亦是洗钱罪的“供犯罪所用之物”(亦可称为“犯罪组成之物”)。此外，由于资助恐怖主义犯罪也被纳入了反洗钱体系，故而用于资助恐怖主义的资金，亦作为反向洗钱的“供犯罪所用之物”归入没收范围。

罪所得或与其价值相当的财产;(b)已经或意图以任何方式用于按第3条第1款确定的犯罪的麻醉药品和精神药物、材料和设备或其他工具”[①]。此后的《巴勒莫公约》与《联合国反腐败公约》均延续了该种对象分类,只不过由于突破了毒品犯罪的限制,公约的具体表述也就相应变更为“公约确立犯罪的犯罪所得或价值与其相当的财产”以及“用于或拟用于公约所涵盖犯罪的财产、设备或者其他工具”。[②] 公约确立的犯罪,即对应于洗钱罪及其上游犯罪。值得注意的是,在上述规定中,公约使用了“犯罪所得或与其价值相当财产”的表述方式,从而给予了各缔约国一定的自由裁量空间,以选择最适合于其国内法的没收措施。然而,此种选择空间却给国际协作带来了一定困难。因为各国选择的差异将意味着,当采取“犯罪所得”为没收对象的国家,请求采取“与犯罪所得价值相当的财产”为没收对象的国家进行没收协助时(反之亦然),两种国内法的不同规定必然会造成国际协助的障碍。值得一提的是,为了确保没收,防止犯罪所得因存在形式的改变或与合法财产的混合而导致实务操作问题,公约还进一步明确:对于由犯罪所得转化或转变的财产,则将转变或转化后的财产视为原犯罪所得的替代;[③]对于与合法来源财产混合的收益,在不影响任何扣押权和冻结权的情况下,且不超过所混合的该项犯罪所得

---

① Article 5(1), *“United Nations Convention against Illicit Traffic in Narcotic Drugs and Psychotropic Substances”*.

② Article 12(1), *“United Nations Convention against Transnational Organized Crime”*, Article 31(1), *“United Nations Convention against Corruption”*.

③ Article 5(6)(a), *“United Nations Convention against Illicit Traffic in Narcotic Drugs and Psychotropic Substances”*, Article 12(3), *“United Nations Convention against Transnational Organized Crime”*, Article 31(4), *“United Nations Convention against Corruption”*.

的估计价值，没收该混合财产；[①]对于由犯罪所得、犯罪所得转化或转变的财产以及与犯罪所得混合财产所取得的收入或其他利益，在处理方式和程度上如同对待收益一样。[②] 对于具体的举证责任分配，公约指出“各缔约国可考虑确保关于指称的犯罪所得或应予没收的其他财产的合法来源之举证责任倒置，但应符合其国内法基本原则和司法及其他程序的性质”。[③] 而对于没收过程中可能涉及到的善意第三人问题，公约则给予了极为有限的保护。即，笼统地规定“不得就公约规定作出损害善意第三人权利的解释”。[④]

为了保障对相应财物的顺利没收，公约进一步规定了针对目标财物的前置性举措。例如，公约要求各缔约国应制定必要的措施，使其主管当局得以识别、追查、冻结、扣押相关物品，以便最终没收。[⑤] 与此同时，公约还特别指出，各缔约国应授权法院或其他

---

① Article 5(6)(b), "*United Nations Convention against Illicit Traffic in Narcotic Drugs and Psychotropic Substances*", Article 12(4), "*United Nations Convention against Transnational Organized Crime*", Article 31 (5), "*United Nations Convention against Corruption*".

② Article 5(6)(c), "*United Nations Convention against Illicit Traffic in Narcotic Drugs and Psychotropic Substances*", Article 12(5), "*United Nations Convention against Transnational Organized Crime*", Article 31 (6), "*United Nations Convention against Corruption*".

③ Article 5(7), "*United Nations Convention against Illicit Traffic in Narcotic Drugs and Psychotropic Substances*", Article 12(7), "*United Nations Convention against Transnational Organized Crime*", Article 31 (8), "*United Nations Convention against Corruption*".

④ Article 12 (8), "*United Nations Convention against Transnational Organized Crime*".

⑤ Article 5(2), "*United Nations Convention against Illicit Traffic in Narcotic Drugs and Psychotropic Substances*", Article 12(2), "*United Nations Convention against Transnational Organized Crime*", Article 31 (3), "*United Nations Convention against Corruption*".

主管当局下令提供或扣押银行记录、财务记录或商业记录，且任一缔约国不得以保守银行秘密为由拒绝按照本款规定采取行动。[①] 从而，使得洗钱者无法再利用严格的银行保密条款为其洗钱行为保驾护航。此举因其突破性地赋予相关举措排除银行保密条款的效力，而被认为是《维也纳公约》打击洗钱犯罪最重要的贡献之一。[②]

对于没收财产的处置，在非经国际协助的情况下，公约的基本原则即是：应由缔约国按照其国内法和行政程序加以处理。[③] 此处的"缔约国"对应于发起没收要求或请求的国家。至于具体的处置举措，缔约国则各有不同。在一些国家中，没收的收益或财产被用于补充政府收入；在另一些国家，例如美国，则将其投入到地区、州、联邦乃至国际执法工作当中；而像英国，则会因具体的没收案件是否涉及国际因素而予以区别对待。[④] 然而，在通过国际协助实现没收的情况下，《维也纳公约》对处置没收财产的建议则是：捐给专门从事打击非法贩运及滥用麻醉药品和精神药物的政府间机构，或者定期或逐案地与其他缔约国分享。[⑤] 此后，《巴勒莫公

---

① Article 5(3), *"United Nations Convention against Illicit Traffic in Narcotic Drugs and Psychotropic Substances"*, Article 12(6), *"United Nations Convention against Transnational Organized Crime"*, Article 31(7), *"United Nations Convention against Corruption"*.

② Sproule, D. W. and Saint-Denis, P., "The UN Drug Trafficking Convention: An Ambitious Step", Canadian Yearbook of International Law, 1989, p. 263.

③ Article 5(5), *"United Nations Convention against Illicit Traffic in Narcotic Drugs and Psychotropic Substances"*, Article 14(1), *"United Nations Convention against Transnational Organized Crime"*, Article 57(1), *"United Nations Convention against Corruption"*.

④ "Financial Action Task Force on Money Laundering: Annual Report 1996 - 1997" (hereafter Report VIII), Paris, FATF, Annex B, at p. 10.

⑤ Article 5(5)(b), *"United Nations Convention against Illicit Traffic in Narcotic Drugs and Psychotropic Substances"*.

约》进一步在此基础上提出：在通过国际协助进行没收的情况下，被请求国应当在其本国法律许可范围内优先考虑将没收的犯罪所得或财产交还请求国，以便其对犯罪被害人进行赔偿，或者将其归还合法所有人。[①] 尽管，公约提出了“优先返还”的处置方案。但是，公约使用的“考虑”“在其本国法律许可范围内”的用语却表示此种处置方案仍然是一种选择性采纳方案，各缔约国仍然可以合理回避公约对“优先考虑”返还没收资产的要求。直到2003年颁布《联合国反腐败公约》，才在《巴勒莫公约》的基础上将“优先考虑返还”原则进行了细化。《巴勒莫公约》分三种情况对此进行了规定：第一种，是涉及公约第17条（公职人员贪污、挪用或者以其他类似方式侵犯财产）和第23条（对犯罪所得的洗钱行为）所述的行为时，被请求国对没收资产的返还需以请求国之生效判决为条件；第二种，是所涉犯罪是除了上述犯罪之外的公约所涵盖的其他犯罪所得，被请求国返还没收资产的条件除了包括请求国的生效判决，还要求请求国向被请求国合理证明其对没收财产拥有的所有权，或者被请求国承认请求国受到的损害是返还所没收财产的依据；第三种，是除了上述两种情况外，被请求国采取“优先考虑返还”之选择性返还态度。[②] 由此可见，在《联合国反腐败公约》中，针对洗钱犯罪的国际协作，其没收财产的返还，已从过去各缔约国之“考虑优先返还”转变为“应当基于请求国之生效判决的要求返还”。如此规定所伴随的，则是被请求国的执行费用承担问题。对此，公约规定：“被请求国可以在返还已没收的财产前扣除为此进行侦查、起诉或者审判程序而发生的合理费用。”[③]所谓的“合理费

① Article 14(2), “*United Nations Convention against Transnational Organized Crime*”.

② Article 57(3), “*United Nations Convention against Corruption*”.

③ Article 57(4), “*United Nations Convention against Corruption*”.

用”,则被解释为“实际发生的成本和开支,而不包括给予中间人的佣金或者其他不确定的费用”。①

值得一提的是,尽管公约所规定的没收针对的是基于刑事定罪的传统没收,但是,由于刑事审判是一个耗时耗力的过程,故而该种没收对犯罪所得的追缴效率可见一斑。为了尽可能规避传统没收存在的缺陷,非基于刑事定罪没收开始被引入国际反洗钱的参考范围。之所以言其参考,主要是因为公约并不强制各国建立非基于刑事定罪的没收,但是他们亦允许缔约国如此为之。这便是为何《巴勒莫公约》要规定“缔约国应当在本国法律制度的范围内,尽最大可能且采取必要措施,以便没收公约所涵盖犯罪的犯罪所得或价值与其相当的财产”之缘由。② 面对基于刑事定罪没收存在的上述缺陷与不足,对非基于刑事定罪的支持者,致力于将此没收描绘为一种灵丹妙药。而这,无疑给部分成员国带来了“有必要”采纳该举措的巨大压力。对此,FATF 亦表明了其立场。即,FATF 规定“各国应考虑采取措施允许不经刑事定罪即可没收此类收益或工具(不定罪没收)”。③ 而考虑到非基于刑事定罪没收对惩治贪腐犯罪的重要性,《联合国反腐败公约》则进一步要求“各缔约国均应当根据本国法律采取必要措施,允许另一缔约国在本国法院提起民事诉讼,以确立对通过实施根据本公约确立的犯罪而获得财产的产权或者所有权”。④

---

① Interpretative Notes for the Official Record (Travaux Preparatoires) of the Negotiation of the United Nations Convention against Corruption, UN Doc. A/58/422/Add. 1,7 October 2003, p. 11.

② UNTOC, article 12(1)(a), See also article 31(1) of the UNCAC.

③ FATF Recommendations, Recommendation 4.

④ UNCAC, article 53(a).

2.2　部分反洗钱先行国对国际立法标准的实现

2.2.1　美国

2.2.1.1　美国的洗钱犯罪化

美国对洗钱的犯罪化始于其 1986 年颁布的《洗钱控制法》(Money Laundering Control Act 1986，简称 MLCA 1986)。该法将掩饰、隐瞒犯罪所得及其收益的来源、性质、处所、所有权关系等，以及为促进特定犯罪而实施的行为规定为联邦洗钱罪。与此同时，该法还将拆分交易以规避大额现金交易报告的行为予以入罪。这些规定皆被收入进了《美国法典》当中。[①] 尔后，《1988 年反毒品滥用法》(Anti-Drug Abuse Act 1988)、[②]《1990 年犯罪防治法》(The Crime Control Act of 1990)、[③]《1992 年反洗钱法》(Anti-Money Laundering Act 1992)[④]以及《2000 年国际反洗钱和反腐败法》[⑤]相继对洗钱罪的上游犯罪范围进行了扩容，涉及的 250 多个罪名，[⑥]几乎涵盖了包括联邦、各州甚至国外规定的重罪。[⑦]

总体而言，除了包括掩饰、隐瞒犯罪所得来源及性质这种典型

---

① 18 USC §1956，1957；31 USC §5312，5322，5324.

② 该法将洗钱罪上游犯罪范围扩展到逃税、走私、侵犯知识产权以及违反《武器控制法》的犯罪行为。

③ 该法进一步将 1988 年《化学制品分散及交易法》中规定的犯罪行为、违反环境保护的犯罪行为以及涉及银行犯罪的行为纳入到洗钱罪的上游犯罪中。

④ 该法将欺诈外资银行的行为也纳入到了洗钱罪的上游犯罪中。

⑤ 该法将外国政府公职人员的腐败行为也纳入到了洗钱罪的上游犯罪当中，进而允许美国政府对通过美国金融机构清洗腐败资金的外国政府官员进行起诉。

⑥ Courtney J. Linn，"Redefining the Bank Secrecy Act：Currency Reporting and the Crime of Structuring"，*Santa Clara Law Review*，2010，50(2)，p. 18.

⑦ Kris Hinterseer，*Criminal Finance*：*The Political Economy of Money Laundering in a Comparative Legal Context*，Hague：Kluwer Law International，2002，p. 200.

的洗钱行为外，美国的洗钱罪还包括“利用合法或非法所得促进特定犯罪的行为”[①]“明知是犯罪所得仍从事或意图从事金额在1万元以上的交易行为”。[②] 此两种行为方式即对应于公约中的“使用、获取”两种行为方式。除此之外，偷税型洗钱（即实施《美国法典》第26编第7201或7206节所禁止的侵害税收的犯罪而进行金融交易行为）以及规避交易报告型洗钱（即交易对象涉及犯罪所得，而行为人明知交易是为了全部或部分地逃避州或联邦所规定的交易报告义务仍交易的行为）[③]则是美国洗钱罪超前于国际公约的行为方式。由于美国并未将公约规定的“占有”行为方式纳入洗钱的调控范围，故而FATF于2006年对美国反洗钱工作进行评估时，建议其进一步扩大法条中“交易”一词含义，以将“占有”涵盖其中。

2.2.1.2 美国对洗钱所涉没收之立法

同洗钱入罪一样，美国对没收犯罪所得的立法也与打击毒品犯罪密不可分。[④]《1970年反诈骗腐败组织集团犯罪法》（The Racketeering Influenced and Corrupt Organizations Act 1970，以下简称RICO 1970）第一次涉及了“犯罪所得”（proceeds）的概念，并将其解释为包括“可查获的一切犯罪所得、利用犯罪所得购买的财产，及其产生的增值或收益”。[⑤] 然而，在后来的*United States*

---

① 18 USC §1956(a)(1)(A)(i), 18 USC §1956(a)(2)(A), 18 USC §1956(a)(3)(A).

② 18 USC §1957.

③ 18 USC §5322,5324.

④ See B. Johnson, “Restoring civility-the Civil Asset Forfeiture Reform Act 2000: baby steps towards a more civilized civil forfeiture system”, *Indiana Law Review*, 2002.

⑤ G. Stessens, *Money Laundering: A New International Law Enforcement Model*, Cambridge: Cambridge University Press, 2000.

v. *Santos* 一案中，最高法院却将“犯罪所得”进一步限制为犯罪所得之“净利润”而非“总额”。[①] 与此同时，《1970 年全面预防药物滥用法》(Comprehensive Drug Abuse and Prevention Act 1970)[②]以及《1970 年有组织犯罪控制法》(Organized Crime Control Act 1970)亦试图重新恢复对民事没收的使用。[③] 司法部得以被允许将民事没收程序适用于一切违背联邦法律的毒品犯罪所得以及使用于该犯罪的财物。[④] 而后，《1984 年全面控制犯罪法》(Comprehensive Crime Control Act 1984)进一步将用犯罪所得购买的不动产纳入了没收的范围。[⑤] 值得一提的是，该法案提出允许将没收的赃款存放于司法部与财政部设立的特殊没收基金(即，国家资产扣押没收基金)(The National Assets Seizure and Forfeiture Fund)，[⑥]并引入公平分享计划以使执法部门得以获取所扣押或没收资产的大部分。[⑦] 此后，《2000 年民事没收法》(Civil Asset Forfeiture Act 2000)颁布，其在一定意义上代表了美国对其自 1789 年以来没收法律的重大修正，该法也成为了 2000 年以后

---

① 128, S. Ct. 2020, 2025, 2031, 2008.

② 18 USC § 1963.

③ Pub. L. No. 91 - 513, 1970 USCC. A. N(84 Stat.) 1437 (codified as amended at 21 USC § 801 - 971).

④ 21 USC § 881(a).

⑤ D. Saltzurg, *Real property forfeitures as a weapon in the government's war on drugs: a failure to protect innocent ownerships*, Boston University Law Review, 1992.

⑥ See B. Johnson, "Restoring civility-the Civil Asset Forfeiture Reform Act 2000: baby steps towards a more civilized civil forfeiture system", *Indiana Law Review*, 2002, pp. 1049 - 1050.

⑦ G. Stessens, *Money Laundering: A New International Law Enforcement Model*, Cambridge: Cambridge University Press, 2000, p. 77.

所有民事没收程序的适用依据。[①] 而在 2001 年恐怖袭击以后，2001 年出台的《美国爱国者法案》(USA Patriot Act 2001)则进一步将联邦政府以及执法机构没收的对象范围拓展至恐怖组织的资产。[②] 根据该法案的规定，只要相应的资产使用于恐怖组织犯罪，为恐怖组织所持有或是通过恐怖活动获得，国家即有权对该资产予以没收。[③]

整体而言，美国对犯罪所得的没收主要分为行政没收、刑事没收以及民事没收三种程序。行政没收是由联邦执法机构进行的非司法性举措，仅适用于以下四类对象，即金额未超过 50 万美金的财物、非法进口的财物、用于转移和储存国家管控物品的财物以及货币或其他任何价值的货币工具。[④] 刑事没收主要指传统意义上的基于定罪的没收。即，以定罪为前提对犯罪分子用于实施犯罪的财物或犯罪所得予以没收。而在民事没收中，政府以原告的身份对应予没收之财物主张权利，相应的证明标准也较低。由于该种没收程序独立于刑事诉讼程序而只是针对特定的财物，故而即便嫌疑犯基于种种原因而无法被定罪也并不影响犯罪所得的没收。

---

① S. Cassella, "The Civil Asset Forfeiture Reform Act of 2000: expanded government forfeiture authority and strict deadlines imposed on all parties", *Journal of Legislation*, 2001, pp. 97 – 151.

② S. Cassella, "Forfeiture of terrorist assets under the USA Patriot Act of 2001", *Law and Policy in International Business*, Vol. 34, 2002, pp. 7 – 15, at 7. Also see J. Thomas and W. Roppolo, *United States of America*, in M. Simpson, N. Smith and A. Srivastava (eds), International Guide to Money Laundering Law and Practice, Haywards Heath: looms bury Professional, 2010.

③ M. Gallant, *Money Laundering and the Proceeds of Crime*, Cheltenham: Edward Elgar, 2005, p. 105.

④ 18 USC 983(a)(1) and (2) and 19 USC 1602.

2.2.2 英国

英国对洗钱行为的犯罪化以及对犯罪所得之没收立法详见于其2002年颁布的《犯罪收益法》(Proceeds of Crime Act 2002，以下简称PCA 2002)。根据英国财政部的描述，《犯罪收益法》即是英国对国际反洗钱立法标准的有效执行，该法的出台为英国打击洗钱犯罪提供了有力的法律武器。①

2.2.2.1 英国的洗钱犯罪化

英国的洗钱罪主要是包括以下三种类型。其一，是隐匿、掩饰、转化、转移犯罪所得②。该种类型的洗钱犯罪主要包括三种行为方式："隐藏或掩饰"犯罪资产[包括隐藏或掩饰犯罪财产的性质、来源、地点，处置(转让出售)、转移所有权以及其他相关的权利]；③对犯罪财产进行转化或转移；④以及将犯罪财产转移出英国。⑤ 其二，是对他人获取、保有、使用、控制犯罪所得的促进。⑥ 该行为类型要求某人在明知或者怀疑某些行为(不论通过任何手段)将有助于他人或以他人的名义获得、保有、使用或控制犯罪所得的情况下，却仍然加入或牵涉到该行为当中。"加入或牵涉"既可以是明示的也可以是暗示的。至于理论界探讨的是否可以通过不作为的方式构成上述帮助行为，⑦英国学界则认为"加

---

① See HM Treasury, Anti-Money Laundering Strategy, London: HM Treasury, 2004, p. 16.

② PCA 2002 S 327.

③ PCA 2002 S 327(3).

④ PCA 2002 s 327 (1)(c)(d).

⑤ PCA 2002 s 327(1)(e).

⑥ PCA 2002 s 328.

⑦ See A. P. Simester and G. R. Sullivan, Criminal Law: Theory and Doctrine, *Oxford*, *Hart Publishing*, 2000,194 et seq., R v Clarkson, 1971, 1 WLR 1402; 1971 3 All ER 344.

入”是积极的用语因而不存在是否可以通过不作为构成的质疑，而“牵涉”则很有可能因为不作为而构成对他人获取、保有、使用或控制犯罪所得的协助。其三，是获取、占有或使用犯罪所得。[①] 其中占有仅限于对有形财产；而获取则既包括有形财产也包括无形财产，[②]既包括积极地获取也包括消极地获取。[③] 与此同时，PCA 2002 亦规定了与洗钱相关的其他罪行。例如，对负有反洗钱强制披露义务的监管部门[④]未按要求向警察或官员进行披露[⑤]即构成了“未披露罪”；又如，行为人向其他人员泄露其所知道或怀疑的披露行为，导致对被披露洗钱犯罪之调查不利的影响即构成了“泄露罪”。[⑥]

对于洗钱罪的适用范围，英国也曾采取“上游犯罪”概念以对其进行限定。然而，“上游犯罪”范围的确定无疑暗示着对该范围之外的犯罪所得的处置（或是清洗）并非不法，此举导致了一些具有报告义务的主体（如开展金融业务的公司）以“虽然怀疑公司的内部交易涉及清洗犯罪所得，但上述行为却不属于对‘上游犯罪所得’之清洗”为由来规避责任承担。为了避免上述问题，PCA 2002 开始将上游犯罪拓展至所有的犯罪。对“犯罪所得”也是界定为“位于任何地方（国内或国外）的因犯罪获得的利益或该利益的替代品（无论全部或部分、直接或间接）”。[⑦]

除此之外，英国还将反向洗钱（即清洗恐怖主义财产）予以入罪化，只不过该部分内容被规定于 2000 年的《恐怖主义法》

① PCA 2002 s 329.

② PCA 2002 s 340(6).

③ Attorney General's Reference (No 1 of 1988)[1989] 1 AC 971;[1989] 2 All ER.

④ PCA 2002 s 330(3)(b).

⑤ PCA 2002 s 330(2)-(4),PCA 2002 s 331,332.

⑥ PCA 2002 s 333(1).

⑦ PCA 2002 S 340(3), PCA 2002 S 340(9).

(Terrorism Act 2000)中。对于此种规定模式，英国学者指出"主要是因为资助恐怖主义行为有别于 PCA 2002 规定的传统洗钱行为对财物非法来源的关注，前者打击的乃是资产的去向"。① 对于"恐怖资产"，《恐怖主义法》将其界定为"有可能用于恐怖主义活动的资产"②"实施恐怖主义犯罪所得"③以及"因服务于恐怖活动而产生的所得及收益"。④ 具体的行为方式包括为恐怖主义募集资金、接受恐怖主义资金，⑤占有或使用恐怖资金，⑥参与为他人提供恐怖资金的活动，⑦促进恐怖资金的保有或控制。⑧

2.2.2.2　英国对洗钱所涉没收之立法

英国对没收犯罪所得的立法始于《1986 年贩毒法》(Drug Trafficking Offence Act 1986)，该法施予了法院强制没收贩毒所得的权力。⑨ 而后，伴随着《1990 年刑事司法法》(国际合作)[Criminal Justice(International Co-operation) Act 1990]、《1994 年毒品走私法》(Drug Trafficking Act 1994)以及《1995 年犯罪收益法》(Proceeds of Crime Act 1995)的相继出台，没收的适用范围得以进一步扩大至所有非毒品犯罪所得。PCA 2002 即是对散布于各法律中没收规定的整合与修订。根据该法，英国对犯罪所得

---

① See R. C. H. Alexander, *Insider Dealing and Money Laundering in the EU: Law and Regulation*, Aldershot: Ashgate, 2007, p. 173.

② Terrorism Act 2000, s. 14(1)(a).

③ Terrorism Act 2000, s. 14(1)(b).

④ Terrorism Act 2000, s. 14(1)(c).

⑤ Terrorism Act 2000, s. 15(1), S. 15(2).

⑥ Terrorism Act 2000, s. 16.

⑦ Terrorism Act 2000, s. 17.

⑧ Terrorism Act 2000, s. 18.

⑨ A. Leong, *Assets recovery under the Proceeds of Crime Act 2002: the UK experience*, in S. Yong (ed.), *Civil Forfeiture of Criminal Property: Legal Measures for Targeting the Proceeds of Crime*, CheltenhamL Edward Elgar, 2009, p. 189.

的没收总共分为四种方式：

其一，是基于定罪的没收。该种没收主要适用于两种情形，一种是被告从特定犯罪行为中获利；[①]另一种则是被告拥有“犯罪生活方式”。[②] 一旦法院基于上述两种情形对被告发布没收令，被告则应当根据法院所判定的“没收额”缴纳相应金额的财物。

其二，是民事追缴。该种没收使得英国“重大组织犯罪署”（以下简称 SOCA）得以在无法成功对犯罪分子刑事定罪的情况下（如缺乏足够的证据，被告人死亡或者逃匿等），得以经由高等法院发起民事追赃程序对相应财产进行没收。[③] 该程序对证明标准的要求较弱，仅达到盖然性证明标准（balance of probabilities）即可，对财物合法来源的证明责任则由被收缴对象承担。[④] 由于该种没收方式证明标准低且极大地回避了刑事诉讼中可能遇到的障碍，故而提高了犯罪所得的没收效率。FATF 就曾盛赞英国的民事追缴为其法律制度的一大进步。[⑤] SOCA 发起民事追缴程序需基于以下几个条件：(1)追缴的金额不少于指定金额（通常至少 1 万英

---

① PCA 2002，S. 307.

② PCA 2002，s. 10，s. 75. “犯罪生活方式”主要指以下三种情形：(1)犯有毒品犯罪、洗钱、指导恐怖活动、人口贩卖、武器走私、伪造罪、侵犯知识产权罪、敲诈勒索罪等 PCA 2000 附录所列举的特定犯罪；(2)行为构成某一犯罪的组成部分且在其受到定罪的刑事诉讼中被至少宣告三种罪行或在诉讼启动之日前的六年时间因获益行为而至少被判决两次有罪，获益总额不低于 50000 英镑；(3)犯罪实施的时间超过六个月且获益数额超过 5000 英镑。

③ PCA 2002，S. 240(2).

④ A. Leong，*Assets recovery under the Proceeds of Crime Act 2002：the UK experience*，in S. Yong（ed.），*Civil Forfeiture of Criminal Property：Legal Measures for Targeting the Proceeds of Crime*，CheltenhamL Edward Elgar，2009，p. 209.

⑤ Financial Action Task Force，*Third Mutual Evaluation Report Anti-Money Laundering and Combating the Financing of Terrorism：United Kingdom*，Paris：Financial Action Task Force，2007，p. 62.

镑)；[①](2)追缴的财物获取于过去的12年内；(3)追缴的对象包括除现金、支票之外的其他财物；(4)有证据显示(仅达到民事证明标准即可)有犯罪行为。

其三，是征税。即对于个人或单位主体在某时间范围内获得的收入或收益，在基于合理"怀疑"其来源于犯罪所得的情况下，由SOCA对其征税。该程序的适用条件与民事追缴程序基本一致，追缴财物的范围变更为追缴前20年行为人或单位所获得的利益。

其四，是对"现金"[②]的没收。即，海关专员或警察在获得司法官或高级官员的批准[③]后，有权对其基于合理怀疑认为是来自非法行为所得[④]或即将用于违法犯罪的不少于法定最低额[⑤]的现金进行搜查与扣押[⑥]，其有权对该部分现金扣押48小时或是经治安法院(或苏格兰郡治安官)签发令状延长扣押期，并申请治安法院(在苏格兰为苏格兰大臣向郡治安官提出)"罚没"(forfeiture)该现金的部分或全部。[⑦] 而治安法院(或苏格兰郡治安官)只需没收的现金符合"源于违法行为所得或意图被用于违法犯罪行为"，即可签发"罚没令"(forfeiture order)。[⑧] 值得一提的是，该没收适用的依然是民事证明标准。

---

① PCA 2002，S 287 and the PCA 2002 Order 2003，SI 2003/175.

② PCA 2002，S. 303，此处的"现金"是一个广义的概念，即包括了纸币和硬币在内的任何流通中的货币，邮政汇票，支票，银行汇票以及无记名债权等。

③ PCA 2002，S. 290.

④ PCA 2002，S. 304.

⑤ PCA 2002，S. 303.

⑥ PCA 2002，S. 289.

⑦ PCA 2002，S. 298.

⑧ PCA 2002，S. 298(2).

2.2.3 加拿大

2.2.3.1 加拿大的洗钱犯罪化

加拿大对洗钱行为的入罪始于其1988年刑法典的修订。[①] 刑法典对洗钱罪的规定如下：明知或者相信财产来源于或部分来源于“指定的犯罪”，为了对其加以掩饰或转换，而通过任何方式使用、转移、更换、处置上述犯罪所得。[②] 其中，对于“犯罪所得”，加拿大将其界定为“通过实施‘指定犯罪’而直接或间接获取的，或者在加拿大境外实施能够在加拿大构成‘指定犯罪’之行为所直接或间接获取的，一切境内外的财产、利益或者好处”。[③] 对于“指定犯罪”(即对应于洗钱罪的上游犯罪)，加拿大则将其界定为“刑法典或议会法案规定的罪行以及该罪行相关的预备、帮助、教唆行为”。[④] 有学者指出，加拿大的上游犯罪实际上包括了广泛的以获利为动机的联邦罪名。[⑤] 要成功实现定罪，检察机关需要排除合理怀疑以证明被告经手的财产是赃款，被告意图转换或隐藏该赃款，且被告主观上相信经手的财产来源于上游犯罪所得。而对于被告是否意图掩饰、隐瞒赃款的来源则在所不问。[⑥] 除此之外，加

---

① L. Douglas, 'Canada', in M. Simpson, N. Smith and A. Srivastava (eds), *International Guide to Money Laundering Law and Practice*, London: Haywards Heath, 2010, p. 448.

② Criminal Code, RSC 1985, c. C–46, S. 462. 31.

③ L. Douglas, 'Canada', in M. Simpson, N. Smith and A. Srivastava (eds), *International Guide to Money Laundering Law and Practice*, London: Haywards Heath, 2010, p. 448.

④ Criminal Code, RSC 1985, c. C–46, s. 354. 1.

⑤ L. Douglas, 'Canada', in M. Simpson, N. Smith and A. Srivastava (eds), *International Guide to Money Laundering Law and Practice*, London: Haywards Heath, 2010, p. 448.

⑥ R. v. Tejani (1999), 138 CCC(3d) 366 (Ont. CA), leave to appeal to SCC refused 42 CCC(3d)vi, 253 NR 397.

拿大刑法典还将“占有上述犯罪所得”的行为予以了入罪化。[①] 基于此，加拿大对洗钱犯罪的定义基本与《维也纳公约》与《巴勒莫公约》相一致。FATF 也曾将加拿大的洗钱罪评价为全面的洗钱罪，其基本满足了《FATF 建议》对洗钱犯罪化的全部要求。[②] 值得一提的是，尽管加拿大对洗钱罪规定得较为全面，但该罪的定案率却相对较低。在加拿大政府曾经出具的一份报告中显示：在 2009—2010 年期间，只有三分之一(34%)，或者准确地说只有 29 个洗钱案件在成人刑事法庭获得定罪。[③]

2.2.3.2　加拿大对洗钱所涉没收之立法

加拿大对没收犯罪所得的规定主要体现在加拿大刑法典，1996 年《药品管制法》(Controlled Drugs and Substances Act 1996)以及 2000 年的《洗钱与资助恐怖主义法》[Proceeds of Crime (Money Laundering) and Terrorist Financing Act]中。根据刑法典的规定，司法部长可以对犯罪所得以及应当没收的其他与犯罪相关的财物发布限制令以制约相应财物的转移。[④] 1996 年《药品管制法》明确将没收的范围规定为“与管控药品与物质犯罪相关的财物”。[⑤] FATF 认为，该法案的没收包含了针对“犯罪所得”以及“用于或打算用于犯罪之财物”的广泛规定。[⑥] 根据该法

① Criminal Code, RSC 1985, c. C-46, s. 354. 1.

② Financial Action Task Force, *Third Mutual Evaluation on Anti-Money Laundering and Combating the Financing of Terrorism*, Paris: Financial Action Task Force, 2008, pp. 38-39.

③ S. Brennan and R. Vaillancourt, “Component of statistics”, Canada catalogue no. 85-005-X Money Laundering in Canada, 2009.

④ Criminal Code (RSC, 1985, c. C-46), 462. 33.

⑤ Controlled Drugs and Substances Act 1996, Section 16, 17.

⑥ Financial Action Task Force, *Third Mutual Evaluation on Anti-Money Laundering and Combating the Financing of Terrorism*, Paris: Financial Action Task Force, 2008, p. 8.

案的规定，行为人如果实施了法案中规定的涉及管控药品或物质的犯罪，[①]除了该管控药品或物质将被没收之外，与犯罪相关的其他财物也将一并予以没收。2000 年的《洗钱与资助恐怖主义法》(Proceeds of Crime (Money Laundering) and Terrorist Financing Act)进一步将没收的范围明确为与犯罪相关的财物。然而，该种没收仍需以刑事定罪为基础。[②] 换言之，尽管法院对"相关财物"的判断是基于盖然性的证明标准(balance of probabilities)，但也仍然需要以排除合理怀疑的证明行为人构成犯罪为前提。

根据刑法典的规定，加拿大对犯罪所得的没收主要可以通过四种途径实现：一种，是在被告因"特定罪名"而被定罪的情况下，将没收作为对其量刑的一部分；[③]一种，是在被告逃逸或死亡情况下适用的独立没收；[④]还有一种，是被告因公诉罪名而被定罪的情况下对涉嫌该罪名财物的没收；[⑤]再一种，则是在警方扣押了与刑事诉讼程序并不相关之财物的情况下，经检察机关排除合理怀疑证明该财物为非法所得而由法院决定没收。[⑥]

值得一提的是，在加拿大，刑法被认为具有联邦的性质，而民法则是各省自决的。因此，对于犯罪所得的民事追缴，则基本是由各省自行立法。目前艾伯塔省、[⑦]曼尼托巴省、[⑧]萨斯喀彻温

---

① Controlled Drugs and Substances Act 1996, Section 4.

② M. Gallant, "Canada: Crime control and co-opting legal counsel: canvassing the confidentiality crisis", *Journal of Financial Crime*, 2003, 10(4), p. 309.

③ Criminal Code, 462. 37.

④ Criminal Code, 462. 38.

⑤ Criminal Code, 490. 1.

⑥ Criminal Code, 490(9).

⑦ Victims Restitution and Compensation Act 2001.

⑧ Criminal Property Forfeiture Act 2004.

省、[1]不列颠哥伦比亚省、[2]新斯科省[3]以及魁北克省[4]都已对民事没收进行了相应规定。[5]

2.2.4 澳大利亚

2.2.4.1 澳大利亚的洗钱犯罪化

澳大利亚对洗钱行为的犯罪化始于其1987年颁布的《犯罪收益法》(Proceeds of Crime Act 1987)。[6] 该法规定当行为主体(包括信贷机构、投资公司、保险公司在内)参与了涉及犯罪所得或违法所得的交易行为，且该主体知道或者应当知道经手的财产来源于犯罪或非法行为，即构成洗钱罪。[7] 该法案后经《1995年刑事法令》修订(Division 400 of the Criminal Code Act 1995)，进一步加重了洗钱罪的刑罚。[8] 根据FATF的评估，澳大利亚1995年《刑事法令》规定的洗钱罪包含的行为方式有"接收、占有、隐藏、处置、

---

① Seizure of Criminal Property Act 2005.

② Civil Forfeiture Act 2005.

③ The Civil Forfeiture Act 2007 and the Assets Management and Disposition Act 2007.

④ Respecting the Forfeiture, Administration and Appropriation of Proceeds and Instruments of Unlawful Activity Act 2007.

⑤ See A. Kennedy, "Designing a civil forfeiture system: an issues list for policymakers and legislators", *Journal of Financial Crime*, 2006,13(2), pp. 132 - 163.

⑥ Financial Action Task Force, *Third Mutual Evaluation Report on Anti-Money Laundering and Combating the Financing of Terrorism*, Paris: Financial Action Task Force, 2005, p. 21.

⑦ Proceeds of Crime Act 1987, s. 81. See also M. Jacques, "International survey of financial markets law and regulation: Australia", *Journal of International Financial Markets*, 2001(special issue), p. 135.

⑧ Financial Action Task Force, *Third Mutual Evaluation Report on Anti-Money Laundering and Combating the Financing of Terrorism*, Paris: Financial Action Task Force, 2005, p. 5.

将赃款带入或带出境内以及从事银行交易”,[①]针对的对象则包括“犯罪所得以及用于或打算用于实施上述犯罪的财物”,[②]洗钱罪所涉及的财产也不仅仅限于境内,还包括境外犯罪所得。[③]

整体而言,澳大利亚刑法典中的洗钱罪共涉及19个不同罪名,它们大致可以分为两大类:涉及犯罪所得的犯罪;以及涉及供犯罪所用财物的犯罪。[④] 而这些条款与《维也纳公约》以及《巴勒莫公约》对洗钱入罪化的规定是基本相符的。

2.2.4.2 澳大利亚对洗钱所涉没收之立法

1901年的《海关法》(Customs Act 1901)是澳大利亚第一部规定对物没收之法律。该法适用于行为人因贩卖非法进口药物而占有的现金或物品之没收。[⑤] 此外,该法还规定了对用于走私的工具(如船舶、车辆、或动物)之没收。而后,《1987年犯罪收益法》(Proceeds of Crime Act 1987)进一步对没收进行了系统规定。然而,其所规定的没收则仍需以刑事定罪为适用前提。该种没收的适用效果随即受到了质疑,曾有学者批评基于刑事定罪没收所追缴的赃款大约只有澳大利亚犯罪所得总额的1%。[⑥] 而在澳大利

---

① Division 400.2A of the Criminal Code Act 1995.

② Financial Action Task Force, *Third Mutual Evaluation Report on Anti-Money Laundering and Combating the Financing of Terrorism*, Paris: Financial Action Task Force, 2005, p. 27.

③ Division 400.1 of the Criminal Code Act 1995.

④ Financial Action Task Force, *Third Mutual Evaluation Report on Anti-Money Laundering and Combating the Financing of Terrorism*, Paris: Financial Action Task Force, 2005, p. 5.

⑤ See S. Grono, "Civil forfeiture — the Australian experience", in S. Young (ed.), *Civil Forfeiture of Criminal Property-Legal Measures for Targeting the Proceeds of Crime*, Cheltenham, Edward Elgar, 2009, p. 125.

⑥ See L. Blakeney and M. Blakeney, "Counterfeiting and piracy — removing the incentives through confiscation", *European Intellectual Property Review*, 2008, 30(9), p. 353.

亚立法委员会针对《1987 年犯罪收益法》适用效果出具的谴责报告中，"需以定罪为前提"亦被其列为制约犯罪所得没收的一大障碍。基于此背景，《2002 年犯罪收益法》(Proceeds of Crime Act 2002)在基于刑事定罪没收的既有规定上，又新增了民事追缴，从而取代了《1987 年犯罪收益法》成为澳大利亚没收犯罪所得的法律适用依据。

2002 年《犯罪收益法》总共规定了五种机制以实现对犯罪所得的没收。其一，是限制令(restraining orders)，即当法院认为行为人实施严重犯罪可能性较大，且所涉财物亦有可能是该犯罪所得的情况下对相应财物予以限制。其二，是没收令，即在相应财物确证为一项或多项公诉罪名的犯罪所得的情况下，由法院下令对其予以没收。该种没收又分为针对"物"的没收与针对"人"的没收。[①] 其三，基于严重犯罪定罪的自动没收。[②] 即在某人已被判有严重犯罪的情况下，在没有没收令的情况下对被限制的财产予以没收。该种没收是建立在如下假设基础上——由于行为人犯有严重犯罪，故而其拥有或控制的所有财产均被视为犯罪所得。因此，一经定罪，证明财产合法来源的责任则须由被告自行承担。其四，罚金令，即当法院发现行为人已经实施的某项严重犯罪(基于民事证明标准即可)，即可命令其向联邦缴纳与其所获利益数额相当的罚金。[③] 其五，名声收益追缴令，即当行为人已经实施了某项犯罪，且从该犯罪中获得了名声收益，那么法院可以命令其向联邦缴纳与其名声收益相当金额的款额，而无需以行为人被定罪为条

---

① A. Kennedy, "Designing a civil forfeiture system: an issue list for policymakers and legislators", *Journal of Financial Crime*, 2006, 13(2), p. 135.

② Proceeds of Crime Act 2002, seation 92.

③ Proceeds of Crime Act 2002, s. 115.

件。[1] FATF在对澳大利亚反洗钱立法进行评估的过程中进一步发现，该种名声收益追缴令的适用情况，还包括行为人将其犯罪行为的经过以故事的形式卖给媒体所获得的收益。

2.3 对反洗钱国际立法标准的合理认知及应对

结合以上部分反洗钱先行国的相关刑事立法，即便各国的立法路径及具体规定均存在不同程度的差异，其对洗钱罪及所涉没收之规范却具有一定的共性。该共性，在一定程度上即对应于反洗钱的国际立法要求。对此，有必要进一步认知国际社会对各国刑事立法的制约方式，以合理把握本国立法与国际反洗钱要求的趋同程度。

2.3.1 国际社会对国内反洗钱立法的制约机制

2.3.1.1 国际公约的法律约束

要实现对某类犯罪的全球性治理，借助国际公约而将相应罪名推行至世界各国似是首当其冲之举。国际公约一般基于两大目的而将某行为予以犯罪化：其一，是希望各国能够在其国内实现对特定行为的惩治与打击；其二，则是为国际刑事司法互助的开展确保“双重犯罪”的前提与基础。[2] 由于公约规定的“罪行”，仍需经由各国制定并颁布相应的国内法才能够真正成为刑事制裁的对象。因此，各国按照公约要求履行入罪义务的实质，即是为惩治特定犯罪创造实体法上的适用依据。而根据前文所述，洗钱罪在全

---

① Proceeds of Crime Act 2002，s. 151.

② Neil Boister，*An Introduction to Transnational Criminal Law*，Oxford：Oxford University Press，2012，p. 14.

球普及的一个关键原因，乃在于跨境没收犯罪所得。因此，借助国际公约而将洗钱所涉没收之立法推行至世界各国，则是国际社会提升跨境追赃、缴赃之国际协作能力的重要举措。换言之，各国立法模式的统一程度越高，开展国际司法合作的阻力就越小，对犯罪所得之没收成功概率也就越大。因此，在全球犯罪治理体制中，反洗钱立法实际上包含了两个层面——国际公约的要求以及国内立法的规定。国际公约通过规定洗钱罪之主客观方面以及没收对象、没收方式等基本内容为各国提供了基本的立法标准；国内立法则通过履行公约义务以进一步实现具体罪名及没收立法在世界范围内的统一。事实上，相较于苛求各国立法内容的完全一致，公约对反洗钱立法的规定则更趋向于使各国的相关立法达到"一定程度"的统一，以服务于日后跨境没收的国际司法合作。而从另一个角度看，由于刑事立法权依旧归属于各国，且各国对该权力的行使具有排他性，故而公约规定仍需保留一定程度的灵活性以适应各国可能存在的立法差异。如此一来，各国将公约规定内化为国内立法的过程，实际上是以服务于跨境没收合作为宗旨的"求同存异"的反洗钱立法国际标准化过程。

2.3.1.2　国际组织的监督与保障

诚然，国际公约为各国洗钱犯罪化及相关没收立法提供了共同的标准。但是，除却依赖各缔约国对公约义务的自觉履行，公约本身其实并不存在任何措施以强制各国按照公约规定立法或修法。换言之，公约对一国刑事立法的制约，在某种意义上仍是一种形式的而非实质性的影响，即便获得各国的缔结或参加，公约也仍然留有各国是否接受以及如何接受公约规定的选择空间。因此，若要全面阐释洗钱罪在立法进程中受到的国际影响，则不得不提及另一制约因素——来自国际反洗钱组织"金融特别行动工作组"的经济制裁。

成立于1989年的金融行动特别工作组，无疑是当今反洗钱领域最具影响力的国际机构。其以《维也纳公约》与《关于防止犯罪分子利用银行系统洗钱的声明》(以下简称《巴塞尔声明》)为基础创设的《FATF 40条建议》(以下简称《建议》)，在颁布之初就被誉为"各国打击洗钱犯罪的最低要求"。[①] 从某种意义而言，FATF的《建议》即是在整合公约规定的基础上，对国际反洗钱要求的进一步细化。而在经过数次修订后，《FATF建议》也已然成为了当今衡量各国反洗钱水平的重要标尺。诚然，作为一个政府间组织，FATF颁布的《建议》甚至还不具有国际公约的法律效力。[②] 但是，FATF创制的"自评、互评机制"却为约束各国遵循《建议》要求提供了有力保障。该机制运作的基本原理是：在经过阶段性互评之后，FATF会持续跟进被评估国的整改情况(通常，被评估国会被要求在"互评"完成的两年后向FATF递交一份报告以陈述该国对相关问题的解决情况。如若FATF认为问题依旧没有得到任何改善，便会进一步缩短报告周期以敦促该国加大完善力度[③])，在反复敦促未果的情况下，FATF便会对其施以"经济制裁"。该"经济制裁"通过公布不合作国家和地区名单(NCCTs)的形式提请各成员国及观察员慎重处理，甚至限制、拒绝处理与相应问题国家的交易往来，以实现对该国经贸的限制与孤立。以1995—1996年间发生于土耳其的"自评、互评"为例，当时的土耳其因未将洗钱入罪等一系列问题而被FATF列为严重不符合《建

---

① *Financial Action Task Force on Money Laundering*: *Report of* 6 *February*, 1990, note 5, p. 15.

② See, Sherman, T, *International Efforts to Combat Money Laundering*: *The Role of the Financial Action Task Force*, in MacQueen, H. L. (ed.), *Money Laundering*, Edinburgh, Edinburgh University Press, 1993, p. 12, at p. 18.

③ See *Financial Action Task Force on Money Laundering*: *Annual Report 1999 - 2000*, Paris, pp. 20 - 22.

议》标准的国家。在先后两次敦促其落实反洗钱举措未果后，FATF 最终于 1996 年 9 月 19 日向其他各国发布声明以限制与土耳其的经济往来。在强大经济制约的作用下，土耳其"迅速"于同年 11 月制定并颁布了《洗钱犯罪预防法》。

不难发现，由于对《建议》要求的服从程度直接与该国在世界经济体系中的地位与声誉相关联，[①]FATF 的"经济制裁"不仅极大地弥补了《建议》本身不具有法律约束力的缺陷，更在无形中成为了确保国际公约贯彻落实的有力后盾。

2.3.2 国际反洗钱立法标准的遵循原则

在某种意义上，各国对国际反洗钱立法标准的迎合已然成为了左右洗钱犯罪化及所涉没收立法的内在动力。在此背景之下，如何理性应对来自国际社会的立法制约力，并在参与国际反洗钱体系建构的过程中正当维护本国的立法自主性便显得尤为重要。

在笔者看来，对本国洗钱犯罪化及所涉没收立法各项问题的认识与处理均不可脱离"一个前提"和"两大基本点"。所谓"一个前提"，即是国际反洗钱体系作用的根本。结合本文第一章的阐释，实现跨境没收犯罪所得的国际司法合作乃是当今全球反洗钱的宗旨所在。该"前提"不仅直接决定着国际反洗钱框架的产生与演变，而且间接引导着各国反洗钱机制的构建。"两大基本点"则对应于前文所述的两个立法层面——"全球反洗钱标准"以及"国内立法及修法空间"。对于前者而言，无论是公约立法还是国际组

---

① Commission, *Impact Assessment accompanying the proposal for a Directive on the prevention of the use of the financial system for the purpose of money laundering including terrorist financing and the proposal for a Regulation on information accompanying transfers of funds*, (Staff Working Document) SWD, 2013,21 final, 18.

织的辅助规定与保障举措，其作用的实质均在于为各国反洗钱立法提供基本的标准，以为将来普遍化的国际司法合作提供最低保障。换言之，“全球反洗钱标准”代表了洗钱罪的基本立法模式与未来发展方向。例如，各国在设立洗钱罪之初，以清洗特定上游犯罪所得（多数缘起于毒品犯罪）为打击对象、以金融领域洗钱为打击重点的立法定位，以及后续对上游犯罪范围及行为方式的扩容修正，在一定程度上也都是遵循国际反洗钱标准以逐步满足国际反洗钱合作需求的过程。对于后者而言，国际反洗钱标准需借由各国立法、司法方能实现其目标与价值的客观现实，使得“国内立法及修法空间”直接影响着一国对反洗钱国际司法合作的配合与参与程度。以我国为例，我国在很长一段时间对自洗钱独立成罪的否定态度，便在一定程度上阻碍了我国对外国人在我国清洗境外所获赃款的惩处。而刑法第 191 条对上游犯罪种类的限制，则亦局限了国际反洗钱体系在跨境追缴方面的适用空间与程度。

从某种意义而言，各国洗钱犯罪化及所涉没收立法的完善过程，即是在“本国立法及修法空间”范围内，不断按照“国际反洗钱标准”调整现有法律，以服务于“跨境没收犯罪所得之国际司法合作”的过程。在此过程中，“国际反洗钱标准”是形式要求，“犯罪所得跨境没收之国际司法合作”才是本质目的，“各国的立法及修法空间”则是将上述形式要求转变为本质目的的实现路径。换言之，唯有经过各国的立法与修法，国际反洗钱框架才能真正实现其价值所在。因此，对本国立法自主性的把握应立足于以下两个方面：一方面，在立法与修法空间允许的情况下，应当尽可能地追求与国际反洗钱标准“形式上”的一致性；另一方面，在立法与修法空间不足、甚至不允许的情形下，应当立足于国际反洗钱实现跨境没收国际司法合作之根本，通过寻求其他解决路径以达到与国际反洗钱标准“实质上”的一致性。值得强调的一点是，对反洗钱立法标准的接受与采纳，并非仅仅是各国立法自主性的被动丧失过程，其还是各国参与并利用全球犯罪治理机制的过程。而如何在牺牲一部分立法自主性的前提下，尽可能提高本国对国际反洗钱体系的利用与参与程度，或许才是各国反洗钱研究应当围绕的核心所在。

小结

如果说洗钱的犯罪化是国际反洗钱体系建立的基础，那么没收犯罪所得则是国际反洗钱体系作用的核心。从某种意义而言，洗钱的犯罪化即服务于没收犯罪所得。借助反洗钱以打击上游犯罪的初衷，也必须经由对犯罪所得的成功追缴才得以顺利实现。正因如此，“洗钱的犯罪化”与“没收犯罪所得”才共同构成了当今反洗钱体系的立法基础。其价值，乃在于为各国立法的“统一”提供基本的操作标准，以尽可能排除因立法差异而导致的跨境没收司法合作障碍。

回顾国际反洗钱的立法标准，从 1988 年的《维也纳公约》到 2000 年的《巴勒莫公约》再到 2003 年《联合国反腐败公约》，以“转换、转让、掩饰、隐瞒”为必须，以“获取、占有、使用”为选择的洗钱行为方式，以及逐步扩张至所有犯罪的上游犯罪范围乃是国际社会对洗钱犯罪化的基本要求。另一方面，着眼于犯罪所得及其可能存在的各种转换形式以及供犯罪所用财物的没收（此处主要是针对用于清洗犯罪所得之财物以及资助恐怖主义的反向洗钱资金），鼓励非基于刑事定罪没收的建立，并不断完善没收财产处置机制，乃是国际社会统一各国没收立法的准绳。上述立法标准在《FATF 建议》中被再次重申与细化。更为重要的是，FATF 所创设的以经济制裁为后果的自评、互评机制为公约标准在各国的具体落实提供了重要保障。毫无疑问，全球已然掀起了一场反洗钱立法的国际标准化浪潮。部分反洗钱先行国洗钱犯罪化及所涉没收立法的发展进程即是对此过程的有力诠释。在此背景之下,如何调整国内立法以满足国际反洗钱要求则成为了各国构建反洗钱体系的重要举措。而该举措的背后,则是如何平衡“本国立法自主性”与“国际立法制约力”这一更深层次的问题。换言之,如果说反洗钱立法模式的国际标准化,是对各国洗钱犯罪化及所涉没收立法的“求同存异”,那么,立法“求同”的程度要达到几许、“存异”的空间又可以有多大,则是各国在构建本国反洗钱立法进程中不可回避的问题。

在笔者看来,对国际反洗钱立法标准的执行,看似是对其形式规定的迎合,实质却是服务于反洗钱作用之根本——“跨境没收之国际司法协作”。因此,一国对洗钱犯罪化及所涉没收立法的修正完善则应基于以下原则:在本国立法与修法空间允许的情况下,应尽可能提高相关规定与国际标准间的契合度。该原则在一定意义上决定着本国参与并利用国际反洗钱合作机制的水平。而在立法与修法空间有限的情况下,立足于“跨境没收”之根本,利用国际反洗钱标准给予的选择空间,以通过其他路径尽可能规避因“立法差异”而带来的障碍与弊端,则是避免因履约不能而遭致国际组织经济制裁的迂回之举。实际上,全球反洗钱服务于跨境没收的本质,意味着即便是国际反洗钱立法标准,其亦将受其左右与影响。而部分反洗钱先行国在相关立法方面的“超前”之举,在某种程度上,亦可视为对未来反洗钱立法发展的一种预示。

| 第3章 |

没收视角下的洗钱犯罪化争议问题分析

我国自 1997 年新刑法典增设第 191 条洗钱罪起，经过数次修正，逐步形成了现今以掩饰、隐瞒七类特定上游犯罪所得(即，毒品犯罪、黑社会性质的组织犯罪、恐怖活动犯罪、走私犯罪、贪污贿赂犯罪、破坏金融管理秩序犯罪、金融诈骗犯罪)为打击对象的罪名。该罪名的形成既有一定的历史必然，也存在一定的缺陷弊端。言其历史必然，主要是基于我国洗钱犯罪化进程受到的国际制约与影响；言其缺陷弊端，则是源于我国洗钱罪与国际反洗钱要求之间的分歧与差距。不得不承认，对作用于我国洗钱犯罪化之国际制约因素的认知不足，使得学界对相关规范的解读难以真正摆脱前后矛盾的尴尬。例如，通说一面坚持认为洗钱罪侵犯的客体是正常的金融管理秩序，一面却又难以合理说明司法解释何以要将利用非金融领域(如典当、租赁、商场、娱乐等)洗钱也纳入刑法第 191 条的适用范围。更为重要的是，对洗钱犯罪化助力于没收的认知欠缺，使得我国对公约相关规定的解读大多流于形式。面对国内洗钱罪与国际要求间的差异，学界往往止步于呼吁国内立法与公约(或 FATF)规定的形式吻合，却鲜少留意寻求二者之间实质统一的可能。

实际上,审视当下我国洗钱犯罪化的主要争议问题(洗钱罪的客体认定、自洗钱行为的入罪、上游犯罪范围拓宽以及反向洗钱的刑事规制),其均与反洗钱作用于没收犯罪所得之根本紧密相联。因此,本章节试图在前两章论述基础上,立足于没收视角(尤其是全球反洗钱服务于跨境没收之视角)、结合国际社会对国内立法的影响与制约,以为我国洗钱犯罪化的主要争议问题,寻求适宜的分析解决路径。

3.1 洗钱罪客体性质辨析

1997 年刑法增设第 191 条洗钱罪,并将该罪名置于刑法分则第 3 章第 4 节"破坏金融管理秩序"中。由此,"金融管理秩序"便被视为我国洗钱罪侵犯客体的通说,法院亦以此为依据来判定洗钱罪的成立。[①] 尽管如此,依旧有不少学者因侵害"金融管理秩序"无法涵盖非金融领域方式洗钱,而将"司法机关的正常活动"界定为洗钱罪客体。而随着洗钱危害论的不断丰富,为了尽可能囊括洗钱可能侵害的各个领域,以客体组合形式出现的选择客体说、多重客体说以及不确定客体说等界定方式也被不少学者所主张。表面上看,学界的认知分歧似乎源于既有规范与现实情形的不契合。但究其根源,则在于对洗钱罪犯罪化初衷与其作用点之混淆。换言之,对洗钱罪在我国刑法分则定位的理解,确不应脱离立法之初的国际反洗钱背景;但对洗钱罪的客体界定,则仍应放眼于整个

① 上海市虹口区法院在审理潘如民等洗钱案件时,认为:洗钱罪位列于刑法分则第三章第 4 节破坏金融管理秩序罪中,因此成立洗钱罪要求其行为必须造成对国家金融管理秩序的侵害,这是构成本罪客体要件的必然要求。如果行为人所实施的掩饰、隐瞒行为并未侵犯国家的金融监管秩序,则不能认定构成刑法第 191 条的洗钱罪——参见《中国刑事审判指导案例》(第 2 卷),法律出版社 2009 年版,第 156 页。

反洗钱发展进程，立足于洗钱行为逃避司法机关追赃、缴赃的作用根本。

3.1.1　现有学术观点述评

学界对刑法第191条洗钱罪客体性质的讨论主要从两大视角展开——“金融管理秩序”与“司法机关的正常活动”。

从“金融管理秩序”视角看，支持理由主要集中在两方面。一方面，是基于刑法第191条洗钱罪隶属于我国刑法分则第3章第4节“破坏金融管理秩序罪”，而提出“金融管理秩序”是洗钱犯罪必然侵害的客体。[①] 另一方面，则是着眼于银行等金融领域因洗钱犯罪而可能遭受的严重影响（如商业信用的损失、汇率的波动、资金流动不稳定等），以明确洗钱对一国金融管理秩序的破坏；[②]对于该点，更有学者试图从联合国反洗钱相关规定、[③]欧盟反洗钱指令[④]以及美国反洗钱策略等视角印证国际社会对洗钱犯罪破坏金融管理秩序的认可。[⑤] 相比之下，主张“司法机关正常活动”的观点则大多立足于洗钱掩饰、隐瞒上游犯罪所得及收益的行为特征。[⑥] 即，无论行为人通过何种方式洗钱，其将违法所得转为合法

---

① 刘宪权：《金融犯罪刑法理论与实践》，北京大学出版社2008版，第419页。

② 杨春洗、杨敦先主编：《中国刑法论》（第二版），北京大学出版社1998年版，第381页。

③ Model Legislation on laundering, confiscation and international cooperation in relation to the proceeds of crime, https://www.imolin.org/imolin/ml99eng.html，最后访问于2014年12月2日。

④ Directive 2005/60/EC of the European Parliament and of the Council of 26 October 2005 on the prevention of the use of the financial system for the purpose of money laundering and terrorist financing, https://eur-lex.europa.eu/legal-content/EN/TXT/HTML/?uri=CELEX:32005L0060&from=EN，最后访问于2014年12月2日。

⑤ 王新：《反洗钱：概念与规范诠释》，中国法制出版社2011年版，第195页。

⑥ 张翔飞：《洗钱罪构成要件探析》，《宁波大学学报》2001年第3期。

收入的本质都是为了阻碍并逃避司法机关的指控与追缴。[①] 对此,亦有学者从国家设立洗钱罪的目的在于打击毒品犯罪等上游犯罪加以佐证。[②]

尽管不少学者坚持将“金融管理秩序”或“司法机关的正常活动”单独作为刑法第191条洗钱罪的客体,但亦有学者注意到“破坏金融管理秩序”不足以涵盖通过贵重金属行业、房地产、会计以及律师事务所等非金融领域的洗钱方式;[③]而“司法机关的正常活动”不仅无法合理解释洗钱罪在我国刑法分则中的既有定位,亦无法充分体现洗钱对金融领域的利用与侵害。因此,学界开始出现将上述两种视角加以结合的复杂客体说(如“金融管理秩序与司法机关正常活动”[④]“国家对金融的管理制度和社会治安管理秩序”[⑤]或是“公司财产所有权和国家金融管理秩序”[⑥])以及选择性客体说(依据洗钱的方式是否通过金融机构而选择性地将犯罪客体认定为“金融管理秩序”与“司法机关正常活动”并存或是仅为“司法机关正常活动”[⑦])。更有学者进一步提出多重客体说(比如,认为刑法第191条洗钱罪侵犯的客体包括“金融管理秩序”“司法机关正常活动”以及“公共安全秩序”;[⑧]或是以侵犯“金融管理秩序”为主并同时涉及对“社会管理秩序”以及“司法机关正常活动”的侵害[⑨]),以期通过增加客体种类,尽可能囊括洗钱可能危害

① 姜志刚:《洗钱罪比较研究》,《现代法学》1999年第1期,第76页。
② 张智辉、刘远:《金融犯罪与金融刑法新论》,山东大学出版社2006年版,第267页。
③ 卢勤忠:《我国洗钱罪立法完善之思考》,《华东政法学院学报》2004年第2期。
④ 高铭暄、马克昌:《刑法学》,北京大学出版社、高等教育出版社2000年版,第425页。
⑤ 周道鸾、张军主编:《刑法罪名精释》,人民法院出版社2013年版,第309页。
⑥ 陈兴良主编:《罪名指南》(第二版)(上册),中国人民大学出版社2008年版,第437页。
⑦ 刘飞:《洗钱罪研究》,社科文献出版社2005年版,第104页。
⑧ 周振想:《中国新刑法释论与罪案》,中国方正出版社1997年版,第861页。
⑨ 鲜铁可:《金融犯罪的定罪与量刑》,人民法院出版社1999年版,第392页。

的各个领域。除此之外，为了在尽可能覆盖洗钱危害的同时，亦体现出具体洗钱犯罪的危害差异，学界还出现了不确定客体说。即，具体的洗钱犯罪会因不同的行为方式而侵犯不同的客体——或是对国家金融管理秩序的侵害、或是对司法机关正常活动的妨碍、抑或是作为上游犯罪的延续而侵害社会管理秩序等。[①]

统观以上学说不难发现，学界对刑法第 191 条洗钱罪的客体界定基本依据两个方面——“洗钱的行为特征”以及“刑法的既有规定”。无论是立足于洗钱对银行等金融机构的利用而得出其对金融管理秩序的侵害，还是考虑到洗钱对赃款来源性质的隐瞒而认定其对司法正常活动的妨害，抑或是认识到洗钱对上游犯罪的助力而指出其是对上游犯罪客体侵害的延续等，这些观点均源于洗钱的行为特征。相比之下，纵使 2009 年 11 月 4 日最高人民法院《关于审理洗钱等刑事案件具体应用法律若干问题的解释》将刑法第 191 条规定中的“以其他方法掩饰、隐瞒犯罪所得及其收益的来源和性质”明确为包括利用典当、租赁、买卖、投资、彩票、赌博等其他非金融机构以外的行为方式，[②]洗钱罪在我国刑法分则中的定位(即，刑法分则第 3 章第 4 节“破坏金融管理秩序”)却仍然是部分学者坚持将金融管理秩序视为洗钱罪侵害客体(“至少”是客

---

① 刘宪权：《金融犯罪刑法理论与实践》，北京大学出版社 2008 版，第 417 页。

② 2009 年 11 月 4 日最高人民法院颁布了《关于审理洗钱等刑事案件具体应用法律若干问题的解释》第 2 条：具有下列情形之一的，可以认定为刑法第一百九十一条第一款第(五)项规定的“以其他方法掩饰、隐瞒犯罪所得及其收益的来源和性质”：(一)通过典当、租赁、买卖、投资等方式，协助转移、转换犯罪所得及其收益的；(二)通过与商场、饭店、娱乐场所等现金密集型场所的经营收入相混合的方式，协助转移、转换犯罪所得及其收益的；(三)通过虚构交易、虚设债权债务、虚假担保、虚报收入等方式，协助将犯罪所得及其收益转换为“合法”财物的；(四)通过买卖彩票、奖券等方式，协助转换犯罪所得及其收益的；(五)通过赌博方式，协助将犯罪所得及其收益转换为赌博收益的；(六)协助将犯罪所得及其收益携带、运输或者邮寄出入境的；(七)通过前述规定以外的方式协助转移、转换犯罪所得及其收益的。

体之一)的重要法律依据。实际上,早年已有学者敏锐注意到学界对洗钱罪客体争议背后的不同立场,并提出应当对"洗钱罪事实上侵犯的客体"与"洗钱罪构成要件规定的客体"两个概念予以区分。[①] 只不过当时对上述概念的区分止步于论证应当依据刑法规定认定犯罪客体,而未能进一步揭示洗钱罪"事实客体"与"要件客体"发生混淆之深层原因。诚然,当犯罪客体已然确立,作为犯罪构成的重要组成部分,其与犯罪行为的关系应当是判断具体行为是否满足客体要求,而不是判断规定的客体是否满足某种行为。这也正是诸多学者坚持依据洗钱罪在刑法分则中的归类定位来认定其犯罪客体的重要缘由。只不过,当刑法规定的犯罪客体不足以完整覆盖洗钱犯罪的各项危害时,再次回归行为本身、重新界定客体性质也就成为了必然。

3.1.2 妨害金融管理秩序通说的合理认知

3.1.2.1 形成之必然

结合前文所述,我国洗钱犯罪化在一定程度上是源于国际反洗钱的兴起与发展。因此,对洗钱破坏金融管理秩序的解读,则不应脱离当时的立法环境。

在国际层面,无论是联合国在其反洗钱文件中对洗钱危害金融机构信誉及稳定的强调,[②]还是《维也纳公约》因其突破性地排

① 张军主编,郭建安、陈小云副主编:《反洗钱立法与实务》,人民法院出版社 2007 年版,第 57 页。

② Model Legislation on laundering, confiscation and international cooperation in relation to the proceeds of crime, https://www.imolin.org/imolin/ml99eng.html,最后访问于 2014 年 12 月 2 日。

除银行保密条款效力而对反洗钱作出的重大贡献;[①]抑或是《1990 年欧洲理事会公约》(The 1990 Council of Europe Convention)对排除银行保密规则的积极响应,[②]又或是《FATF 建议》在其颁布之初将"金融系统的预防监管"纳入国际反洗钱体系的核心。以上种种国际举措均反映出金融领域在当时的反洗钱体系中扮演的重要角色。结合文初对洗钱犯罪化之于追赃意义的阐释,在国际反洗钱初期,以银行为首的金融领域既是洗钱发生的高发地带,也是公权力希冀拓宽赃款追踪责任范围的首要对象。相比之下,当时我国还尚未正式开展反洗钱监管工作,银行等金融机构不可避免地为洗钱分子流转犯罪所得提供了便利与助力,立法机关也已然注意到"毒品、走私犯罪分子通过存款、投资等方式掩饰、隐瞒犯罪所得的非法性质和来源"。[③]

在国内外因素的共同作用下,"利用银行等金融机构"当然成为了洗钱犯罪的核心特征。基于洗钱与金融领域的紧密关联,洗钱因将赃款混入金融渠道、资本操作必然扰乱金融秩序的侵害认知得以形成。尽管洗钱因其掩饰、隐瞒犯罪所得之目的而同时妨碍了司法机关的追赃、缴赃活动,但为了与当时的窝赃、销赃罪进行区分以强化洗钱犯罪化的独特价值、凸显在金融领域推行反洗钱的重要性与必要性,"司法机关的正常活动"被置于了相对次要的地位。如此,便不难理解为何立法初期将洗钱罪归入刑法分则"破坏金融管理秩序罪"章节。结合立法初期洗钱行为方式的列举

① Sproule, D. W. and Saint-Denis, P, *The UN Drug Trafficking Convention: An Ambitious Step*, Canadian Yearbook of International Law, 1989, p. 263, at pp. 281 - 282.

② The 1990 Council of Europe Convention (Convention on Laundering, Search, Seizure and Confiscation of the Proceeds of Crime) Chapter Ⅱ, Article 4(1).

③ 全国人大常委会副委员长王汉斌:《关于〈中华人民共和国刑法(修订草案)〉修改意见的汇报》,1997 年 2 月 19 日。

式规定,[①]亦可印证我国洗钱罪与金融领域的必要关联。纵然出于立法稳定性的考虑,刑法第 191 条设置了概括性的“兜底”条款(以其他方法掩饰、隐瞒……),但根据该罪在刑法分则所处位置,对“兜底”条款的解读仍应受制于“破坏金融管理秩序”的限制,视为“除列举情形之外的利用金融领域洗钱的其他方式”。实际上,即便是在当下,银行等金融机构的反洗钱监管(包括客户尽职调查、交易记录保存、可疑交易报告等)也仍是反洗钱体系的核心环节。由此亦不难想象,在我国尚未建立反洗钱监管的当时,面对我国金融机构被洗钱滥用的巨大风险以及国际社会对金融反洗钱的大力敦促,将金融管理秩序视为洗钱犯罪之侵害客体自是合情合理之举。

3.1.2.2　存在之不足

然而,随着国际反洗钱进程的推进,立法初期的客体界定开始逐渐呈现出与国际反洗钱进程的不相适应。在 1996 年 FATF 对《FATF 建议》进行第一次修订时,“将非金融机构纳入 40 条建议范围内”首次被当时任职主席 Leo Verwoerd 提议作为国际反洗钱应予重点考虑的问题之一。[②] 虽然该建议内容并未被正式采纳,但在修订后的 1996 年《FATF 建议》文本中,要求各成员国关注新兴科技对反洗钱带来的威胁,并鼓励各国尽早采取应对措施却被创新性地提出。[③] 随后,在 2003 年 FATF 再次对《建议》内容进行重大调整,一些易被洗钱犯罪利用的非金融行业(包括赌场、房产

① 包括提供资金账户、协助将财产转换为现金或金融票据,通过转账或其他结算方式协助资金转移,协助将资金汇往境外,以其他方法掩饰、隐瞒犯罪的违法所得及其收益的性质与来源。

② “Stocktaking Review of the Forty FATF Recommendations: Summary of Responses to the Consultation Questionnaire”, FATF VI, PLEN/48 Paris, FATF.

③ Article 13 FATF “The Forty Recommendations”, 1996.

中介、贵重金属与珠宝商、律师及独立法律专业人、公证人、会计师以及信托公司和其他服务提供商)被正式纳入反洗钱监管义务的履行主体行列。[①] 从以上过程不难看出,国际社会对非金融领域洗钱方式的重视尽管最终成形于2003年,但早在1996年就已初见端倪。相比之下,我国1997年才刚刚完成洗钱行为入罪这一国际反洗钱基础要求,且直到2006年《中华人民共和国反洗钱法》正式颁布,才初步形成了包括反洗钱金融监管、反洗钱国际合作在内的一整套国际意义上的反洗钱框架。而当时,距离国际社会拓展反洗钱监管领域已经时隔三年之久。在此背景之下,继续将洗钱罪客体限定在"金融管理秩序",在某种意义上则意味着我国对国际反洗钱义务履行的相对滞后。这一点,在FATF于2007年对我国的首轮反洗钱评估中亦得到了体现,其指出我国在拓展非金融领域反洗钱监管方面存在不力。[②]

另一方面,由于立法初期我国对洗钱行为的认知受限于当时金融反洗钱之需要,而非基于洗钱之行为本质。这使得立法规定与现实犯罪之间的不相契合,随着社会与犯罪形式的发展变化亦在逐步加剧。事实上,在一国尚未构建反洗钱金融监管以前,并不存在任何数据或调查显示洗钱犯罪仅发生于金融领域。洗钱犯罪的最终目的在于实现对非法所得的掩饰、隐瞒,而可以实现此目的之手段显然不限于银行等金融系统。赌场、地下钱庄、不动产及贵重金属交易所等多种行业、领域均可被洗钱者利用。尽管,伴随着

---

① Recommendation 12 and 16, "The Forty Recommendation", 2003.

② 该评估中指出我国反洗钱监管义务主体仍然还限制于金融领域,对FATF建议所要求的其他非金融领域与职业,纵使在中国已有一些法律对其要求施行客户调查与记录保存,但仍然无法达到FATF所要求的履行反洗钱义务之标准。详见:Article 33,34, Summary of the first Mutual Evaluation Report on Anti-Money Laundering and Combating the Financing of Terrorism on the People's Republic of China, 29 June 2007.

世界各国金融监管体系的逐步健全与完善,利用金融领域洗钱已然由过去的高效便捷变为了如今的障碍重重。但是,为了能够顺利实现对上游犯罪所得性质与来源的掩饰、隐瞒,洗钱分子亦会"趋利避害"地绕开高危渠道,优先选择其他监管力较弱的"低风险"方式。换言之,假设一国犯罪分子洗钱的总量是定值,那么当可供清洗的渠道减少,除却被堵塞渠道之外的其他路径便相应地需要分担更多的赃款清洗量。而这还不包括伴随着科技发展而不断出现的新方法(例如网络赌场、电子支付等等)。如此一来,将洗钱罪的客体继续界定为"金融管理秩序",则难免导致利用非金融领域洗钱遭遇洗钱罪司法适用的尴尬。或许正是为了解决这一困境,2006 年《刑法修正案(六)》将刑法第 312 条从"窝藏、转移、收购、销售赃物罪"变更为"掩饰、隐瞒犯罪所得、犯罪所得收益罪",以拓宽适用范围。[①] 2009 年,最高人民法院亦颁布司法解释将刑法第 191 条"以其他方法掩饰、隐瞒犯罪所得及其收益的来源和性质"明确为"包括利用典当、租赁、买卖、投资、彩票、赌博等其他非金融机构以外的行为方式"。[②]

3.1.3 客体界定的基本逻辑

对洗钱罪客体性质的认知,离不开金融机构反洗钱的历史发展背景。但随着全球金融反洗钱监管的逐步建立与完善,赃款亦在向其他渠道分流转移,清洗手段也在向多领域、多渠道渗透影响。这在一定程度上使得洗钱罪客体界定之视角,开始从早期对涉猎领域的关注向行为本质回归。换言之,对洗钱罪客体性质的

---

① 《中华人民共和国刑法修正案(六)》第十九条。

② 2009 年 11 月 4 日最高人民法院颁布的《关于审理洗钱等刑事案件具体应用法律若干问题的解释》第 2 条。

把握，应当立足于洗钱行为的固有属性，揭示其不因犯罪形式转变而恒存于犯罪中的本质侵害。

笼统而言，洗钱行为大致包含三大要素——行为对象、行为目的以及行为手段。

若以行为对象(即，上游犯罪所得及收益)作为客体界定依据，其所面临的直接问题便是洗钱犯罪将因清洗不同的上游犯罪所得而呈现差异化的客体侵害状态。而若视洗钱为上游犯罪之延续，将“破坏社会管理秩序”这一更上位的逻辑概念作为洗钱罪侵犯之客体，又将丧失客体侵害的针对性，使得洗钱犯罪乃至赃物犯罪丧失其独立惩戒价值。毕竟，任一种犯罪都存在对社会管理秩序或直接或间接的侵害。而犯罪客体所关注的，则是被犯罪所直接侵害的具体社会关系。事实上，除了清洗对象来源上游犯罪，洗钱与具体上游犯罪行为之间并不存在相似性。

若以行为方式(即，各种赃款清洗手段)作为客体界定依据，亦将面临因涉猎领域增加而不断扩容客体范围的窘境。正如前文所述，洗钱并无固定模式。洗钱若可因金融系统的严格管控而从银行涌向房产经纪商、贵重金属交易商等非金融领域，那么一旦上述行业采取了相应的反洗钱举措，洗钱又将必然转向其他反洗钱监管度较低的渠道。实际上，任何市场(尤其具有国际性的市场)都可能被洗钱犯罪利用。而对洗钱犯罪的打击，又将迫使更多的市场及行业纳入反洗钱的监管体系。① 诚然，洗钱方式会因时代的不同而被赋予不同的阶段性特征，但也正因为该种不确定性，才使得依据行为方式界定洗钱罪客体无法满足未来的发展变化可能。或是随着行为方式更新而不断累加侵犯客体明目，或是寻求更宏观的上位客体概念笼而统之。任何一种界定方式，都难免有失客

① Peter Alldridge, *Money Laundering Law*, Hart Publishing, 2003, p. 3.

观。实际上,2009 年司法解释对洗钱罪在典当、租赁、彩票等其他非金融领域行为方式的扩容已然在一定程度上消除了洗钱犯罪的行为方式边界。因为任何一种洗钱方式,不是利用金融领域,便是利用非金融领域。

若以行为目的(即,对违法所得的掩饰、隐瞒)作为客体界定依据,则不难发现无论赃款来源何处、清洗路径几何,洗钱作用之标的始终未有任何改变。也正是在此目的作用下,洗钱犯罪才不至于局限在金融领域,而是借助于一切新兴科技、流转渠道或是监管漏洞。因此,不同于多变的行为方式与多样的所得来源,对犯罪所得及收益的掩饰、隐瞒目的恒定于各种洗钱犯罪当中。洗钱服务于帮助上游犯罪分子更好地保有犯罪所得,该目的之实现既不会因上游犯罪区别而存异,亦不会因行为方式差异而不同。上游犯罪作为洗钱对象的一种限制,可以决定洗钱犯罪的适用范围,却并不影响掩饰、隐瞒目的之实现;行为手段作为"主观见之于客观"的外化形式,可能影响目标最终的实现程度,但皆统一于掩饰、隐瞒犯罪所得及其收益之诉求。

基于此,"实现对犯罪所得及其收益之掩饰、隐瞒"乃是洗钱行为之固有属性,其所引发的直接侵害则是对司法机关追赃、缴赃活动的阻碍。依循该思路,"司法机关的正常活动"则应视为洗钱犯罪侵犯之客体。此种客体界定,一方面,与本文第一章中所阐述的洗钱犯罪化之立足点——弥补司法机关追缴犯罪所得不力,相呼应;另一方面,亦与洗钱犯罪衍生于赃物犯罪之归属相吻合。

3.2 上游犯罪之应然范围考察

洗钱罪虽然是一项独立的罪名,但罪名的独立却不能改变其从属并衍生于上游犯罪的性质。从某种程度而言,上游犯罪的范围决定着洗钱罪的犯罪圈大小。因此,该问题的研究直接关系到我国反洗钱的打击范围,以及洗钱罪与相关罪名关系的处理。对于上游犯罪范围的界定,学界主要是从"实然规定"与"应然需求"两大方面展开讨论。前者是针对刑法既有规定(即刑法第191条规定的七类上游犯罪)的解读,后者则是面向范围扩容问题的探讨。对于前者而言,由于"将毒品犯罪、走私犯罪、破坏金融管理秩序犯罪、金融诈骗犯罪、贪污贿赂犯罪分别对应于分则相关章节所涵罪名,以及将黑社会性质组织与恐怖活动犯罪对应于相应主体实施的各种犯罪"[①]已然成为理论通说,故而,学界对此问题讨论的实质在某种意义上,即是以"能否产生犯罪所得"为标准对通说所涵罪名的逐一排查。[②] 相比之下,对上游犯罪应然范围的界定,则是近年来学界热议的重点。我国立法规定与国际反洗钱要求间的差距是引发该争议的根源所在,而《刑法》第191条洗钱罪与《反洗钱法》规定之洗钱罪以及FATF界定之洗钱罪概念的不统一,则进一步加剧了争议的乱象。面对学界扩容刑法第191条上游犯罪范围的积极呼声,以及立法机关借由修正刑法第312条以弥补刑法第191条适用缺陷的保守举措,如何理解公约及《建议》对洗钱罪上游犯罪范围的既有界定、认识刑法第191条的立法定位并厘清其与相关罪名间的相互关系,无疑成为理性分析我国洗钱罪上游犯罪应然范围的关键。

3.2.1 现有理论观点述评

对刑法第191条上游犯罪范围应否扩容问题的讨论,持"支

---

① 张明楷:《刑法学》,法律出版社2015年第4版,第700页。

② 李齐广、黄佩娟:《洗钱罪上游犯罪的范围之认定》,《河北法学》2012年第7期,第193页。

持"态度的学者占据了绝对优势。在这些学者看来,"惩治洗钱犯罪之现实需求"以及"开展国际反洗钱合作之必然需要"是扩容上游犯罪范围的两大核心因素。对于"惩治洗钱犯罪之现实需求",学者大多立足于洗钱所具有的改变赃款性质与来源,即将赃款由"黑"洗"白"的行为特征,通过强调司法机关对刑法第 191 条规定范围以外犯罪所得清洗行为的打击不能,进而质疑甚至否定上游犯罪范围的既有限定;[①]而对于"开展国际反洗钱合作之必然需求",国际公约及 FATF《建议》对洗钱罪上游犯罪范围的相关规定,则是学者们主张扩容上游犯罪既定范围的关键。[②] 在此基础之上,就上游犯罪范围应扩容到何种程度,学界又进一步分化为"激进扩容"与"有限扩容"两派立场。前者主要是从最大限度保护法益并落实公约规定的角度出发,主张将上游犯罪扩张至一切犯罪[③]或所有可能产生所得或收益的犯罪[④];后者则是从合理配置司法资源以及刑法第 312 条掩饰、隐瞒犯罪所得、犯罪所得收益罪之辅助功能的角度出发,主张将上游犯罪扩张至公约规定的最小范围[⑤]或是其他有可能产生巨额犯罪收益的犯罪[⑥]。对于扩容上游犯罪范围的具体方式,"设置空白罪状"(即以违反"反洗钱法"作为洗钱罪的适用前提)则因其不过分激进亦不过于保守的灵活处理

---

① 肖乾利、孙华南:《我国洗钱罪刑事立法缺陷与完善之探讨》,《云南行政学院学报》2012 年第 1 期,第 161 页。

② 阴建峰:《洗钱罪上游犯罪之再扩容》,《法学》2010 年第 12 期,第 73 页。

③ 侯国云、安丽萍:《洗钱罪相关问题探讨》,《河南师范大学学报》2007 年第 1 期,第 85 页。

④ 莫洪宪主编:《加入〈联合国打击跨国有组织犯罪公约〉对中国的影响》,中国人民公安大学出版社 2005 年版,第 115 页。

⑤ 马克昌:《完善我国关于洗钱罪的刑事立法——以〈联合国打击跨国有组织犯罪公约〉为依据》,载赵秉志主编:《联合国公约在刑事法治领域的贯彻实施》,中国人民公安大学出版社 2010 年版,第 731 页。

⑥ 贾宇、舒洪水:《洗钱犯罪若干争议问题研究》,《中国刑事法杂志》2005 年第 5 期。

方式而为不少学者所青睐。[①] 相比之下,“反对”扩容刑法第191条上游犯罪范围的声音则微弱许多。支持该主张的论据除了节约司法资源[②]外,比较具有说服力的,当属将修正后的刑法第312条作为刑法第191条的兜底条款,通过将我国的洗钱罪视为一个罪名体系间接实现对上游犯罪的全覆盖,进而否定直接扩容刑法第191条上游犯罪之必要。[③] 近年兴起的“广义洗钱罪”与“狭义洗钱罪”之概念亦是源于该立场。[④]

事实上,对于洗钱罪上游犯罪范围应否扩容的争议,不论是“支持派”还是“反对派”,均注意到了我国刑法第191条规定与国际反洗钱要求的不一致。换言之,从履行公约义务的角度出发,两派观点其实都承认刑法第191条既有规定的局限性。只不过,“支持派”将我国的洗钱罪界定为刑法第191条,故而强调对上游犯罪予以扩张;而“反对派”则将我国的洗钱罪界定为包括刑法第191条、第312条、第349条在内的罪名体系,故而否定拓宽上游犯罪之必要。因此,从某种意义而言,引发“支持派”与“反对派”分歧之实质,乃是二者对我国“洗钱罪”界定方式之差异。而对于“激进扩容”与“有限扩容”立场之分别,看似是对上游犯罪扩容程度的不同,实则却是对当今反洗钱功能定位(或全球反洗钱宗旨)的认识分歧。主张将上游犯罪扩充至所有犯罪或一切可能产生所得及收益犯罪的“激进扩容”立场,无疑是将反洗钱视为帮助追缴尤其是跨境追缴犯罪所得的有力方法;而主张将上游犯罪范围限定于严

① 蔡桂生:《洗钱罪上游犯罪刑事立法研究》,《大连大学学报》2008年第1期,第67页。

② 马长生、辜志珍:《论刑法修正案(六)对洗钱罪的扩容》,《河北法学》2007年第9期。

③ 黄太云:《立法解读:刑法修正案及刑法立法解释》,人民法院出版社2006年版,第143页。

④ 王新:《国际视野中的我国反洗钱罪名体系研究》,《中外法学》2009年第3期。

重犯罪的“有限扩容”立场，则是在一定程度上将反洗钱视为遏制毒品犯罪、有组织犯罪、贪腐犯罪等特定严重犯罪的助力工具。如此一来，要完成对刑法第 191 条上游犯罪应然范围的界定，需要明确两大基本前提：其一，是当下全球反洗钱之目的所在；其二，则是我国刑法第 191 条洗钱罪之立法定位。前者必然涉及到对国际反洗钱标准的合理解读，后者则意味着厘清刑法第 191 条与刑法第 312 条之间，以及狭义洗钱罪与广义洗钱罪（刑法第 191 条、第 312 条以及第 349 条）之间的关系。

3.2.2 反洗钱体系服务于跨境没收之功能定位

结合本文第一章的阐释，国际反洗钱体系作用的本质乃是对犯罪所得的跨境追缴，该体系服务于打击上游犯罪，却不受限于对上游犯罪之打击。换言之，“上游犯罪”既代表了国际社会希望借由反洗钱而重点打击的“共同敌人”，亦代表了以国际反洗钱体系为操作平台的跨境没收合作的适用范围。在此背景之下，国际社会对上游犯罪范围之界定，便在一定程度上反映了国际反洗钱体系在特定发展阶段的具体功能定位。概言之，当国际社会将上游犯罪范围限定于明确的个别罪名，那么“通过追缴犯罪所得以打击特定上游犯罪”则更能体现国际反洗钱之目的；然而，当国际社会拆除上游犯罪限定之壁垒，而将反洗钱体系适用于所有犯罪之时，国际反洗钱体系作用于“跨境追赃”之根本则昭然若揭；相比之下，当国际社会通过设置一定标准将上游犯罪界定为具有一定跨度的犯罪区间，“受限于上游犯罪的违法所得没收”则更为贴近于国际反洗钱体系的作用特征。

回顾国际社会对洗钱罪上游犯罪范围之界定轨迹，在最早涉及反洗钱的 1988 年《维也纳公约》中，公约即通过列举的方式，将适用于洗钱罪的上游犯罪明确为毒品犯罪。[①] 显然,此规定与洗钱行为犯罪化之初衷——对上游犯罪(尤其是毒品犯罪)的打击,保持了一致。而后,国际社会对洗钱罪上游犯罪范围的规定开始出现向“一切犯罪”扩张之趋势。例如,在1990年欧洲理事会《关于清洗、搜查、扣押和以及没收犯罪所得公约》中,洗钱罪上游犯罪范围即被规定为“任何犯罪”。[②] 而作为国际反洗钱重要组织的金融行动特别工作组FATF,亦同样建议各成员国将洗钱罪的适用范围尽可能扩张至“最广泛”的上游犯罪。[③] 值得一提的是,在国际反洗钱体系尚未建立健全的当时,引发该种扩张趋势的原因,却并非仅仅在于迅速拓宽国际反洗钱体系对跨境追赃的适用空间。相比之下,因上游犯罪所得与其他犯罪所得相混合而无法将其完全抽离的客观困难,亦是当时国际社会大规模拓宽上游犯罪的一大诱因。与此同时,将洗钱罪视为一种后补罪名,以在一定程度上弥补《联合国打击跨国有组织犯罪公约》未能准确界定“有组织犯罪”的缺陷,亦是国际社会进行上述扩张的另一出发点。[④] 值得一提的是,尽管无限扩张上游犯罪范围的做法确有一定可取之处,但其存在的弊端亦不容小觑。将对盗窃、侵占等一般犯罪所得的掩饰、隐瞒行为也纳入国际反洗钱的打击范畴,便意味着不仅各国刑法将不可避免地面临过度犯罪化的问题,而且国与国之间为追缴一般犯罪所得而进行的执法合作,也将分散消耗一大部分国际反

---

① Article 3(1)(a), *United Nations Convention Against Illicit Traffic in Narcotic Drugs and Psychotropic Substances*.

② Article 6(1), *1990 Council of Europe Convention on Laundering, Search, Seizure and Confiscation of the Proceeds of Crime*, 8 November 1990, ETS No. 141, in force 1 September 1993.

③ Recommendation 3 (old Recommendation 1) “FATF 40 Recommendations”.

④ Neil Boister, *An Introduction to Transnational Criminal Law*, Oxford University Press 2012, p. 103.

洗钱资源，从而导致真正严重的跨国犯罪不能受到有力打击与有效遏制。或许正是基于以上顾虑，国际公约及国际组织并未将“一切犯罪”作为上游犯罪范围的硬性要求，而是采取了“列举＋设定最低门槛”的规定方式，对大规模拓宽上游犯罪范围进行了一定限制。例如，在《联合国打击跨国有组织犯罪公约》中，除了通过列举该公约第 5 条、第 8 条、第 23 条规定的犯罪外，公约还将“严重犯罪”作为了界定洗钱罪上游犯罪的最低门槛。① 而根据公约对“严重犯罪”的定义，“最高可判处 4 年以上自由刑的罪名”②则都应被纳入各缔约国洗钱罪的上游犯罪范围内。又如，FATF 于 2012 年出台的新《40 条建议》，在允许各成员国采取不同方式对上游犯罪进行规定③的同时，亦强调各成员国对上游犯罪范围的界定至少应当囊括《建议》内容中指定的具体犯罪④（包括有组织犯罪、恐怖主义犯罪、贩卖人口罪、移民走私罪、毒品犯罪、走私武器罪、贪腐犯罪、伪造罪、环境犯罪、劫持人质罪以及海盗罪）；且通过列举方式规定上游犯罪范围的，至少应当包括该国刑法中所有最高刑为 1 年以上自由刑或最低刑为 6 个月以上自由刑的严重犯罪。⑤

不难发现，根据目前公约及国际组织对上游犯罪范围之规定模式，“受限于上游犯罪的违法所得没收”即是当下国际反洗钱体

---

① Article 6(2)(b), *United Nations Convention against Transnational Organized Crime*.

② Article 2(b), *United Nations Convention Against Transnational Organized Crime*.

③ “既可以采取将上游犯罪扩展至一切犯罪；也可以设定一个最低门槛以将洗钱罪适用于某一类‘严重犯罪’或刑罚达到一定自由刑的犯罪；还可以通过列举的方式规定上游犯罪范围；或者将上述规定方式予以结合” Recommendation 1 “*FATF 40 Recommendations*”.

④ Interpretive Note to Recommendation 3 of the “*2012 FATF Recommendations*”, para 4.

⑤ Interpretive Note to Recommendation 3 of the “*2012 FATF Recommendations*”, para 3.

系的功能定位。事实上，若将国际反洗钱体系功能的发挥过程比作一条路径，那么，通过追缴犯罪所得以打击特定上游犯罪的反洗钱初衷，则是国际反洗钱体系作用之起点；通过广泛的国际合作以实现跨境追缴犯罪所得之反洗钱本质，则是国际反洗钱体系作用的终点；而通过调整上游犯罪范围而逐步拓宽追缴犯罪所得的适用空间，则是连接上述起点与终点的纽带。"受限于上游犯罪的违法所得没收"之国际反洗钱功能定位，即处于上述中间阶段。在此阶段中，除了划定反洗钱的打击对象之外，上游犯罪范围之于反洗钱体系的另一潜在意义，还在于将国际反洗钱体系之于跨境没收的作用逐步从打击特定上游犯罪的限制中解放出来。不断增加上游犯罪种类、放低设立上游犯罪范围门槛、并模糊严重犯罪与一般犯罪之界限，则是国际社会日渐拓宽反洗钱体系作用空间的有效手段。如此，便不难理解，为何公约及国际组织在强调借助反洗钱打击严重犯罪的同时，亦仍然不断向各缔约国或成员国传递希望甚至鼓励其将上游犯罪范围拓宽至一切犯罪的态度。不可否认，若暂且撇开国际反洗钱体系资源之有限及各国立法之差异，单从开展国际合作的角度看，拆除上游犯罪的限制，无疑将极大地提高跨境没收国际合作的普遍性与便捷性。

3.2.3　我国洗钱罪立法定位之发展演变

根据前文的论述，我国洗钱罪的设立与修正在一定意义上乃是履行公约义务之结果。因此，我国洗钱罪的立法定位不可与国际反洗钱的发展轨迹相脱离。换言之，对我国洗钱罪的合理界定(即，究竟应当将我国的洗钱罪理解为刑法第 191 条的单一罪名，还是将其视为一个包含刑法第 191 条、第 312 条以及第 349 条在内的罪名体系)，既要立足于我国与不同时期国际反洗钱策略相吻合的"静态"需求，也要放眼于我国跟随国际反洗钱发展而不断调整国内立法的"动态"进程。

3.2.3.1 洗钱犯罪化初期的立法定位

在我国1997年新《刑法典》初设第191条洗钱罪之时，结合该法条在刑法典中的立法归类、分则中其他相关罪名的适用范围以及当时的国际反洗钱需求，可以推出，我国洗钱罪在设立之初的立法定位，即是对利用金融领域(第191条被规定在刑法分则破坏金融管理秩序罪一节)清洗特定上游犯罪所得(毒品犯罪、黑社会性质有组织犯罪、走私犯罪)的重点打击。首先，从分则其他相关罪名对赃物犯罪的适用范围出发。一方面，刑法第349条窝藏、转移、隐瞒毒品、毒脏罪，[①]因其是从1990年《关于禁毒的决定》中"窝藏毒品、毒赃罪"[②]更名和演变而来，[③]且后者又是源于我国对1988年《维也纳公约》义务之履行，故而与刑法第191条对涉毒洗钱的打击在一定程度上发生了重合。另一方面，刑法第312条窝藏、转移、收购、销售赃物罪，亦能在一定意义上覆盖洗钱行为的适用。毕竟，罪名规定中"赃物"的抽象表述方式，足以使其作为一个上位

① 该条文规定"明知是犯罪所得的赃物而予以窝藏、转移、收购或者代为销售的，处三年以下有期徒刑、拘役或者管制，并处或单处罚金"。此后在2009年经过《刑法修正案(六)》的修订，变更为"明知是犯罪所得及其产生的收益而予以窝藏、转移、收购、代为销售或者以其他方法掩饰、隐瞒的，处三年以下有期徒刑、拘役或者管制，并处或单处罚金；情节严重的，处三年以上七年以下有期徒刑，并处罚金"，罪名也更改为"掩饰、隐瞒犯罪所得、犯罪所得收益罪"。

② 最高人民法院在1994年12月颁布的《关于执行〈全国人民代表大会常务委员会关于禁毒的决定〉的若干问题的解释》中明确规定《关于禁毒的决定》第4条涉及以下三个罪名：包庇毒品犯罪分子罪；窝藏毒品、毒赃罪；以及掩饰、隐瞒毒赃性质、来源罪。

③ 我国1997年《刑法》第349条全部保留了1990年《关于禁毒的决定》关于"窝藏毒品、毒脏罪"的罪状，只是将法定刑修改为了"3年以下有期徒刑、拘役或者管制"以及"情节严重的，处3年以上10年以下有期徒刑"两个档次。此外，将"窝藏毒品、毒脏罪"更名为"窝藏、转移、隐瞒毒品、毒脏罪"，从而在称谓上更能体现该罪的行为方式。

概念而涵盖一切可能因犯罪产生的所得及收益；而在法律未明文禁止的前提下，亦难以否认对赃物来源与性质的隐匿，以及利用金融机构、贵重金属交易、乃至地下钱庄等“各种方式”将赃物转移出司法机关的追查范围，不可以被纳入到“窝藏”与“转移”的解释范畴。在此情形下，如若不从刑法第 191 条洗钱罪聚焦于特定犯罪所得、限制于金融领域的行为方式以及相对较高的法定刑设置，便无法彰显洗钱罪有别于其他赃物类犯罪的立法价值。其次，从当时的国际反洗钱需求来看，在我国 1997 年颁布新刑法典之时，真正涉及反洗钱规定的国际公约还仅仅只有 1988 年的《维也纳公约》，即便是成立于 1989 年的 FATF，也是直到《联合国打击跨国有组织犯罪公约》颁布后的 2003 年，才开始逐步将国际反洗钱体系的适用范围从《维也纳公约》中的毒品犯罪扩张至其他犯罪，并将反洗钱监管推行至其他非金融领域中。由此看来，刑法第 191 条设立之初对洗钱罪的立法定位与当时的国际反洗钱策略，也是基本吻合的。因此，将我国的洗钱罪界定为利用金融领域清洗特定上游犯罪所得的行为，在增设刑法第 191 条之初是妥当且合时宜的。

3.2.3.2 当下洗钱罪之立法定位

然而，随着《联合国打击跨国有组织犯罪公约》《联合国反腐败公约》的相继颁布，以及 FATF 对《建议》内容的不断修正，国际反洗钱体系的适用范围开始大规模拓宽。国际反洗钱体系的功能定位也开始由“通过追缴犯罪所得以打击特定上游犯罪”而逐步向“受限于上游犯罪的违法所得没收”转变。与此相适应，我国除了通过刑法修正案渐次扩容了刑法第 191 条的上游犯罪范围，亦通过司法解释将刑法第 191 条的行为方式延伸至非金融领域。经由上述修正，刑法第 191 条洗钱罪的立法定位，则由起初的“重点打击利用金融领域清洗特定上游犯罪所得”转变为“对清洗特定上游犯罪所得行为的重点打击”。值得一提的是,尽管金融领域对洗钱行为方式的限制在一定程度上被削弱,刑法第191条对上游犯罪的列举式规定,却仍然将我国洗钱犯罪化之功能限定在了打击特定上游犯罪。显然,这与国际反洗钱逐步摆脱上游犯罪限制以扩大反洗钱赃款追缴功能适用的需求相矛盾。在此背景之下,为了顺应国际反洗钱要求的发展,我国于2006年颁布的《刑法修正案(六)》中将刑法第312条更名为掩饰、隐瞒犯罪所得、犯罪所得收益罪,并在将“赃物”明确为“犯罪所得及其产生的收益”的同时,增加了“情节严重,处三年以上七年以下有期徒刑、并处罚金”的量刑档次。[①] 而为了进一步满足该罪名与刑法第191条洗钱罪的衔接,我国又于2009年颁布的《刑法修正案(七)》中增设了刑法第312条第二款单位犯罪的规定。[②] 最终,将刑法第312条调整为了能够适用于“一切掩饰、隐瞒犯罪所得行为”之罪名。

如此一来,我国的洗钱罪在实质上,已然成为了以毒品犯罪、走私犯罪、贪污腐败犯罪、金融诈骗犯罪、破坏金融管理秩序犯罪、恐怖活动犯罪以及黑社会性质组织犯罪为打击重点的,清洗一切犯罪所得行为的罪名体系。具体而言:如果暂且回避当下刑法第191条在刑法分则中的立法归类(即属于破坏金融管理秩序罪一节),而将其犯罪客体界定为司法机关的正常活动,那么,刑法第191条与刑法第312条之间便是特别法与一般法的关系。当犯罪分子针对毒品、走私、贪污腐败、金融诈骗、破坏金融秩序、恐怖活动以及黑社会性质组织犯罪之违法所得及收益予以掩饰、隐瞒,则对其适用刑法第191条予以惩处;而当犯罪分子针对上述七类犯罪以外之违法所得及收益进行清洗,则适用刑法第312条。然而,

---

① 《中华人民共和国刑法修正案(六)》第19条。

② 《中华人民共和国刑法修正案(七)》第10条。

如果继续维持当下刑法第191条在刑法分则中的立法归类，那么，由于刑法第191条侵犯的主要客体仍应界定为金融管理秩序，有别于刑法第312条。故而，当行为人清洗刑法第191条规定之七类特定上游犯罪所得及收益，且侵害了正常的金融秩序，那么其行为便构成了刑法第191条与刑法第312条的想象竞合。按照想象竞合犯从一重罪处罚的原则，适用刑法第191条；其他形式的掩饰、隐瞒犯罪所得及其收益的行为，则适用刑法第312条。

不难发现，无论基于上述何种情形，当今的刑法第312条，都已然成为我国洗钱犯罪适用的兜底罪名。刑法第191条的洗钱罪，则实现对一些较为严重的特定犯罪所得清洗行为的重点打击。

3.2.4 刑法第191条上游犯罪范围不宜再扩大

经由以上论述，基于将我国当前的洗钱罪界定为包括刑法第191条、刑法第312条以及刑法第349条[①]在内的罪名体系之前提，基于以下理由，不宜对刑法第191条上游犯罪范围进行扩容：

首先，从我国现有立法与国际反洗钱标准的吻合角度看，当前我国的洗钱罪已然能够满足国际反洗钱对上游犯罪范围之要求。在形式符合方面，我国洗钱罪适用于清洗一切犯罪所得行为的规定，已然完整覆盖了公约及FATF《建议》的要求；而在实质符合方面，适用于清洗一切犯罪所得行为的洗钱罪，成功为我国反洗钱从“打击上游犯罪之工具”向“跨境追缴犯罪所得之手段”的功能转变提供了可能，而后者也恰恰是国际反洗钱体系所希望实现的终极

① 此处值得注意的是，在刑法第191条经由司法解释而将行为方式拓展至非金融领域后，刑法第191条与刑法第349条在涉毒洗钱罪的规定上基本是重合的。因此，在笔者看来，刑法再保留第349条中的窝藏、转移、隐瞒毒脏罪的意义与价值不大。此处之所以把其列入洗钱罪的罪名体系中，主要是因为其仍然作为一项涉及清洗犯罪所得的罪名而存在于刑法分则当中。

目标。事实上，在 FATF 于 2007 年对我国进行的第一轮反洗钱评估中，其即将我国的洗钱罪界定为了包括刑法第 191 条、第 312 条以及第 349 条的罪名体系，并认为我国洗钱罪的上游犯罪包含了一切犯罪。[①] 因此，以开展国际反洗钱合作之必然需要为由，而主张扩容我国刑法第 191 条上游犯罪范围，其实并不存在有力的支撑依据。

其次，从打击犯罪的现实需求出发，我国目前的洗钱罪也已然能够实现对任何赃款洗白行为的惩治。实际上，即便是在刑法第 312 条未修订之前，其亦可适用于对刑法第 191 条规定范围之外的清洗犯罪所得行为。只不过，基于修订前刑法第 312 条较轻的法定刑设置，[②]以及对洗钱犯罪"利用金融领域清洗特定犯罪所得"的有限认知，才使得不少学者主张扩容刑法第 191 条上游犯罪范围，以实现对利用金融领域清洗规定范围以外的其他严重犯罪之违法所得的惩处。因此，从某种意义而言，刑法第 312 条所增设的"情节严重"的量刑档次，在无形中已然化解了洗钱罪适用范围与其现实打击需要之间的矛盾。

再次，从合理利用司法资源的角度出发，我国目前的洗钱罪对重点打击对象与一般打击对象的区分，无疑为节约司法资源提供了操作可能。正如前文所述，阻碍国际社会彻底拆除上游犯罪对国际追赃机制适用限制的一大因素，即是当今国际反洗钱体系资源的有限性。换言之，无论是出于反洗钱举措在各国的落实情况，还是反洗钱体系本身的完善程度，当下的国际反洗钱体系尚未具备适用于跨境追缴一切犯罪所得的条件。也正因如此，国际反洗

---

① *First Mutual Evaluation Report on Anti-money Laundering and Combating the Financing of Terrorism People's Republic of China*, 29th June 2007, Article 86.

② 1997 年刑法第 312 条原第一款条文为："明知是犯罪所得的赃物而予以窝藏、转移、收购或者代为销售的，处三年以下有期徒刑、拘役或者管制，并处或者单处罚金"。

钱体系目前的功能定位才是“受限于上游犯罪的违法所得没收”。公约及FATF《建议》所列明的严重犯罪，即是国际反洗钱作用的重点所在。反观我国，刑法第191条对七类特定上游犯罪的重点打击，无疑为司法机关优先分配反洗钱资源提供了依据和参考。不得不承认，正是因为刑法第191条的存在以及与刑法第312条之间的区分，才使得我国的洗钱罪既能够集中司法资源打击严重犯罪，也可以避免国际组织对我国洗钱罪适用范围过小的诟病。而从另一个角度看，国际反洗钱体系在较长的时期内仍需服务于跨境追缴“严重”犯罪所得的客观现实，则使得我国从银行反洗钱监管到国际反洗钱合作，皆应以刑法第191条为操作核心。

综上所述，我国刑法第191条洗钱罪上游犯罪范围无需，也不应进行扩容。因为刑法第191条的立法定位并不在于对洗钱罪适用范围的界定，而是对洗钱罪重点打击对象的强调。该种立法定位不仅能适宜地突出我国反洗钱的重点所在，亦能在与刑法第312条的配合下迎合国际反洗钱体系当下的功能定位以及未来的发展趋势。

3.3　关于自洗钱独立成罪的探讨

洗钱在一定程度上从属并衍生于上游犯罪所引发的一个问题便是自洗钱。按照洗钱罪所具有的对上游犯罪之助力特性来看，其所针对的犯罪主体应是除上游犯罪行为人(以下简称“本犯”)以外的第三人。然而，现实情况却是，很多上游犯罪者依然会参与到后续的洗钱犯罪中去。由此，自洗钱行为的性质认定问题开始出现。诚然，目前在大部分国家中，将洗钱作为一项独立罪名进行规定意味着对于自洗钱者来说，即便其实施的上游犯罪由于种种原因无法定罪，也仍然可以因洗钱罪而受到刑事制裁。然而，如果将本犯明确纳入洗钱罪的主体范围，那么当行为人同时构成上游犯罪和洗钱罪的情形下，进行累计定罪又将存在一定的学理争议。故而，亦有国家将自洗钱行为并入上游犯罪仅以上游犯罪罪名对行为人定罪处刑。在我国，无论是司法实践还是理论研究，将本犯排除在洗钱罪主体范围之外一直都是我国长久以来的通行做法。然而，此种做法却引发了我国洗钱罪在适用范围上与国际反洗钱要求的冲突。自 2007 年 FATF 对我国进行的第一轮反洗钱评估至 2019 年的第四轮反洗钱评估，未将本犯纳入洗钱罪主体范围，一直被视为我国洗钱犯罪化之重要缺陷。① 越来越多的学者开始对我国将自洗钱并入上游犯罪惩处之做法提出质疑。2020 年《刑法修正案（十一）》对刑法第 191 条"明知"与"协助"的删除被学界认为是扫清了我国自洗钱独立成罪的语义障碍。② FATF 亦在 2021 年出具的跟进报告中确认我国已经完成自洗钱行为入罪。③ 然而，在将我国洗钱罪视为包含刑法第 191 条、第 312 条以及第 349 条的罪名体系趋势下，自洗钱独立成罪的适用范围仍被普遍认为应限制在狭义的洗钱罪范畴（即刑法第 191 条）。④ 对此，有必要理性分析自洗钱独立成罪之理论争议，准确把握我国传统处理方式与国际自洗钱打击需求之差异，以为客观理解我国自洗钱入罪及其具体适用提供参考。

---

① *First Mutual Evaluation Report on Anti-money Laundering and Combating the Financing of Terrorism People's Republic of China*, 29th June 2007, Article 90 - 93. Mutual Evaluation Report of China-2019, April, 2019, page 61 - 62.

② 王新：《自洗钱犯罪：传统赃物罪理论有新解》，《检察日报》2021 年 5 月 12 日第 003 版。

③ Follow-Up-Report-China-2021, October, 2021, page 2.

④ 刘宪权、陆一敏：《自洗钱入罪司法适用的疑难解析》，《检查日报》2021 年 5 月 12 日。何萍：《自洗钱入罪后的罪数问题》，《人民法院报》2021 年 7 月 8 日。

3.3.1 理论争议梳理

我国理论界对自洗钱行为性质的认定主要分为肯定说与否定说两大阵营。

否定说，即是否定自洗钱行为的独立成罪。该学说的论证主要来源于两大视角：其一，是以“罪刑法定原则”为基础印证洗钱罪对本犯的排除，其二，则是以“不可罚事后行为”为依据支持上游犯罪对自洗钱行为的吸收。对于前者，由于《刑法修正案（十一）》对刑法第191条“明知”与“协助”的删除，使得学界难以再以“本犯根本无需强调对自己犯罪所得的明知，更毋庸说对自我洗钱的帮助”[①]为由否定自洗钱入罪之可能。故而，“不可罚的事后行为”则成为当下否定自洗钱独立成罪之通说。对其原理的具体阐释则主要经由以下路径：类比盗窃犯窝藏赃物之情形，以缺乏期待可能性为由提出对自洗钱行为责任的阻却；[②]基于自洗钱是对上游犯罪违法状态的附随和延续，将其纳入上游犯罪构成要件的评价当中；[③]以立法者在制定主要行为时即将附随行为纳入考量为由，认为较轻的伴随行为之不法与罪责应被主要构成要件所吸收。[④]

与之相对，肯定说之所以支持自洗钱独立成罪则是出于以下几大理由。一者，是以洗钱犯罪具有相对独立性且侵害了新的法益——“国家金融管理秩序”为由，直接否定自洗钱对“不可罚事后行为”的符合性。[⑤] 二者，是抓住我国无法对上游犯罪发生于境外

① 张明楷：《刑法学》，法律出版社2015年第4版，第700页。

② 赵秉志主编：《中国刑法案例与学理研究（分则篇二）（上）》，法律出版社2001年版，第228页。

③ 【日】大谷实：《刑法总论》，黎宏译，法律出版社2003年版，第359页。

④ 林山田：《论法律竞合与不罚之前后行为》，《台大法学论丛》，1993年22卷第2期，第129页。

⑤ 贾学胜：《事后不可罚行为研究》，《现代法学》2001年第5期，第80页。

而洗钱犯罪发生于本国的自洗钱行为行使刑事管辖权之适用漏洞，质疑上游犯罪对自洗钱行为吸收的合理性。[①] 三者，是借助英美法系大多数国家的普遍做法，[②]以及德国[③]、我国台湾地区[④]相继修正固有立法以将本犯纳入洗钱罪主体范围之转变，强调借鉴他国或地区以将自洗钱纳入洗钱罪惩处范围的趋势性。四者，则是碍于FATF在评估报告中对我国相关做法的否定，单纯从与国际反洗钱要求接轨之需求出发，提出独立惩处自洗钱行为的必要。

经由梳理不难发现，引发自洗钱行为性质认定争议的根源实则来自两方面：一方面，是对我国否定自洗钱行为独立成罪之理论依据的认知差异；另一方面，则是迫于国际社会惩处洗钱犯罪之共性需求。对于前者，之所以言其“认知差异”，主要是因为尽管“不可罚事后行为”是当前理论与实务界主张之通说，但对其何以能排除自洗钱独立成罪之说理却是从“缺乏期待可能性而阻却有责”到“附随对主法益的侵害而阻却违法”以致“因主行为之立法已然包含了附随行为而同时阻却违法、有责”而大相径庭。换言之，上述论证看似以共同的“不可罚事后行为”为依托，但其运用的解释原理却涉及了规范责任论中的责任要素、吸收犯原理以及法律竞合理论。也正是在此种讨论背景下，才会出现即便有学者以未侵害新法益为由否定自洗钱对“不可罚事后行为”之符合，亦有学者以缺乏期待可能性为据而肯定“不可罚的事后行为”适用之合理。对于后者，之所以言其是受国际反洗钱需求之“所迫”，则是因

---

① 王新：《反洗钱：概念与规范诠释》，中国法制出版社2011年版，第210页。

② 赵金成：《洗钱犯罪研究》，中国人民公安大学出版社2006年版，第68—69页。

③ 王新：《德国反洗钱刑事立法述评与启示》，《河南财经政法大学学报》2012年第1期，第135页。

④《台湾洗钱防治法》第2条第1款。该法颁布于1996年10月23日，施行于1997年4月23日。

为FATF评估报告背后的经济制裁机制[①]在一定程度上成为学界大规模反思我国自洗钱独立成罪问题的关键。尽管,无论是《巴勒莫公约》[②]还是《联合国反腐败公约》[③]又或是FATF《建议》[④],其对自洗钱独立成罪的规定均非强制性。但是,其为各缔约国提供的自主选择空间,却是以该国刑法中存在排除自洗钱独立成罪之"基本原则"为前提。这便意味着,除非我国能就排除自洗钱独立成罪提供合理的解释依据,否则扩大我国洗钱罪的主体适用范围将是大势所趋。如此一来,对国际反洗钱要求的应对似乎又回到了寻求相关理论依据的源头。

3.3.2 我国排除自洗钱独立成罪之依据思辨

3.3.2.1 "不可罚事后行为"之适用质疑

在厘清我国排除自洗钱独立成罪之理论依据以前,需要事先明晰一个逻辑关系:"概念存在之理论依据"与"概念适用之具体判断"其实是两回事。就"不可罚事后行为"而言,前者讨论的是"不可罚事后行为"的存在合理性,后者判断的则是行为是否符合"不可罚事后行为"之概念要求。因此,无论是运用期待可能性、吸收犯原理还是法律竞合理论,其运用"不可罚事后行为"对我国排除自洗钱独立成罪的解释,实际上均归属于前者。然而,判断我国自洗钱是否属于"不可罚事后行为",却是后者。有学者曾就学界定义"不可罚事后行为"之不同学说进行过梳理,根据整理结果,"强调事后行为对同一法益的侵害"是学界认定"不可罚事后行为"之

---

① 详情可参见本文第2章第1节内容。

② Article 6(2)(e) of the UNTOC.

③ Article 23 (2)(e) of the UNCAC.

④ Interpretative Note to Recommendation 3 of "*The 2012 Recommendations*".

共识。[①] 在此基础上,“不可罚事后行为”仅限于状态犯的推理得以达成。因此,即便并非充分,但“发生于状态犯场合”与“侵害同一法益”至少是目前学界判定相应行为是否符合“不可罚事后行为”的两大必要条件。

以此为前提,对“不可罚事后行为”能否作为排除自洗钱独立成罪之理论依据的判断则对应为——上游犯罪是否为状态犯,以及清洗自己犯罪所得的行为是否侵害了新的法益。显然,即便不去逐一排查我国洗钱罪规定的七大种类上游犯罪所涵盖的具体罪名是否均满足状态犯的条件,仅就自洗钱行为侵害同一法益的要求“似乎”就难以成立。此处,笔者之所以用“似乎”的表述,主要是因为我国刑法第 191 条对洗钱罪上游犯罪的种类化规定,使得洗钱罪必然侵犯有别于上游犯罪的新客体难以绝对成立。例如,“破坏金融管理秩序”犯罪属于我国洗钱罪的上游犯罪,而根据当前我国洗钱罪位于刑法分则第三章第四节的立法归类,其与该节中规定的其他“破坏金融管理秩序”罪名侵犯的实则为同一客体。即便依据本文对洗钱罪侵犯司法机关正常活动的客体界定,但当黑社会性质组织实施了侵犯司法机关正常活动的犯罪时,其亦与洗钱罪侵犯的客体相同。因为根据学界通说,刑法第 191 条洗钱罪规定的“黑社会性质的组织犯罪”指代的是以黑社会性质组织为主体实施的任何犯罪。[②] 当然,或许有学者会指出“不可罚事后行为”对“侵害同一法益”的要求不仅针对的是同一种类,还应限制于同一对象。可是,又有谁能排除在现实情况中不可能存在行为人对 A 银行实施完贷款诈骗后,换个假身份再通过该银行将非法所得进行清洗呢?至少到目前为止,对“不可罚事后行为”是否要求不

---

① 贾学胜:《事后不可罚行为研究》,《现代法学》2001 年第 5 期,第 79 页。

② 张明楷:《刑法学》,法律出版社 2015 年第 4 版,第 700 页。

能造成同一法益的更大损害并未在学界形成定论。

由此看来,“不可罚事后行为”无法适用于自洗钱,不仅是因为被自洗钱侵害的客体在一般情况下有别于上游犯罪,更是因为洗钱罪涉及的大量具体上游犯罪使得对是否适用“不可罚事后行为”之判断无法仅仅依赖抽象概念,而是必须针对具体情况进行具体分析。而如果该理论在某种情况能够适用,在别种情况又难以成立,那么将其视为否定自洗钱独立成罪的理论依据便存在问题。

3.3.2.2 排除自洗钱独立成罪之原理探析

明确自洗钱无法独立成罪之依据,需要明晰的另一逻辑关系是:用于阐释某一“概念”存在依据之“原理”,一般是比被解释对象更抽象与原则的上位知识。其可用于解释相应概念,却不局限于对该概念的阐释。好比刑法的人权保障机能,不仅是罪刑法定原则的存在依据,亦是责任主义产生的基础。因此,尽管“不可罚事后行为”无法作为否定自洗钱独立成罪依据,但该结论却并不足以否定那些用于解释“不可罚事后行为”之原理本身(诸如“期待可能性”“吸收犯”以及“法律竞合理论”等)对自洗钱无法独立成罪的适用可能。毕竟,既然有学者依循上述原理阐释我国对自洗钱独立成罪的排除,至少说明二者之间具有一定程度的契合。而对我国否定自洗钱独立成罪正当性的论证,亦无非是探寻那个契合度最高甚至完全契合的刑法原理。经由对比分析,笔者认为,将“缺乏期待可能性”作为自洗钱难以独立成罪的适用依据较为合适。

首先,如果依据法条竞合理论的解释,[①]自洗钱无法独立成罪的原因,便在于立法者在设定上游犯罪处罚范围时,已然将附随的

---

① 持法律竞合说的学者认为,吸收犯之主行为与被吸收行为,本质上是一罪,唯因法条错综之规定,致外观上有两种罪名,实则不然。参见吕秀莲:《论不罚的后行为》,《刑事法杂志》(台),第13卷第3期。转引自刘伟:《事后不可罚行为——兼论吸收犯之重构》,《金陵法律评论》2005年第1期,第121页。

自洗钱一并纳入了考量。然而，此处暂且不论自洗钱是否确属上游犯罪实施后的典型附随行为，仅就法条竞合的适用前提——行为人必须出于一个犯意实施一个行为，自洗钱就并不符合。不得不承认，不同于实施完上游犯罪后对犯罪所得的自然持有，在大多数情形下，洗钱都是有别于上游犯罪犯意并侵害到新对象甚至新客体的新行为。事实上，立法者在设定主行为刑罚范围时是否确已涵盖了附随行为，亦因缺乏实证考据而难以判断。① 因此，法条竞合理论难以作为我国排除自洗钱独立成罪的合理依据。

其次，若利用吸收犯原理，尽管“存在数个犯罪行为”的适用前提已在学界达成共识，②但是对“数个犯罪行为”究竟是同质还是异质③以及“吸收关系”的具体判断标准，④却一直存在着争议。这使得运用该理论解释我国对自洗钱独立成罪的排除，将因难以获得统一标准而无法达成较高共识。例如，主张数个犯罪行为必须具有同质性的学说即可否定上游犯罪对自洗钱的吸收性。因此，从某种程度而言，吸收犯因其学说内部的矛盾争议，而难以成为我国排除自洗钱独立成罪的有力支撑。在此背景之下，即便选择与上游犯罪吸收自洗钱情形契合度最高的吸收犯界定模式——以异质的数个犯罪行为作为适用前提并以“一罪为另一罪必由之方法或必得之结果”为吸收关系判定标准，我国洗钱罪上游犯罪包含的各类具体罪名，亦使得该种界定模式难以适用于所有自洗钱情形。例如，在黑社会性质的组织犯罪中，以黑社会组织为主体实施的寻衅滋事罪，因其强拿硬要或者任意占用公私财物之目的并非在于

① 贾学胜：《事后不可罚行为研究》，《现代法学》2001 年第 5 期，第 80 页。

② 韩忠谟：《刑法原理》，中国政法大学出版社 2001 年版，第 250 页。

③ 徐岱、梁缘：《吸收犯之生存空间论——吸收犯之学理解释》，《当代法学》2005 年第 3 期，第 41—42 页。

④ 杨国举：《吸收犯研究》，武汉大学 2009 年博士学位论文，第 99—103 页。

获取犯罪所得，而是扰乱正常的生产、经营等社会秩序，因此将对犯罪所得的清洗理解为上游犯罪必得之结果便难免牵强。事实上，即便是以获取非法利益为实施动机的上游犯罪，为保有上游犯罪所得而清洗赃款也未必是其必然的结果。例如，获取赃款后不经过洗白，而直接将赃款投入黑市购买非法武器、弹药亦是一种可能。换言之，除非将洗钱罪的行为方式囊括至对犯罪所得的持有，否则，以掩饰、隐瞒为目的的赃款洗白行为充其量只是赃款处置的一种方式，而非唯一选择。因此，吸收犯也难以成为我国排除自洗钱独立成罪的适用依据。

最后，依据期待可能性原理，责任非难需以行为人在行为当时具有适法行为的期待可能性为基础。[①] 因此，对自洗钱能否独立非难的判断，则以自洗钱情形下行为人是否具有实施合法行为的可能性为前提。显然，在获利型犯罪中，由于行为人实施犯罪之动机在于“获利”，因此无论上游犯罪侵害了何种客体，期待行为人在获取违法所得后将其交公恐怕极不现实。不可否认，在大多数获利型犯罪中，更好地保有犯罪所得是获取违法利益之后的一种当然结果。也正因为如此，才会有不少学者以“事后不可罚行为”或是“吸收犯原理”界定自洗钱行为的性质。与之相对，在并非以获利为实施动机的其他犯罪中，尽管本犯对违法所得的保有难以作为其实施上游犯罪后的当然结果，但是在已然获取犯罪所得的前提下，期待行为人做出其他适法行为亦是极其困难的。因为在此种情形中，犯罪所得亦是行为人实施上游犯罪的罪证之一。而本犯对赃款的处置，即便不是为了更好地保有犯罪所得，也是为了掩盖罪行以逃避司法机关对上游犯罪的惩处。事实上，由于期待可能性的判断核心在于“适法可能”，而“犯罪所得”源于上游犯罪之

① 张明楷：《期待可能性理论的梳理》，《法学研究》2009年第1期，第63页。

性质本身,便使得无论本犯对赃款的处置方式如何(销毁、洗白或者直接投入黑市),逃避司法机关对上游犯罪惩治之本能才是排除行为人适法可能性的关键所在。而自洗钱,作为上述赃款处置情形中的一种,当然亦是如此。换言之,即便不是出于利益动机,也至少可以依据对司法机关惩处的逃避,来排除自洗钱情形下本犯的适法可能。基于此,期待可能性原理更适合作为我国排除自洗钱独立成罪的原理支撑。

3.3.3 自洗钱独立成罪之趋势及适用

3.3.3.1 跨境追赃对自洗钱独立成罪的内在需求

尽管,国际公约允许各缔约国在存有相应基本原则的前提下排除自洗钱行为的独立成罪。但是,对相关原则确否适用,则仍需经由 FATF 评估检验。在 FATF 于 2007 年对我国的第一轮反洗钱评估中,其对我国排除自洗钱独立成罪的批评,即是建立在否定我国适用依据的基础之上。针对我国当时提出的主张——"自洗钱作为上游犯罪的当然延续而被上游犯罪吸收"[①],FATF 据以否定的理由即是:"洗钱是一个分阶段、涉及多种技术且在时间上具有延续性的动态过程,是具有自身独立性且有别于上游犯罪的新行为"。[②] 基于此,评估结论显示"中国并不存在可以适用于排除自洗钱独立成罪的基本原则"。[③] 该理由在 2019 年 FATF 对我国进行的第四轮评估中被再次强调,"事后不可罚"亦被进一步否定

---

① *First Mutual Evaluation Report on Anti-money Laundering and Combating the Financing of Terrorism People's Republic of China*, 29th June 2007, Article 90.

② *First Mutual Evaluation Report on Anti-money Laundering and Combating the Financing of Terrorism People's Republic of China*, 29th June 2007, Article 91.

③ *First Mutual Evaluation Report on Anti-money Laundering and Combating the Financing of Terrorism People's Republic of China*, 29th June 2007, Article 91.

基本原则之地位。①

不难发现,“期待可能性”似乎并未作为主流观点出现在评估视野中。但在笔者看来,即便我国以缺乏期待可能性为由排除自洗钱的独立成罪,FATF亦可能以该原则并非源于我国或该原则并未在我国立法中明确规定为由,而拒绝认定其“一国基本原则”之地位。究其原因,乃在于国际反洗钱服务之根本在于构建跨境追赃、缴赃的协同机制,我国对自洗钱行为的处理亦不可与国际反洗钱宗旨相背。确切地说,即便我国对自洗钱独立成罪的排除具备正当依据,但若严重阻碍了跨境追赃的顺利开展,国际组织亦可能以不满足前提条件为由质疑甚至否定我国的自主选择。事实上,我国以上游犯罪吸收自洗钱的做法,容易引发犯罪所得的跨境追缴漏洞。即,对于外国人将其在境外获取的上游犯罪所得带到中国清洗之情形,我国将因其本犯的身份而无法对其以洗钱罪进行惩处。在某种意义上,此亦是FATF要求我国将自洗钱独立成罪的根源所在。纵然我国反复强调适用“上游犯罪”的刑罚足以实现对自洗钱的惩戒,②但此种解释却无法化解我国无法对域外上游犯罪主张刑事管辖权的尴尬。

结合前文所述,洗钱罪在全球范围内普及的原因之一,便在于各国即使无法对发生于本国领域之外的上游犯罪主张刑事管辖权,也仍然可以通过打击发生于领土内的洗钱犯罪而间接实现对域外上游犯罪的惩处。而我国上游犯罪对自洗钱的吸收,显然使得该项洗钱犯罪化价值形同虚设。更为重要的是,如果承认我国上游犯罪对自洗钱的吸收,则如同再现了早年未实施反洗钱国对

---

① *Mutual Evaluation Report of China-2019*, April, 2019, page 61 - 62.

② *First Mutual Evaluation Report on Anti-money Laundering and Combating the Financing of Terrorism People's Republic of China*, 29th June 2007, Article 90.

已实施反洗钱国犯罪所得的“吸引优势”。[①] 大量的境外赃款将因我国对本犯的“处置不能”而流入我国以寻求“庇护”，这无疑使得反洗钱体系所构建的犯罪所得跨境追缴网络产生了新的缺口。如此一来，即便忽略赃款流入对我国产生的各类利弊得失，仅就那些赃款流出国而言，其也绝不可能对该种“吸引优势”坐视不管。或许正是因为如此，才使得无论我国如何以司法传统及可能引发的大规模立法、司法调整为由力争对自洗钱既有认定的保留，FATF仍在其后续的追踪报告中坚持重申了自洗钱独立成罪在我国的应然。[②]

3.3.3.2 我国自洗钱独立成罪的适用

在以全球化为背景发展起来的国际反洗钱体系下，我国早已无法也不可能仅出于国内考量而进行洗钱行为的犯罪化。国际公约提供选择空间之目的，更在于尽可能扩大公约的适用范围，而不只是对各国立法自主性的充分尊重。公约规定的原则性、抽象性表述，亦为统一各国反洗钱立法提供了一定的操作可能。事实上，近年来德国以及我国台湾地区相继调整相关立法以确认自洗钱独立成罪，很难说不是出于对国际反洗钱要求的迎合。诚然，迫于国际反洗钱的压力，确认自洗钱独立成罪似是大势所趋。但这并不意味着对我国排除自洗钱独立成罪依据之探索与明晰皆是徒劳。如何确立以及在多大范围适用，仍需结合既有理论学说、立法传统以及司法实践予以通盘考量。公约提供的选择空间，即便并非出于对各国立法自主性的充分尊重，却也至少为各国争取一定程度的立法自主、实现国内立法与国际规范的灵活融合提供了操作空

---

① 详见本文第1章第2节国家利益对洗钱入罪的影响。

② Mutual Evaluation 8th Follow-up Report on Anti-Money Laundering and Combating the Financing of Terrorism, 17th February 2012, Article 60.

间与实现可能。

不可否认，国际社会对自洗钱独立成罪的推行，确与我国长久以来遵循的赃物犯罪处置方式相去甚远。FATF 亦在其 2012 年的追踪报告中表达："考虑到中国的特殊情况与独特法律传统，承认自洗钱的独立成罪可能需要花费较长的时间。"[①]尽管 FATF 在 2021 年 10 月份的跟进报告中评价我国已然实现自洗钱行为的犯罪化。但回顾我国的修法路径却不难发现，我国对自洗钱独立成罪的适用态度却是相对保守。换言之，我国并未采取直接明示的方式确认自洗钱的独立成罪，而是通过删除刑法第 191 条中可能阻碍自洗钱独立成罪之语义障碍(即"明知"与"协助")，间接传递了对自洗钱独立成罪放开适用之态度。由于《刑法修正案(十一)》仅针对刑法第 191 条进行了部分修正，故而将自洗钱独立成罪限定适用于刑法第 191 条七类特定上游犯罪所得"来源与性质"的掩饰、隐瞒，而不涉及窝藏等物理性转移亦是当下学界的主流观点。[②] 显然，在尚未有效排除当前否定自洗钱独立成罪依据之前提下，结合赃物犯罪本犯被上游犯罪吸收之法律传统，对我国自洗钱独立成罪进行有限适用确有一定的合理性。但是，若立足于刑法第 312 条与刑法第 191 条一般洗钱与特殊洗钱之关系定位，着眼于反洗钱助力于跨境追赃之宗旨，却无法必然否定自洗钱独立成罪在其他赃物罪名上的延伸。毕竟，对七类上游犯罪以外其他犯罪所得"来源与性质"的掩饰、隐瞒，仍需适用刑法第 312 条。而若仅以七类上游犯罪作为肯定自洗钱独立成罪的缘由，显然并不充分。毕竟，在国际社会眼中，我国的洗钱罪乃是包含刑法第 191

① Mutual Evaluation 8th Follow-up Report on Anti-Money Laundering and Combating the Financing of Terrorism, 17th February 2012, Article 60.

② 刘宪权、陆一敏：《自洗钱入罪司法适用的疑难解析》，《检查日报》2021 年 5 月 12 日。何萍：《自洗钱入罪后的罪数问题》，《人民法院报》2021 年 7 月 8 日。

条、第312条、第349条在内的罪名体系。

如此看来,我国对自洗钱采取了一种相对折中的入罪路径。经由对刑法第191条部分表述的删除,一方面,扫清刑法第191条在本犯洗钱适用上的认定障碍,以满足国际反洗钱追赃需要;另一方面,在肯定本犯掩饰、隐瞒犯罪所得的危害性有独立判断之必要的同时,以刑法第191条为优先适用,以实现本犯独立治罪在赃物犯罪适用的循序渐进,从而缓和自洗钱独立成罪可能带来的诸多立法及司法矛盾。

3.4 反向洗钱之入罪及其操作路径

尽管自20世纪90年代以来,国际社会就在不断加大对毒品犯罪、有组织犯罪以及贪腐犯罪赖以滋生与存续之利益基础的摧毁与打击。但是直到1999年《制止向恐怖主义提供资助的国际公约》缔结以前,针对涉恐资金的追踪、冻结以及没收举措,却都处在国际公约及区域性条约的规制范围以外。[①] 美国"9·11"恐怖袭击的发生,无疑将恐怖主义的财务支柱问题推上了国际政治议程的首位,反对恐怖主义融资行为(以下简称"反恐融资")随即成为了国际社会打击恐怖主义的一项核心举措。伴随着联合国安理会1373号决议(2001年)以及FATF反恐融资特别建议的相继出台,资助恐怖主义行为开始被逐步纳入各国刑事打击范畴。我国亦于2001年通过《刑法修正案(三)》增设了刑法第121条之一资助恐怖活动罪,[②]并同时将恐怖活动犯罪列入了洗钱罪的上游犯

---

① McClean, D., *International co-operation in civil and criminal matters*, Oxford, Oxford University Press, 2002, Chapter 7.

② 资助恐怖活动罪后经2015年《刑法修正案(九)》修正为"帮助恐怖活动罪"。

罪。尽管如此，为恐怖主义融资“保驾护航”的反向洗钱，却因其既不同于资助恐怖活动行为（反向洗钱涉及对资金的转移，而并非提供资助），亦有别于洗钱行为（反向洗钱有可能涉及合法来源的资金）的特殊性，而引发了我国刑事规制的尴尬。面对国际反洗钱体系向反恐融资领域适用的扩张，不少学者纷纷将矛头指向刑法第191条洗钱罪，以期通过修正洗钱罪的既有规定实现对反向洗钱的入罪化。然而，若从反向洗钱与洗钱以及资助恐怖主义行为之间的关联，以及国际反洗钱体系之于打击反向洗钱的意义与价值加以分析，便不难发现，立足于修正洗钱罪去完成对反向洗钱的入罪，其实是对反向洗钱刑事规制的认知误区。

3.4.1　现有理论观点述评

学界对反向洗钱问题的讨论，主要是从现有罪名的规制不能、反向洗钱的规制必要以及刑法第191条洗钱罪的修正建议三方面展开的。

对于现有罪名的规制不能，我国刑法中与反向洗钱密切相关的两大罪名（即“帮助恐怖活动罪”与“洗钱罪”）之适用缺陷，乃是引发反向洗钱行为入罪化探讨的关键。具体而言，“帮助恐怖活动罪”因其规定的“资助”意指“为恐怖活动组织或者实施恐怖活动的个人筹集、提供经费、物资或者提供场所以及其他物质便利的行为”，[①]且后续新增的条款也仅针对“为恐怖活动组织、实施恐怖活动或者恐怖活动培训招募、运送人员”的情形，[②]故而被认为遗漏了恐怖融资的重要环节——个人或机构对涉恐资金流转的帮助与

① 《最高人民法院关于审理洗钱等刑事案件具体应用法律若干问题的解释》，第5条。
② 《中华人民共和国刑法修正案（九）》，第6条。

支持。[①] 另一方面,“洗钱罪”则由于其所规制的对象——掩饰、隐瞒资金来源与性质(即犯罪所得),在本质上有别于掩盖资金去向与用途(即对恐怖主义的资助)的反向洗钱,故而难以真正实现对后者的有力打击。[②]

对于反向洗钱的刑事规制必要,国际反恐融资举措的出台,乃是学界一致主张将反向洗钱纳入洗钱罪调控范围的原因。例如,1999 年《联合国制止向恐怖主义提供资助的国际公约》对“采取管制措施,以预防和制止涉嫌为恐怖主义目的提供的资金流动”之呼吁。[③] 又如,联合国安理会通过的 1373 号决议“禁止各成员国的个人或机构为恐怖主义提供任何形式的资助及金融服务”[④]之要求。再如,FATF 新增的反恐融资 9 条建议“要求各国将资助恐怖主义行为入罪的同时,亦确保资助恐怖主义犯罪被纳入到洗钱罪上游犯罪中”之规定。[⑤] 上述举措均被学者反复引用,借以论证打击反向洗钱早已成为国际反洗钱的大势所趋。

对于刑法第 191 条洗钱罪的修正建议,扩增洗钱罪的行为方式则是学界观点的共性所在。只不过,有的学者对行为方式的扩张仅限于恐怖融资领域(即直接将“明知资金将被用于恐怖活动犯罪,而掩饰、隐瞒其去向和性质”增设为洗钱罪的行为方式)[⑥];有

---

① 袁永超:《洗钱犯罪的规范解读及其防治》,中国人民大学 2015 年博士学位论文,第 46 页。

② 参见:《国际刑法专家:洗钱已成维护腐败重要手段和工具》,载《中国青年报》,2005 年 9 月 14 日。

③《联合国制止向恐怖主义提供资助的国际公约》序言。

④ “*Security Council resolution 1373 (2001) (on threats to international peace and security caused by terrorist acts)*” *Article* 1(*d*).

⑤ Criminalizing the financing of terrorism and associated money laundering, “*FATF Special Recommendations on Terrorist Financing*” Article Ⅱ.

⑥ 袁永超:《洗钱犯罪的规范解读及其防治》,中国人民大学 2015 年博士学位论文,第 47 页。

的学者则建议在增设上述规定的基础上，进一步扩容洗钱罪上游犯罪至资助恐怖活动罪（现今的帮助恐怖活动罪），以体现 FATF 反恐融资特别建议的要求；[①]还有的学者试图突破恐怖融资对反向洗钱的限制以扩大对反向洗钱的打击范围（即将洗钱罪的行为方式增设为“明知某项资金将被用于资助上述犯罪（洗钱罪规定的七类上游犯罪），而掩饰、隐瞒其去向和性质”。[②]

经由对现有理论观点的梳理，“既有立法的规制不能→国际反洗钱体系对恐怖融资的扩张适用→刑法第 191 条洗钱罪的修正完善”乃是学界论述反向洗钱行为入罪化的基本路径。若进一步分析，该立论的合理性实则建立在以下前提与基础上。第一，国际反恐融资举措对资助恐怖主义行为的打击（即入罪化要求）仅仅针对的是“资助供给的源头”而不包括“资助供给的过程”（即反向洗钱行为），且对后者亦有入罪化需求，故而需要特别探讨对反向洗钱行为的刑事规制。第二，国际反洗钱体系对恐怖融资适用之目的，乃在于利用洗钱罪对反向洗钱予以惩治，故而有必要将洗钱罪作为反向洗钱的适用依据。第三，洗钱罪将反向洗钱纳入其调控范围，并不会违背洗钱罪原有的立法依据与惩治初衷，故而将反向洗钱纳入洗钱罪的调控范围具有可操作性。如此一来，对反向洗钱刑事规制问题的探讨，在某种意义上便转化为对上述前提能否成立的判定。前两大前提，涉及对国际反恐融资举措的理解，以及反洗钱体系之于打击反向洗钱意义与价值的认知；第三个前提，则关乎洗钱罪能否适用于反向洗钱的判断。

---

① 于志刚：《恐怖活动犯罪中资助行为入罪化的价值取向——与传统洗钱罪的冲突与整合》，《中国检察官》2006 年第 6 期，第 32 页。

② 张磊：《以“反向洗钱”的入罪化为中心反思我国洗钱罪的行为方式》，《当代法学》2012 年第 1 期，第 109 页。

3.4.2 反洗钱体系对打击反向洗钱的意义与价值

1999 年《联合国制止向恐怖主义提供资助的国际公约》、联合国安理会 1373 号决议以及 FATF 的《反恐融资特别建议》，无疑是解读当今国际社会打击恐怖主义融资举措（简称“反恐融资举措”）的三大重要依据。

1999 年《联合国制止向恐怖主义提供资助的国际公约》的颁布，为有效联合全球力量打击恐怖融资行为提供了首个协议框架。[①] 根据公约规定，为恐怖主义提供或募集资金的行为，应当被纳入各缔约国刑法的调控范围内。[②] 围绕该核心条款，公约规定了诸多辅助性举措以确保对恐怖融资的有效打击。其中最为关键的，当属对单位主体责任的确立与追究（责任形式可以是刑事、民事或行政），[③]采取适当措施追查、冻结、扣押以致没收涉恐款项，[④]以及各缔约国之间就资助恐怖主义案件调查、起诉及引渡方面的互助。[⑤] 值得一提的是，尽管公约并未明确要求对反向洗钱的入罪化，其却在条文中作出了如下规定：“各缔约国应当采取措施规定金融机构和从事金融交易的其他行业，使用现行效率最高的措施查证其惯常客户或临时客户以及由他人代其开立账户的客户身份，并特别注意不寻常的或可疑的交易情况和报告怀疑为源

① See, Anthony Aust, “Counter-Terrorism-A New Approach”, *Max Planck UN Yearbook*, 2001, p. 1, at pp. 4 - 17.

② Article 2, “*The 1999 UN International Convention for the Suppression of the Financing of Terrorism*”.

③ Article 5, “*The 1999 UN International Convention for the Suppression of the Financing of Terrorism*”.

④ Article 8, “*The 1999 UN International Convention for the Suppression of the Financing of Terrorism*”.

⑤ Article 12, “*The 1999 UN International Convention for the Suppression of the Financing of Terrorism*”.

自犯罪活动的交易……”。[①] 此后，美国 911 恐怖袭击的发生进一步加大了国际社会对恐怖融资的重视及打击力度，联合国安理会 1373 号决议(2001 年)应运而生。该决议的宗旨即在于切断恐怖主义赖以滋生与发展的经济支柱。[②] 决议的核心原则主要包括：各国应当预防和打击资助恐怖主义行为；将为恐怖主义提供资助的任何行为予以入罪；及时冻结涉恐资金；禁止各国境内的个人或机构为恐怖主义提供任何形式资助或金融服务。[③] 几乎是在同一时段，FATF 出台了八项反恐融资特别建议。除去要求各国贯彻落实公约的具体规定外，建议还提出应当将资助恐怖主义犯罪纳入到洗钱罪的上游犯罪中，[④]并进一步提出对替代性汇款体系的反洗钱监管、[⑤]对国际及国内电汇服务中客户身份的识别[⑥]以及确保实体单位，尤其是非营利性组织不被恐怖融资所利用。[⑦] 随后，FATF 又于 2004 年新增第 9 条特别建议以打击跨境转运现金及不记名票据的行为。[⑧]

---

① Article 18, "*The 1999 UN International Convention for the Suppression of the Financing of Terrorism*".

② Ward, C A, *Legal Imperative for implementation of Resolution 1373 (2001)*, paper presented to the Caribbean Regional Conference of the International Law Association, Barbados, 26 - 29 March 2003 (typescript), p. 4.

③ Paragraph 1, "*Security Council resolution 1373 (2001) [on threats to international peace and security caused by terrorist acts]*".

④ Article II, "*The 2001 FATF Special Recommendations on Terrorist Financing and Interpretative Notes*".

⑤ Article VI, "*The 2001 FATF Special Recommendations on Terrorist Financing and Interpretative Notes*".

⑥ Article VII, "*The 2001 FATF Special Recommendations on Terrorist Financing and Interpretative Notes*".

⑦ Article VIII, "*The 2001 FATF Special Recommendations on Terrorist Financing and Interpretative Notes*".

⑧ Article IX, "*The 2001 FATF Special Recommendations on Terrorist Financing and Interpretative Notes*".

从整体上看，国际社会对恐怖融资的打击主要是通过两方面进行的。一方面，是在全球范围内实现资助恐怖主义行为的入罪化；另一方面，则是建立起对涉恐资金监管、追踪及追缴的国际合作机制。前者针对的是恐怖融资过程中的“资金供给源头”，即为恐怖主义提供或募集资金的行为；后者针对的则是“资金送达过程”，即利用金融机构或其他行业、组织将涉恐资金由供给方转运至收受方的反向洗钱行为。实际上，无论是1999年《制止向恐怖主义提供资助的国际公约》对金融机构以及其他金融服务行业确立客户身份识别、可疑交易报告等监管举措的呼吁；还是联合国安理会1373号决议中对涉恐资金提供金融服务的禁止，国际社会对反向洗钱的关注与打击，均未显示出要将该行为从恐怖融资过程中分离出来以进行独立刑事惩处的意向。相比之下，向金融领域及其他易被恐怖融资利用的行业施加义务以监管涉恐资金的流转，以期在阻断资金顺利转运的同时，进一步发现与追查前置的资助恐怖主义行为，则更贴近上述举措之目的。显然，此举措与反洗钱体系在金融业及特定非金融行业（简称DNFBPs）中推行的前置性资金流转监管（即“客户尽职调查”“交易记录保存”以及“可疑交易报告”）不谋而合。如此一来，扩充国际反洗钱体系的适用范围至恐怖融资领域便顺理成章。据此，便不难理解FATF何以在其出台的反恐融资特别建议中，对洗钱罪的修正仅仅限于将资助恐怖主义犯罪纳入洗钱罪的上游犯罪，却并不包含对洗钱罪掩饰、隐瞒资金来源与性质行为方式的调整。可以想见，FATF此举的目的，即在于明示用于对诸多上游犯罪所得监控、追踪、追缴的反洗钱体系亦可用于对涉恐资金的监控、追踪及追缴。因此，从某种意义而言，国际反恐融资举措对反向洗钱的打击，乃是将其纳入整个国际反洗钱机制的运作范围，针对反向洗钱与洗钱所共有的掩饰、隐瞒资金流转之特征，利用当下在金融机构普遍建立的资金流转监管举措以及国际合作交流平台，以帮助实现对涉恐资金的发现、追踪乃至缴获。这才是国际反洗钱体系之于打击反向洗钱的价值与意义所在。

正如本文在第一章节所述，国际反洗钱体系乃是一个包括反洗钱立法、反洗钱预防监管以及反洗钱国际合作在内的综合性的跨境没收机制。因此，即便国际社会有意将反洗钱预防监管及相关国际合作的适用范围向恐怖融资领域扩张，此举也并不意味着反洗钱体系中对洗钱犯罪的刑事惩治亦当然地适用于反向洗钱的打击。故而，学界修正洗钱罪以囊括反向洗钱行为方式所依赖的前两个前提其实并不成立。

3.4.3　洗钱罪无法包容反向洗钱行为

诚然，国际反恐融资举措并未明示将反向洗钱纳入洗钱罪的惩戒范围。但这却并不必然意味着国内立法不能对反向洗钱予以刑事规制。换言之，基于反向洗钱本身所具有的社会危害性，在不对其独立成罪的情形下，修正相关罪名以满足对该行为的刑事惩戒亦具有一定的合理性。如此，便涉及对相关罪名刑事规制可能性的判断。只不过，就洗钱罪而言，无论是从其与反向洗钱之间的关联程度，还是洗钱罪的立法定位，抑或是洗钱入罪的正当化依据，均难以将其作为反向洗钱的适用依据。

首先，从洗钱与反向洗钱的关联程度看，反向洗钱与洗钱在概念界定上的截然不同，使得前者难以真正涵盖或包容后者。根据学界对洗钱与反向洗钱的现有界定，洗钱掩饰、隐瞒的是资金的来源与性质，而反向洗钱掩饰、隐瞒的却是资金的用途与去向。事实上，反向洗钱涉及的资金也许并不包括任何非法所得而是全部来自于合法收入，反向洗钱的罪恶大多也并非源于该行为之前的上游行为，而更在于受其资助之行为乃至资助对象之行为。显然，这与洗钱行为的方向是截然相反的，而这也恰恰是反向洗钱之“反向”的意义之所在。因此，从本质来看，反向洗钱与洗钱其实并无太多关联。尽管，利用金融机构或其他能够实现资产流转的行业领域（例如房产中介、贵重金属交易商）混淆视听，以逃避司法机关对相应资金的追踪、追缴，乃是反向洗钱与洗钱公认的共性所在。但是，该共性却并不必然意味着关联性的存在。恰如，即便强奸行为与抢劫行为均涉及对他人人身权利的侵犯，也不会有人会据此认定强奸与抢劫是相互关联的行为。毕竟，二者之间既无必然的伴随性，也无一定的衍生性，而仅仅是在行为方式上具有一定的相似性。

其次，从洗钱罪的立法定位看，其与反向洗钱的打击初衷亦大相径庭。结合前文所述，洗钱罪的立法定位，实际上经历了一个由“通过追缴犯罪所得以打击特定上游犯罪”到“受限于上游犯罪的违法所得没收”以至于最终实现“跨境追缴犯罪所得”的发展进程。在该立法定位的转变过程中，尽管洗钱罪打击上游犯罪之功能特征正在被逐渐淡化，但是其对犯罪所得追缴的本质却一直贯穿始终并且越发彰显。相比之下，国际社会打击反向洗钱的真正目的却是制约其对资助恐怖主义行为的协助，以阻碍恐怖融资的顺利实现。换言之，反向洗钱服务于恐怖融资的直接目的，使得其并不在意所涉及的款项来源是否合法。因此，即便将资助恐怖活动罪纳入到洗钱罪的上游犯罪中，其所能实现的打击也仅仅是对资助恐怖活动犯罪所得的掩饰、隐瞒行为，却无丝毫利益于对资助恐怖主义行为的遏制。

最后，从洗钱行为入罪的正当化依据看，其也难以真正满足对反向洗钱的适用。根据学界的传统观点，“任何人不得从其违法行为中获利”乃是打击洗钱犯罪的理论依据。因为洗钱所涉及的对象为犯罪所得，且洗钱掩饰、隐瞒犯罪所得的本质是阻碍司法机关对犯罪所得的追查、追缴。故而，从某种意义而言，洗钱的罪恶即源于其对上游犯罪人保有违法所得的助力。而反观反向洗钱行为，即便忽略其亦可涉及合法来源资金的特性而将其限定在利用犯罪所得资助恐怖主义个人、组织或恐怖活动的情形，其服务于恐怖融资乃至助力于维系恐怖组织存续之经济基础的行为导向，也难以将其罪恶理解为是帮助犯罪分子从违法行为中获利。

不可否认，无论是概念的关联、立法的定位还是正当化依据，洗钱罪其实都不具备任何操作空间以涵盖对反向洗钱的适用。在此背景之下，若强行将"明知资金将被用于恐怖活动犯罪，而掩饰、隐瞒其去向和性质"增设为洗钱罪的行为方式，则无异于从整体上否定了洗钱罪的存在价值。不仅"洗钱"的概念会变得含混不清(洗钱所特有的将赃款由黑洗白之行为特性不再成立)，洗钱罪的立法定位也将被重新界定(打击上游犯罪、追缴犯罪所得已然无法适用于反向洗钱)，而洗钱行为入罪所依循的理论依据也将因洗钱概念的颠覆而被推翻。因此，学界修正洗钱罪以囊括反向洗钱行为方式所依赖的第三个前提亦并不能成立。

3.4.4　反向洗钱入罪的路径

在以上的分析阐释中，反向洗钱一直被视为一种与资助恐怖主义行为相区别的独立行为。然而，若将恐怖融资过程视为一个整体，那么反向洗钱则是实现资助恐怖主义行为不可或缺的重要途径与手段。换言之，即便存在资助恐怖主义的"供给方"，其与接受恐怖资助的"受惠方"之间，也仍然需要一定的桥梁或通道相连接(即反向洗钱)，以实现资金的顺利送达。事实上，也正是基于反向洗钱所具有的上述中介属性，才使得对反向洗钱的监管、控制、与打击必然地成为了发现、追查乃至惩处资助恐怖活动犯罪的有力手段。因此，相较于洗钱行为，反向洗钱与资助恐怖主义行为之间的关联其实更为紧密。而从打击目的来看，无论是对资助供给者的惩治，还是对反向洗钱服务提供方的监管，其目标均是为了限制甚至遏制恐怖融资的发生与进行。故而，将反向洗钱纳入资助恐怖主义犯罪的适用范围则具有一定操作空间。

或许正是基于以上因素，不少国家将反向洗钱规定于资助恐怖主义罪当中。例如，美国即在其"向恐怖主义分子提供物质支持罪"中规定"隐瞒或者掩盖物质支持或者资源的性质、地点、来源或者所有权关系的，如果知道或打算将其用于准备或者实施一项违法行为……即构成犯罪"；[①]英国则在其《2000 年反恐法案》(Terrorism Act 2000)中规定行为人在参与到下列行为以促进他人或代表他人保留并控制"恐怖主义资金"的将被认为是犯罪：(a)掩饰；(b)将资金转移出境；(c)转移给他人；或(d)其他方式；[②]新加坡亦在其出台的《反恐怖主义法》中明示"任何人……提供或者邀请他人提供任何财产或者金融及其他相关服务，或者使该财产或服务用于便利或者实施恐怖主义行为的，构成犯罪"。[③]

反观我国的相关规定，我国于 2001 年增设刑法第 121 条之一资助恐怖活动罪后，[④]又于 2015 年将其修正并更名为帮助恐怖活动罪，[⑤]从而将该罪名的打击范围确立为：资助恐怖活动组织、实施恐怖活动的个人；资助恐怖活动培训；以及为恐怖活动组织、实施恐怖活动或者恐怖活动培训招募、运送人员三大方面。对于罪名中规定的"资助"概念，由于司法解释将其界定为"为恐怖活动组

---

① Section 2339A, Title 18, "*United States Code*".

② Section 18, "*Terrorism Act 2000*".

③ 赵秉志：《外国最新反恐法选编》，中国法制出版社 2008 年版，第 353 页。

④《中华人民共和国刑法修正案(三)》第 4 条。

⑤《中华人民共和国刑法修正案(九)》第 6 条。

织或者实施恐怖活动的个人筹集、提供经费、物资或者提供场所以及其他物质便利行为”。[①] 因此，我国对资助恐怖活动的打击对象仅限于物质便利供给者。如此一来，对该罪名的修正便可以通过以下两种方式实现。其一，是将对“资助”的界定由“资助供给”修正为“资助供给过程”，如此一来，反向洗钱行为便可因其对涉恐钱款送达过程的助力，而顺势纳入帮助恐怖活动罪的适用范围。其二，则是在刑法第 121 条之一中增设“明知资金将被用于恐怖活动犯罪，而掩饰、隐瞒其去向和性质”，以扩大对反向洗钱的适用。由于刑法第 121 条之一已更名为帮助恐怖活动罪，故而增设的反向洗钱内容与该罪名之内涵亦不违背。值得一提的是，在我国尚未对刑法第 121 条之一进行上述修正以前，《刑法修正案（九）》增设的刑法第 121 条之二准备实施恐怖活动罪，因其规定的“为实施恐怖活动进行策划或者其他准备的”而在一定程度上可以视为对惩处反向洗钱的适用依据。毕竟，尽管反向洗钱辅助的是恐怖融资行为，但是对恐怖主义任何形式的资助，在一定意义上都可视为是为其实施恐怖活动提供准备。

综上所述，对于反向洗钱的刑事规制，既不可因反向洗钱与洗钱在掩饰、隐瞒资金流转方面的共性而想当然地将其视为洗钱罪的惩治对象，亦不可因国际反洗钱体系向恐怖融资领域适用的扩张而武断地认为应当对传统洗钱概念进行颠覆。事实上，对反向洗钱行为刑事规制的认知应当包含以下两方面：一方面，是利用现有反洗钱体系对涉恐资金追踪、追缴之机能，发现潜在的或正在进行的资助恐怖行为；另一方面，则是通过修正帮助恐怖活动罪或现有的准备实施恐怖活动罪，对已发现和确立的反向洗钱行为进行惩处。

---

① 《关于审理洗钱等刑事案件具体应用法律若干问题的解释》第 5 条。

小结

我国洗钱犯罪化所涉争议问题，看似是国内立法与国际反洗钱标准之间的冲突。但贯穿始终的，却是现有立法能否服务于追缴犯罪所得这一洗钱犯罪化作用根本之考量。对洗钱罪客体性质的辨析，在某种意义上，即是对洗钱"立法初衷"与"作用根本"的明确。立足洗钱行为的本质特征，并参考整个反洗钱发展进程便不难发现，被洗钱侵害的社会关系乃是司法机关的正常追赃、缴赃活动。上游犯罪范围的界定，有赖于对当下国际反洗钱之功能定位（即"受限于上游犯罪的违法所得没收"）的理性认知。以此为基础，结合近年来我国对刑法第 312 条的修正，便不难发现我国的洗钱罪已然形成了以七类特定犯罪为重点打击（即刑法第 191 条），且适用于一切赃款掩饰、隐瞒行为的罪名体系。通过修正刑法第 312 条以弥补刑法第 191 条适用局限的解决路径，即是回避形式一致，而寻求国内立法与国际反洗钱标准实质吻合的体现。国际社会对我国排除自洗钱独立成罪的批判，其根源也并非我国缺乏排除自洗钱独立成罪的基本原则，而是此举所引发的国际反洗钱赃款追缴漏洞，为境外犯罪分子在我国保有犯罪所得创造了可能。相比之下，对我国排除自洗钱独立成罪依据之理性思辨，则有助于我国探寻自洗钱独立成罪的灵活适用方式，以缓解可能伴生的诸多本土不适。对于反向洗钱的刑事规制，明确国际反洗钱体系之于反向洗钱的意义便显得尤为重要。反洗钱体系对反恐融资的扩张适用，并非希冀利用洗钱罪打击反向洗钱行为，而是借助反洗钱监管机制发现、追踪用于涉恐资金的流向。而对反向洗钱的刑事规制，则仍应转向帮助恐怖活动罪或准备实施恐怖活动罪以寻求适用可能。

第4章

未来洗钱犯罪化的层次化发展

结合前文所述，当前我国的洗钱罪更宜理解为一种包含刑法第191条、第312条以及第349条在内的赃物罪名体系。即，广义的洗钱罪。此种界定模式虽有助于从形式上迎合当今全球反洗钱的客观所需，却难以实质满足洗钱犯罪化的根本诉求。由于各罪名产生于不同的历史时期、差异化的立法导向使得如是罪名难以在体系内部实现彼此协调的有机配合。而如若对我国赃物犯罪发展历程加以考量便不难发现，受制于反洗钱，层次化的打击需要正在逐步形成。对此，有必要站在广义洗钱罪之视角，对不同的打击要素进行差异化的定位考量，以从刑法解释与立法修正两大层面，对现有洗钱罪名体系进行必要调整。

考虑到广义洗钱犯罪囊括了我国所有赃物犯罪，所以在此章节的论述中，为了方便理解，本章节对“广义洗钱犯罪”之表达将代之以“赃物犯罪”，以更好地与刑法第191条狭义洗钱罪进行区分。

4.1 赃物犯罪治理的层次化趋势

新中国建国以后，我国对赃物犯罪的刑事打击虽然最早可追溯至1979年《刑法》对窝赃、销赃行为的犯罪化，①但在国际层面构建赃物犯罪的治理模式，却是在1997年《刑法》确立第191条洗钱罪以后。为了顺应国际反洗钱需要，同时兼顾传统赃物犯罪打击诉求，我国赃物犯罪的刑事立法发生了诸多调整与修正。虽然赃物处置行为差异被细化、考量要素逐渐多元，但赃物犯罪的惩戒方向却在一定程度上趋于融合，赃物犯罪治理的层次化趋势日渐明显。

4.1.1 考量方面日益细化

1997年《刑法》确立第191条洗钱罪以前，我国对赃物犯罪的打击视角较为单一，主要集中于对犯罪所得实物的物理性藏匿与转手。1979年《刑法》第172条窝赃、销赃罪，可视为建国后我国赃物犯罪打击的开端。虽然该罪名于1997年《刑法》被修订为第312条窝藏、转移、收购、销售赃物罪，并扩充了行为方式，但是打击视角却未有实质性的改变，仍聚焦于“实体形态”犯罪所得的物理性转移与交付。

1997年《刑法》对191条洗钱罪与349条窝藏、转移、隐瞒毒品、毒赃罪的增设，标志着我国赃物犯罪打击开始向多元化、层次化转变。一方面，犯罪对象开始突破传统“赃物”概念可能产生的实体局限，代之以“违法所得及其产生的收益”之表达；②另一方面，行为方式开始区分“物理性转移交付”(如第312条窝藏、转移、收购、销售)与“来源属性变更”(如第191条资金、票据的转换汇

① 1979年《刑法》第172条：“明知是犯罪所得的赃物而予以窝藏或者代为销售的，处三年以下有期徒刑、拘役或者管制，可以并处或者单处罚金。”

② 1997年《刑法》中第191条的表述为“违法所得及其产生的收益”，后经2006年《刑法修正案(六)》修正，刑法第191条、312条的犯罪对象统一为“犯罪所得及其产生的收益”。

兑)之差异,后者因涉猎金融领域的高风险而被视为具有对金融管理秩序的严重危害。在此基础上,所得来源(即上游犯罪),亦开始成为区分打击强度的判断依据,对毒品、黑社会等特定严重犯罪所得的掩饰、隐瞒,将受到更为严厉的惩罚。尽管2001年《刑法修正案(三)》、2006年《刑法修正案(六)》先后对刑法第191条与第312条进行了不同程度的修正,但"行为方式""侵害法益"及"所得来源",始终是区分不同赃物罪名的核心要素。可以说自1997年《刑法》颁布后,我国对赃物犯罪的刑事立法,得以形成包含刑法第191条、第312条、第349条在内的罪名分布;对赃物犯罪的惩戒,则开始进一步细化赃物处置的不同形式、区分可能侵害的不同法益、考量犯罪所得的不同来源,并据此设置差异化的打击强度。

值得一提的是,2020年《刑法修正案(十一)》对刑法第191条"明知""协助"的删除,一定程度上亦将"本犯的赃物处置行为"纳入了打击考量范畴。此举被认为是扫清了自洗钱独立成罪的语义障碍。[①] 虽然不少学者主张自洗钱独立成罪应当仅限于对刑法第191条7类特定上游犯罪所得"来源与性质"的掩饰、隐瞒,而不涉及窝藏等物理性转移。[②] 但是,刑法第312条与刑法第191条一般洗钱与特殊洗钱之关系定位,却并不必然否定自洗钱独立成罪在其他赃物罪名上的延伸。毕竟,对7类上游犯罪以外其他犯罪所得"来源与性质"的掩饰、隐瞒,仍需适用刑法第312条。而若仅以"7类上游犯罪"作为肯定自洗钱独立成罪的缘由,显然并不充分。《刑法修正案(十一)》对第191条的修正,至少传递了一种打击态度:本犯掩饰、隐瞒犯罪所得的危害性有独立判断之必要,相应的

---

① 王新:《自洗钱犯罪:传统赃物罪理论有新解》,《检察日报》2021年5月12日第003版。

② 刘宪权、陆一敏:《自洗钱入罪司法适用的疑难解析》,《检查日报》2021年5月12日,何萍:《自洗钱入罪后的罪数问题》,《人民法院报》2021年7月8日。

赃物处置行为需要差异化处理。

4.1.2 打击诉求兼顾多元

1997 年以前，我国对赃物犯罪的认识在经历了从“视为上游犯罪之共犯”到“给予独立评价”[①]之转变后，理论实务界对赃物犯罪的危害性基本达成了共识。赃物犯罪，因其为犯罪分子逃避法律制裁创造了条件，而严重妨碍了公安司法机关追查、审判犯罪分子的正常活动。[②] 结合赃物罪名在当时刑法典中所处位置——妨害社会管理秩序罪章节，[③]早期我国赃物犯罪的打击诉求单一且直接，旨在保障司法机关的追诉秩序，此亦是我国赃物犯罪的打击初衷。只不过这一打击诉求，随着国际反洗钱运动的推行而逐渐扩张与延伸。

20 世纪 80 年代，美国政府决定转变反毒策略，将缉毒攻势向毒赃流通领域扩张，以期通过追缴毒赃降低毒品犯罪的可获利性。[④] 这一刑事打击策略，借助 1988 年《禁止非法贩运麻醉药品和精神药物公约》（简称“联合国禁毒公约”）在全球推行。1990 年《全国人民代表大会常务委员会关于禁毒的决定》对掩盖毒赃行为的犯罪化，即是履行公约义务的结果。该条款后被 1997 年《刑法》

---

① 建国以后至 1979 年刑法颁布之前，司法实务中主要依据 1957 年最高院和司法部联合发布的《关于城市中当前几类刑事案件审判工作的指示》进行赃物犯罪的惩戒。根据当时的规定，对于事先无通谋、事后帮助型的窝赃、销赃行为，以上游犯罪共犯论处。1979 年《刑法》确立第 172 条窝赃、销赃罪，规定“明知是犯罪所得的赃物而予以窝藏或者代为销售的，处三年以下有期徒刑、拘役或者管制，可以并处或者单处罚金”。

② 顾肖荣：《也谈赃物和窝赃、销赃罪》，《法学研究》1987 年第 1 期。

③ 该罪名在 1997 年《刑法》修订为第 312 条窝藏、转移、收购、销售赃物罪，置于分则第六章妨害社会管理秩序罪的第二节妨害司法罪中，并延续至今。

④ 山石：《卡住贩毒者的咽喉——缉毒战扩展到控制洗钱的新领域》，《国际展望》1989 年第 21 期。

吸收，确立为第349条窝藏、转移、隐瞒毒品、毒赃罪。有别于传统赃物犯罪的打击诉求，刑法第349条的设立初衷乃在于“助力毒品犯罪治理”。

随着犯罪交易方式与赃物处置手段日渐隐蔽化、多样化与跨境化，加之有组织犯罪等其他严重犯罪日益猖獗，国际社会对赃物犯罪的关注便不再局限于毒品领域。洗钱，开始作为一种危害金融领域的赃物犯罪形态被提上规制议程。1990年欧洲理事会《关于洗钱、追查、扣押以及没收犯罪收益的公约》、1990年FATF《关于洗钱问题的40条建议》、1998年巴塞尔银行监管委员会《关于防止犯罪分子利用银行系统洗钱的原则声明》相继颁布实施，“反洗钱”开始形成全球化态势。金融系统的洗钱风险被不断强调，反洗钱助力打击上游犯罪的工具价值被一再延伸。在此背景之下，我国于1997年《刑法》确立第191条洗钱罪。不同于刑法第349条对毒赃的重点关注，刑法第191条更为强调洗钱行为本身，突出其对金融领域的利用。考虑到刑法的谦抑性以及特定上游犯罪治理需要，立法之初我国并未将洗钱罪上游犯罪设置太广，仅限定在了毒品、走私、黑社会性质有组织犯罪。①

结合立法背景，虽然我国在1997年《刑法》确立了惩戒赃物犯罪的三大罪名，但各罪名的打击诉求却并不一致。刑法第312条作为早期赃物罪名之延续，仍着眼于窝藏、转移、收购、销售等传统赃物处置方式，注重赃物犯罪对司法追诉秩序的妨害。刑法第349条和第191条，作为国际反毒策略与反洗钱运动的立法响应，则更强调赃物犯罪对上游犯罪治理的工具价值。其中，刑法第191条尤其关注利用金融手段改变赃款性质与来源的复杂化处

① 黄风：《向洗钱张开法网——记第4次亚太地区洗钱问题研讨会》，《当代司法》1997年第5期。

理。整体而言，我国赃物犯罪的打击诉求，呈现出对“司法追诉”“金融秩序”“重罪治理”多元兼顾的局面。

4.1.3 治理方向融合统一

尽管我国三大赃物罪名设立之初，对赃物犯罪的考量方面、打击诉求各有侧重。但随着国际反洗钱运动的发展，为了适应“将洗钱罪适用于最广泛的上游犯罪”之国际反洗钱需要，[①]我国赃物犯罪的惩戒方向却开始趋向一定程度的融合，形成以反洗钱为核心的赃物犯罪治理合力。

一方面，不同赃物罪名的行为方式开始呈现一定程度的交叉重叠。经过2006年《刑法修正案(六)》的调整，刑法第312条增设了“以其他方法掩饰、隐瞒”条款。根据司法解释，“其他方法”既包括传统赃物犯罪可能涵盖的买卖与收受；还包括对犯罪所得及其收益的持有、使用、加工；甚至涉及提供资金账户，协助资金转移等洗钱犯罪的典型行为。[②] 与之相对，刑法第191条洗钱罪的规制边界亦在逐渐突破“涉猎金融领域”的传统认知，典当租赁、投资经营、彩票赌博甚至运输邮寄亦被纳入洗钱罪的行为方式。[③]

另一方面，各赃物罪名的适用范围开始呈现一定程度的包容交织。经过数次修正，刑法第312条的犯罪对象从“犯罪所得赃

① 根据FATF《40+9建议》第3条的规定：“……各国还应当将洗钱犯罪适用于所有严重犯罪，旨在涵盖最广泛的上游犯罪。”

② 2015年《最高人民法院关于审理掩饰、隐瞒犯罪所得、犯罪所得收益刑事案件适用法律若干问题的解释》(2021年修正)第10条第二款规定：“明知是犯罪所得及其产生的收益而采取窝藏、转移、收购、代为销售以外的方法，如居间介绍买卖，收受，持有，使用，加工，提供资金账户，协助将财物转换为现金、金融票据、有价证券，协助将资金转移、汇往境外等，应认定为刑法三百一十二条规定的‘其他方法’。”

③ 2009年《最高人民法院关于审理洗钱等刑事案件具体应用法律若干问题的解释》第二条。

物”修正为“犯罪所得及其产生的收益”;犯罪主体,增加了“单位犯罪”条款;罪名也进一步变更为“掩饰、隐瞒犯罪所得、犯罪所得收益罪”。根据《刑法修正案(六)》颁布时法工委的说明,刑法第312条只是未使用洗钱罪的表述,却是除刑法第191条以外其他洗钱犯罪的适用依据。[①] 自此,围绕反洗钱,我国赃物罪名得以形成一套相对严密的打击网络。根据当前通说,刑法第191条是对掩饰、隐瞒“七类特定上游犯罪所得”性质与来源的重点打击;刑法第349条是对除改变性质与来源以外其他掩饰、隐瞒毒赃行为的次一级惩戒;而刑法第312条则是对前两罪名之外其他掩饰、隐瞒犯罪所得行为的一般化惩处。“广义洗钱罪”的概念被进一步提出。[②] 区别于刑法第191条的狭义洗钱罪,广义洗钱罪更类似于赃物犯罪的代名词,强调对犯罪所得及其收益予以掩饰、隐瞒的行为特质。

简而言之,尽管我国不同赃物罪名差异仍然存在,但不同于立法初期的分散化治理,如今对赃物犯罪的惩戒,则是以反洗钱为核心的协同打击。治理体系内虽仍区分打击程度,但整体作用方向却相对统一,共同致力于对掩饰、隐瞒犯罪所得的制衡。

4.2　犯罪惩戒要素的层次化考量

治理方向的融合作为一种宏观操作指引,其本身并不足以说明区分赃物犯罪打击层次的必要性与合理性;我国赃物犯罪的立

---

① 参见“全国人大常委会法制工作委员会副主任安建:《关于〈中华人民共和国刑法修正案(六)(草案)〉的说明》”,https://www.npc.gov.cn/wxzl/gongbao/2006-07/20/content_5350751.htm,载中国人大网,2021年11月24日访问。

② 王新:《竞合抑或全异:辨析洗钱罪与掩饰、隐瞒犯罪所得、犯罪所得利益罪之关系》,《政治与法律》2009年第1期。

法沿革虽有助于阐释当前打击差异的形成缘由，却不足以揭示差异化打击的发展规律。由于对划分依据的具体考量不甚明了，当下对赃物犯罪打击层次的探讨也多限于教义层面的语义辨析，而难以有效化解理论实务中的矛盾与问题。[①] 因此，有必要立足于赃物犯罪治理的层次化趋势，解析具体惩戒要素在赃物犯罪打击中的功能定位，以为我国优化赃物犯罪治理提供参考依据。

整体而言，我国赃物犯罪打击，宜建立以上游犯罪为首要政策考量，以司法妨害为次级程度划分，以涉猎领域为附加管控考虑的三阶层式惩戒思路。上游犯罪旨在确立赃物犯罪打击的前提语境；司法妨害意在揭示赃物犯罪的本质危害；涉猎领域则着眼于作为义务的构建范围。

4.2.1 上游犯罪的首要政策考量

赃物犯罪与上游犯罪的紧密关联，体现在其取之于上游犯罪亦服务于上游犯罪的行为特性。一方面，赃物犯罪具有对上游犯罪的极强"依附性"，其以上游犯罪所得为行为对象、以存在上游犯罪行为为基本前提；另一方面，赃物犯罪亦具有对上游犯罪的重要"助力性"，其因帮助上游犯罪分子更好地保有违法所得，而强化了犯罪动机甚至反哺更多上游犯罪。只不过，赃物犯罪的依附属性并不因所得来源的不同而有所区别；但赃物犯罪的助力效果，却可能随上游犯罪的严重程度而"因罪而异"。

正因如此，国际社会将反洗钱作为了一种刑事打击策略在全

① 比如，理论界坚持将"掩饰、隐瞒性质来源"作为区分刑法第 191 条与刑法第 312 条重要依据，实务界却大多仅看中"犯罪所得来源"而并不在乎掩饰、隐瞒效果差异；又如，在各赃物罪名侵害法益不一致的情况下，应当如何理解刑法第 312 条行为方式在金融领域的扩张，以及刑法第 191 条在非金融领域的延伸；再如，在将自洗钱独立成罪限制适用于刑法第 191 条，难免与刑法第 312 条一般洗钱罪的地位相违背等。

球推广，以期通过惩戒下游赃物犯罪实现对上游犯罪资金流的堵截，从而反向制约上游犯罪。不论是1988年《禁止非法贩运麻醉药品和精神药物公约》对清洗毒赃行为的犯罪化，还是2000年《联合国打击跨国有组织犯罪公约》与2003年《联合国反腐败公约》分别要求各缔约国将有组织犯罪、贪腐犯罪纳入洗钱罪上游犯罪范围，“实现更有效地预防和打击特定上游犯罪”，一直是各公约设置洗钱罪的宗旨所在。[1] 在此理念指导下，赃物犯罪惩戒，成为了上游犯罪治理的重要手段；上游犯罪治理需要，则成为了区分赃物犯罪惩戒强度的重要依据。一方面，毒品犯罪、跨国有组织犯罪、贪腐犯罪、恐怖活动犯罪因各国对其严重危害性及协同治理需要的高度共识，当然成为国际反洗钱的助力重点，并迅速在各缔约国完成相应的国内立法转化。另一方面，各国亦纷纷结合国内治理需要，将赃物犯罪的重点打击范围进行不同程度扩张。我国刑法第191条洗钱罪规定的七类上游犯罪，即是结合国内、国际刑事治理需求的双重考量结果。

由于此种打击强度划分并非基于赃物犯罪的直接侵害，而是源于赃物犯罪的工具价值、出于特定上游犯罪的治理需求。因此，对相应赃物犯罪“重点”打击的理解，则不应过于狭隘，而宜站在“助力”上游犯罪治理的刑事政策立场，从立法、司法等多方面予以宏观统筹。除却在立法层面提升量刑档次外，适度降低犯罪认定门槛、酌情放宽强制性侦查措施的适用条件、优先保障跨境追赃国际协作等，亦当属于重点打击的应有之义。换言之，对“特定”上游犯罪所得的掩饰、隐瞒将面临更为严厉的追查手段、更为严苛的追缴措施以及更为严重的行为结果。实际上，近年来伴随洗钱犯罪化而在银行等金融机构推行的反洗钱监管义务，即是司法追诉突

① 参见《联合国打击跨国有组织犯罪公约》第一条、《联合国反腐败公约》第一条。

破银行保密条款、提升特定上游犯罪所得追缴力度的重要佐证；而依托全球反洗钱构建的跨境追赃网络，则致力于为毒品、贪腐等公约所涉犯罪所得的跨境追缴，提供国际合作的基础保障。如此，亦不难理解我国《刑法修正案(十一)》在保留刑法第312条“明知犯罪所得及其产生的收益”条款的同时，却删除了刑法第191条洗钱罪“对特定上游犯罪”的“明知”要求。此举并非对“主观明知”的完全否定，而是出于对特定上游犯罪重点打击之需要，适度降低了刑法第191条洗钱罪的主观要件证明强度。毕竟，“明知”一直是赃物犯罪司法认定的焦点与难点。

也正是基于上述政策考量，上游犯罪宜被置于赃物犯罪打击层次划分的第一位阶，以为后续进一步细化提供考量基础与背景依托。经由上游犯罪，赃物犯罪被区分为一般惩戒与重点打击两大种类。相同的赃物处置行为，会因归属不同的打击种类而受到差异化处理；不同的赃物处置行为，亦唯有在同一打击种类语境下方有对比区分的可能。对具体赃物犯罪的考量，应置于“上游犯罪”的前提语境下；但对“上游犯罪”的重点打击，却不因赃物处置行为本身而改变，而是以国际、国内刑事治理需要为转移。

4.2.2 司法妨害的次级程度划分

明确了不同上游犯罪的治理语境，对赃物犯罪打击层次的细化，则有必要回归行为本身，搁置差异、考量共性，揭示其与打击强度之间的内在关联。从共性上看，赃物犯罪不论以何种方式呈现，追寻的目标都具有一致性——实现对犯罪所得的掩饰、隐瞒。不论是采取窝藏、转移、销售等传统隐匿方法，还是借助金融保险、网络支付、数字货币等新型转化路径，任何一种掩饰、隐瞒方式都是通过削弱“犯罪”与“所得”之间的关联以对抗国家司法机关的追诉与追缴，实现对违法利益的持续保有。毕竟，犯罪所得既代表一定的利益价值，亦是定罪量刑的重要证据。正因如此，我国赃物犯罪在确立之初，即被置于刑法分则妨害社会管理秩序罪一章，并在后来细化至妨害司法罪一节。[①] 尽管洗钱罪的增设，让赃物犯罪的客体界定开始呈现多元化，[②]但站在赃物犯罪的上位视角统观刑法第 191 条、第 312 条以及第 349 条便不难发现，妨碍司法，仍是所有赃物罪名的共性所向。换言之，不同的赃物处置方式可能会因涉猎领域的不同而产生差异化侵害，但对抗国家司法之本质却不因赃物犯罪形式的不同而有所区别。因此，在对不同类型赃物犯罪予以区分考量之前，有必要先立足于共同的法益侵害，明确打击强度的划分依据与衡量办法。

笼统而言，法益侵害的严重度在一定程度上决定了施加刑罚的严厉度。运用到赃物犯罪中，即是司法妨害越严重、打击力度就越大。而对司法妨害效果的程度考量，则有必要理清楚赃物处置手段、处置阶段与处置效果之间的相互关系。

就赃物处置手段与处置效果而言，虽然不同的处置方式往往伴生不同的掩饰隐瞒效果，但同一处置方式却未必产生同一程度的司法妨害阻力。比如，同样是占有犯罪所得，若发生于上游犯罪完成初期，其可能只是一种浅层次的物理藏匿状态；若发生于赃款几经“改头换面”的后期，人为创造的“合法”占有可能本就是对资金非法来源的深度隐藏。又如，同样是提供资金账户，服务于大额赃款集中流转的户头，在某些情形下则不如助力于小额赃款分散

① 1979 年《刑法》中第 172 条“明知是犯罪所得的赃物而予以窝藏或者代为销售的，处三年以下有期徒刑、拘役或者管制，可以并处或者单处罚金”，被置于当时刑法第六章妨害社会管理秩序罪。该条款被 1997 年刑法吸收，修正为第 312 条窝藏、转移、收购、销售赃物罪，并置于刑法分则破坏社会管理秩序罪章节下的第二节妨害司法罪中，一直延续至今。

② 李希慧：《论洗钱罪的几个问题》，《法商研究》1998 年第 2 期。

隐匿的账户更利于逃避司法追查。简而言之，犯罪所得的处置手段与妨害程度之间，或许可以建立某种经验性的盖然连接，却不足以确定规律性的必然关联。司法秩序的妨害程度，难以通过处置手段的类型化实现客观比对和有效区分。更何况，赃物处置手段本身亦会随着科技水平的发展而不断推陈出新。

相比之下，赃物处置阶段与司法妨害程度的正向关联则更为清晰。不论赃物犯罪通过何种方式、借助何种渠道，其皆服务于“保有犯罪所得”的终极目标。虽然“保有犯罪所得”的表述相对概括，其既可以表现为持有时间的延长（如通过各种方法阻碍司法机关及时发现、缴获赃款的效率），也可以表现为终局状态的确定（如彻底切断犯罪与所得之间的关联而导致司法机关追缴不能）。但无论何种解读，其均可被视为一种行为目标。而目标的实现往往具有阶段性，其意味着行为效果会随着行为阶段的推进而增强。对此，不妨借助洗钱流程加以说明。根据通说，洗钱需要经历处置（placement）、分层（layering）、融合（integration）三个阶段。[1] 三个阶段分别对应于将赃款分离获取渠道、混淆隐匿流转轨迹、改变赃款性质来源三大功能，且隐匿效果逐级递进。洗钱每完成一个阶段，所得与犯罪的关联度便会被削弱一层，司法机关的追缴难度则相应提升一级。诚然，并非所有的赃物犯罪都必然经历上述三个阶段。一些赃物犯罪可能止步于处置阶段（如犯罪后的窝藏、转移）或停留在分层阶段（如赃款得手后的反复拆分整合），但洗钱流程至少为阶段性地把握赃物犯罪的发展演变过程提供了认知方向，进而为司法妨害程度的衡量比对提供了操作可能。换言之，任何一种赃物犯罪，都大致可以沿着“脱离获取渠道—隐匿流转轨迹—改变法律属性”三阶段发展。三阶段分别代表着犯罪与所得

① 张军主编：《反洗钱立法与实务》，人民法院出版社2007年第1版，第19页。

关联程度由“强”到“弱”再转“无”的变化过程。尽管任一阶段都有可能实现对司法追缴的有效阻碍，但具体妨害程度却是随着隐匿阶段的推进而不断增强。因此，对赃物犯罪的惩戒，可以按照“分离获取渠道—隐匿流转轨迹—改变赃款性质来源”之位阶逐级递增打击强度。

值得一提的是，对于同一处置阶段的赃物犯罪，其亦会因处置策略的不同而产生差异化的危害效果。故而，仍需借助一定的考量要素以对打击强度进行辅助区分。对此，一方面，可结合犯罪所得的转移流转次数、是否跨境、跨境所涉区域等方面正向判断；另一方面，则可依托司法机关追缴支出、成功追缴比例、实际追缴时长等方面反向权衡。简言之，对司法妨害的次级程度划分，应当以赃物处置阶段为宏观考量，以处置手段介入频次、复杂程度、追缴成本等为辅助判断。

4.2.3 涉猎领域的附加管控考虑

反洗钱运动的兴起，在一定程度上将赃物犯罪的涉猎领域纳入了犯罪治理的考量视野。金融行业，因其涉及大量的资金流转整合业务而首当其冲。利用金融手段隐匿犯罪所得及收益，成为赃物犯罪的特别关注与重点打击。国际层面，与洗钱入罪全球化相伴的，是金融机构反洗钱监管的大力推行；国内层面，“利用金融手段”改变特定犯罪所得的来源与性质，亦作为一种区别于传统赃物犯罪的特殊形态（即，洗钱罪）而受到重点打击。基于此种考量，洗钱犯罪破坏金融甚至经济秩序的危害共识得以迅速达成。我国更是将洗钱罪置于刑法分则“破坏金融管理秩序”章节以示突显。诚然，若将“利用金融手段隐匿犯罪所得”作为一种独立的赃物犯罪形态，强调其对金融领域之可能侵害并无可非议。但是，若基于对金融活动之可能侵害而主张提升赃物犯罪的打击强度，则难免不足。其可能引发的解释矛盾在于,金融业只是赃物犯罪可能涉猎的领域之一,其本身并不足以说明为何赃物犯罪不可基于对其它涉猎领域正常活动之干扰,而提升惩戒力度。毕竟,在保有违法利益之目的驱动下,赃物犯罪并不会拘泥于特定形式,一切有助于削弱犯罪与所得关联之活动皆可为其所用。

事实上,引发金融行业进入赃物犯罪治理视野的一个重要原因,在于赃款追缴思路与方式的转变。金融业在支付体系及资产收集传递方面的资金融通特性,使得其既可以成为助力赃物犯罪的重要工具,也可以成为阻碍赃款流转的有力手段。在反洗钱运动兴起之前,银行保密制度无疑是司法追赃的极大障碍。大量的洗钱者得以借助严格的银行保密条款躲避赃款的追踪追缴。在此时期,司法机关既无法有效遏制金融业对赃款流转的过程帮助,亦难以真正克服行业规则(即保密条款)对追缴活动的妨碍困境。反洗钱运动的的兴起,得以让金融业之于赃物犯罪的价值从助力转向制约。一方面,洗钱的犯罪化,为公权力突破银行保密条款提供了重要契机。[①] 因为其在一定程度上将金融机构从“看似无关的第三方”转变为了“涉嫌犯罪的参与者”。为了排除犯罪嫌疑,银行等金融机构无法再以保守秘密为由拒绝司法机关对其内部资产信息及交易记录的获取。另一方面,客户身份识别、大额可疑交易报告、资料记录保存等反洗钱监管义务的推行,则进一步将金融业从“被动配合的调查对象”转变为“积极追赃的参与主体”。反洗钱监管义务之履行,不仅为金融机构排除犯罪嫌疑提供了重要佐证,更为司法机关提升追赃效率提供了操作可能。在某种意义上,金融机构得以成为赃款追缴的重要前置力量。赃款追缴方

① Peter Alldridge, Money Laundering Law, Hart Publishing Oxford and Portland, Oregon, 2003, p. 69.

式，亦从过去的被动克服涉猎领域之阻碍，转向积极发挥涉猎领域之助力。

不难发现，涉猎领域在赃物犯罪治理中的考量，更多是应对特定领域助力赃款隐匿活动的现实之需。当特定行业活动与妨害司法追赃建立起一定的因果关联，行业活动便因涉猎赃物犯罪而具有一定的社会危害，法律对行业组织或个人的“作为期待”顺应产生。经由监管防控等作为义务的施加，行业助力赃物犯罪的危害风险得到了一定管控，赃款追缴力量也得以向相关领域进一步延伸。作为义务的履行，使得相关行业在一定程度上发展成为了赃款流转的信息捕捉者与情报上报者。诚然，在掩饰、隐瞒犯罪所得目的下，一切有助于削弱犯罪与所得关联之领域皆可为犯罪所用。但是，相应的管控举措却并不必然向各行各业延伸。相关领域与赃物犯罪的关联程度，仍是当前赋予作为义务的主要判断依据。换言之，领域涉猎赃物犯罪的风险越高、助力效果越大，法律施加作为义务之可能也就越大。此亦可从反洗钱监管义务的推行过程略见一斑。银行等金融机构因其资金流转整合特性而当然处于反洗钱监管之先锋地位，但根据2019年《FATF建议》规定，反洗钱监管义务已开始附条件向赌场、不动产交易中介、贵重金属及珠宝交易商、公证人、律师及会计师行业扩张。[①]

据此，涉猎领域在赃物犯罪惩戒中的考量价值，在于通过赋予作为义务以提升赃物在特定领域的流转难度与隐匿成本，最终建立赃物流转的阻隔屏障。对利用特定领域实施赃物犯罪打击强度的提升，则是对特定时期特定领域管控必要性与重要性的警示与强调。即，赃物犯罪会因利用特定领域而产生更为严重的司法妨害后果，相关领域亦因其对赃物犯罪的助力价值而具有更重大的

---

① 《FATF建议》(2019)，第22条。

监管防控责任。此种强化打击会随着部分行业监管举措的日渐完善而逐步弱化,亦会随着新兴领域管控必要性的出现而产生新的要求。但无论何种情形,通过作为义务以建立赃物流转阻隔,却是任一涉猎领域在赃物犯罪惩戒中的考量根本。也正因如此,在划分赃物犯罪打击层次中,涉猎领域宜置于相对附属的考虑地位。其既不同于上游犯罪对惩戒强度的政策定位,也有别于法益侵害后果同刑事责任的直接关联,而是在前两者基础上,立足于特定行业领域的管控考量,对惩戒力度作出的适度调整。

4.3 打击方式的层次化应对

经由对各考量要素在打击层次中的功能明确,赃物犯罪的惩戒逻辑逐渐清晰。对差异化打击原理的揭示,有助于为构建理想化的赃物犯罪治理模式提供参考依据。但其更为现实的意义,则在于为当前的打击方式提供合理解释依托与优化完善根据。换言之,我国赃物犯罪打击方式的层次化应对,并非对应然打击设想的简单照搬,而是立足于实然,揭示其合理之处并探寻必要改进之法。

4.3.1 现有问题分析

结合前文所述,我国赃物犯罪的刑事惩戒,主要是通过刑法第191条、第312条以及第349条共同实现的。"上游犯罪"与"行为方式"是当下区分不同赃物罪名、划分打击强度的主要依据。按照可能判处的最高刑,我国赃物犯罪由强到弱大致形成了三级惩戒强度(如表1所示)。其中,刑法第191条洗钱罪无论在起刑点与最高刑设置上,均严厉于其他两个罪名。

表 1

	上游犯罪	行为方式	刑罚
一级(刑法第 191 条)	毒品犯罪、黑社会性质的组织犯罪、恐怖活动犯罪、走私犯罪、贪污贿赂犯罪、破坏金融管理秩序犯罪、金融诈骗犯罪	利用金融手段 + 掩饰、隐瞒所得来源与性质	5 年以下有期或拘役，并处或单处罚金； 情节严重 5—10 年有期，并处罚金
二级(刑法第 349 条)	毒品犯罪	窝藏、转移、隐瞒	3 年以下有期、拘役或管制； 情节严重，3—10 年有期
三级(刑法第 312 条)	所有犯罪	窝藏、转移、收购、代为销售或者以其他方法掩饰、隐瞒	3 年以下有期、拘役或管制，并处或单处罚金； 情节严重，3—7 年有期，并处罚金

若考虑到我国赃物罪名体系内部的衔接自洽，当前的打击模式可以解读为以“利用金融手段”掩饰、隐瞒“七类特定上游犯罪”所得“性质与来源”为重点打击(刑法第 191 条)，除改变性质与来源外其他毒赃隐匿行为的次一级惩戒(刑法第 349 条)以及对其他掩饰、隐瞒犯罪所得之一般性惩处(刑法第 312 条)。从逻辑层面看，当前立法已然实现对赃物犯罪的全覆盖。但若站在司法视角，则难以回避其可能引发的认定困境与惩戒效果的部分折损。

首先，“掩饰、隐瞒犯罪所得来源与性质”作为一种行为特征不易被证明，难以发挥实质区分作用。洗钱作为一种行为犯，犯罪的成立并不以出现改变赃款性质与来源之特定结果为条件。故而，对所得来源与性质之掩饰、隐瞒，多理解为一种目的追寻。这意味着，对于那些尚未客观改变赃款性质与来源的洗钱犯罪，证明其主观上具有掩饰、隐瞒犯罪所得来源与性质之故意，则是区别适用洗钱罪与其他赃物罪名的必要前提。然而，在缺乏客观结果的佐证下，对行为人主观故意的证明却面临层层阻碍。一方面，结合前文所述，由于赃物处置手段与处置效果之间并不具有规律性的必然关联，故而赃物处置方式难以为“掩饰、隐瞒所得性质与来源”的主观认定提供有效判断依据。诚然，提供资金账户等金融手段或许更易实现对赃款来源与性质的掩饰、隐瞒；但是，窝藏、转移、销售等传统隐匿方式亦难以绝对否认行为人可能具有的隐匿来源与性质之目的追寻。另一方面，基于趋利避害的心理，犯罪分子亦会极力否认对所得“性质与来源”之掩饰、隐瞒意图，代之以概括的掩饰、隐瞒故意，以争取适用更轻缓的罪名处罚。在此证明困境下，若仍按洗钱罪论处，无疑架空了洗钱罪“掩饰、隐瞒犯罪所得来源与性质”的行为特征；若按其他赃物犯罪论处，又难免与严惩七类上游犯罪之治理需要相背离。

其次，对“利用金融手段”的凸显强调，易弱化赃物犯罪的本质侵害，引发司法尴尬。由于洗钱罪自设立之初，即处于刑法分则“破坏金融秩序罪”章节，故而相较于其他赃物犯罪，“破坏金融秩序”被视为洗钱罪侵害的主要法益。[①] 基于此，同样是针对七类上游犯罪所得来源与性质之掩饰、隐瞒，行为人是否涉猎金融领域、利用金融手段，便成为区分此罪与彼罪、划分打击强度的重要标尺。此种考量所引发的司法尴尬在于，对未涉猎金融领域的七类上游犯罪所得清洗行为，即便其造成的司法妨害后果远胜于利用金融手段洗钱，司法机关亦不得不碍于行为方式的不适格，而无法适用最严厉的刑事处罚。然而，对于赃物犯罪而言，其关注的始终

① 陈兴良：《协助他人掩饰毒品犯罪所得行为之定性研究——以汪照洗钱案为例的分析》，《北方法学》2009 年第 3 期。

是如何更好地保有犯罪所得，却并非如何更多地影响金融领域。对“破坏金融秩序”的强调，在一定程度上使得司法惩戒方向与赃物犯罪本质发生了一定背离，进而引发罪责刑的实质不相符。或许是基于对该疏漏之弥补，司法解释对刑法第 191 条“其他行为方式”作出了向非金融领域的扩张。① 只是，基于洗钱罪在刑法分则中的立法定位（“破坏金融秩序”），如是扩张适用亦难以有效回应其超越立法之嫌疑。

再次，“上游犯罪＋行为方式”的并列式重点打击设置，在一定程度上提升了反洗钱初衷（即，助力特定上游犯罪打击）的实现难度。根据当前的打击模式，“七类上游犯罪”只是提升赃物犯罪惩戒强度的前提之一，却并非实施严厉处罚的唯一条件。即便赃物犯罪的对象是七类特定上游犯罪所得，只要掩饰、隐瞒的手段未满足特定方式要求（如利用金融手段、改变赃款性质与来源），相应行为则只能施以次一级惩戒（刑法第 349 条）或一般性惩处（刑法第 312 条）。如此一来，我国赃物犯罪的重点打击范围被极大限缩；重点打击缘由，也从“源于特定上游犯罪”转变为“源于特定上游犯罪且利用特定方式隐匿所得来源与性质”。此种打击模式下，“特定上游犯罪”之重点打击地位被弱化，我国对掩饰、隐瞒七类上游犯罪所得之严惩，亦具有了一定的选择性。换言之，犯罪分子完全可以避开特定行为方式而绕道其他领域，以降低隐匿特定上游犯罪所得的违法成本。而随着其他隐匿渠道赃款分流体量的提升，我国对七类上游犯罪之严惩效果也将面临较大折损。

综上所述，我国虽然在立法层面构建了一定的赃物犯罪打击梯度，但具体考量要素却面临着不同形式的司法适用困境，打击模

---

① 2009 年《最高人民法院关于审理洗钱等刑事案件具体应用法律若干问题的解释》第二条。

式亦存在一定程度的功能发挥局限,难以为打击诉求的具体实现提供有力支撑。

4.3.2 条文表述的解释修正

统观我国赃物犯罪从重打击的考量因素,除却“特定上游犯罪”外,不论是对“隐匿来源与性质”的强调还是对“利用金融手段”的列举,其均可视为对“金融洗钱”行为的特征呈现。结合洗钱罪的刑法分则定位以及增设当时的“金融反洗钱”背景,我国赃物犯罪的重点打击思路实乃围绕“金融反洗钱”需要而展开。此种打击思路在尚未建立金融业反洗钱监管的当时,确有一定的时代意义与历史必然。重刑威慑亦有助于在一定程度上削弱赃物犯罪对金融领域的涉猎欲望。然而,随着金融业反洗钱监管的建立完善,聚焦于“金融反洗钱”的重点打击思路则不免受限于历史而难以契合当下。一方面,金融领域对赃物犯罪的影响基本实现从“助力”向“制约”的转型,并逐步发展成为发现、追踪犯罪所得的重要行业力量,曾经重刑打击背景已然发生重大转变;另一方面,反洗钱监管举措亦在逐步向非金融领域延伸,赃款流转屏障得以在更多的行业建立发展,反洗钱以金融领域为先驱却不受限于金融领域的发展趋势日益显现。在此情形下,若仍依循固有思路解读既定立法,显然无法适应赃物犯罪的现实打击需要。因此,有必要结合惩戒要素在赃物犯罪打击中的功能定位,对我国相关考量要素进行补正解释,以修复刑法条文可能存在的适用缺陷。

首先,考虑到司法证明困难以及特定上游犯罪从重打击需要,对于洗钱罪中“为掩饰、隐瞒……来源与性质”之解读,不宜再视为洗钱罪的具体目的,而宜理解为赃物犯罪理想目标的概括表达。结合前文所述,任何一种赃物犯罪,虽表现形态有所差异,但其对抗司法以保有犯罪获利之根本却并无分别。而改变赃款性质与来源,则属于赃物隐匿的一种高阶状态。其代表所得与犯罪关联相对彻底的切断以及司法追缴风险较高程度的防范。尽管,并非所有赃物犯罪都能实现该理想结果;但是,所有赃物犯罪却并不排斥该理想结果实现。换言之,任何赃物犯罪都带有彻底阻断司法追缴的深层渴望。故而,洗钱罪对"掩饰、隐瞒来源与性质"之明示,不宜解读为本罪与其他赃物犯罪区分适用之差异,而宜解释对洗钱"更易实现"该理想状态之提示。洗钱罪的成立无需证明行为人具有"掩饰、隐瞒所得来源与性质"之具体目的。但对于那些已然改变赃款来源与性质之洗钱行为,根据前文对司法妨害程度考量的分析阐释,则可视为"情节严重"的具体表现,在更严厉的量刑幅度适用刑罚。

其次,考虑到特定行为方式可能引发的惩戒局限与司法尴尬,结合当下反洗钱举措在非金融领域之延伸,对洗钱罪"金融手段"之列举也宜尽可能作扩张理解。诚然,金融洗钱更易隐匿赃款来源与性质,但金融领域之于赃物犯罪之利用价值却并不限于工具层面,还包括目的层面。换言之,金融领域既是赃款隐匿的过程工具,亦是隐匿赃款的理想归宿。逃避司法追缴固然是赃物犯罪的直接目标,但参与正常资本流转活动亦是赃物犯罪的潜在追寻。毕竟,不论流入金融领域的犯罪所得是否成功洗白,金融系统之于资本的融通价值始终存在。而只要赃款尚未追缴,其对司法的妨害状态便仍在持续。只不过,在业已建立金融业反洗钱监管的背景下,赃款隐匿程度越高,其参与正常资本活动的阻力越小,借助合法金融活动实现赃款持续隐匿乃至增值获利的效果也就越好。相比之下,赃款与犯罪关联程度越强,其参与正常资本活动的难度越大,在资本流转过程中被追踪追缴的概率也就越高。据此,在尚未改变刑法分则定位的前提下,洗钱罪对金融手段之列举更宜理解为洗钱"涉猎"金融领域之表现。即,只要赃款涉足金融行业,无论具体形式、涉足原因或关联强弱，均符合洗钱罪的适用条件。由于“涉猎金融领域”足以覆盖赃物犯罪的各个阶段，其亦在一定程度上化解了早先司法解释将洗钱行为方式拓展至非金融领域之尴尬。换言之，站在“涉猎”金融领域的宏观视角，是否直接利用金融活动清洗赃款已不再成为洗钱罪的适用限制。

最后，基于对“掩饰、隐瞒来源与性质”以及“利用金融手段”的扩张解释，我国赃物犯罪的从重打击门槛（即，洗钱罪适用条件）被大幅降低。洗钱行为之“目的”与“手段”特征被予以了较大程度淡化，“涉猎金融领域”代之成为与“特定上游犯罪”并行的从重打击考量要素（如表 2 所示）。“是否涉猎金融领域”成为刑法第 191 条（一级惩戒）与第 349 条（二级惩戒）的主要区分；刑法第 312 条，则

表 2

	上游犯罪	行为方式	刑罚
一级（刑法第 191 条）	毒品犯罪、黑社会性质的组织犯罪、恐怖活动犯罪、走私犯罪、贪污贿赂犯罪、破坏金融管理秩序犯罪、金融诈骗犯罪	涉猎金融领域	5 年以下有期或拘役，并处或单处罚金； 情节严重 5—10 年有期，并处罚金
二级（刑法第 349 条）	毒品犯罪	非涉猎金融领域	3 年以下有期、拘役或管制； 情节严重，3—10 年有期
三级（刑法第 312 条）	所有犯罪	不限手段方式	3 年以下有期、拘役或管制，并处或单处罚金； 情节严重，3—7 年有期，并处罚金

是前两项犯罪以外其他赃物犯罪的兜底惩戒(如图 1 所示)。虽然,对特定上游犯罪的打击力度仍受制于是否涉猎金融领域的限制;但相较于传统"特定上游犯罪+行为目的+行为手段"的并列式打击模式,当前的打击范围已然得到了较大程度拓宽。

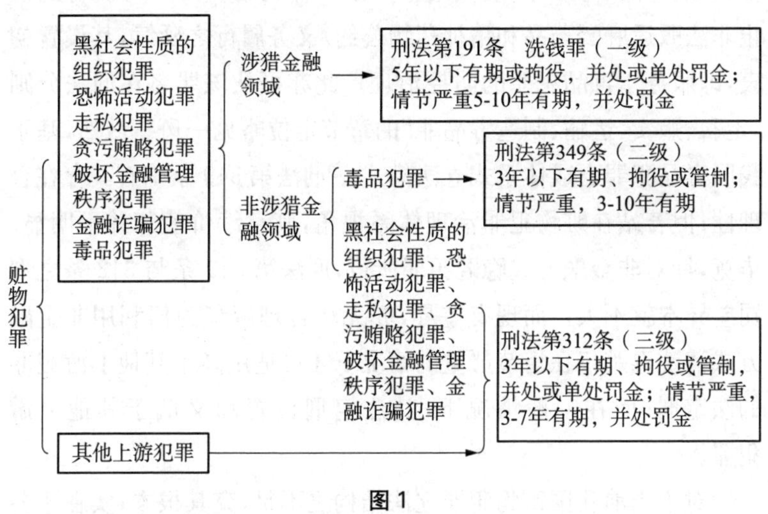

图 1

4.3.3　未来立法的完善方向

诚然,刑法解释有助于在用语的可能含义范围实现"既定立法"与"司法需要"的动态调和,但在条文表述难以为补正解释提供足够的语义操作空间之时,针对立法本身的修正需要便顺应产生。统观我国赃物犯罪的刑事立法,虽已建立了一定的差异化打击梯度,但受限于当前的立法结构,其与赃物犯罪的治理需求仍存在一定程度的不相契合。

一方面,基于金融反洗钱之立法背景,刑法第 191 条洗钱罪自设立伊始便将"利用金融活动"这一特定赃款隐匿方式作为了罪名适用的必备要件与核心考量。虽然司法解释曾将行为方式向非金融领域进行了适度扩张[①]，但该罪名在刑法分则“破坏金融管理秩序罪”的章节定位，却使得我国对特定上游犯罪之从重打击难以真正突破“金融领域”之行业局限。另一方面，吸收于 1990 年《全国人民代表大会常务委员会关于禁毒的决定》第四条[②]的窝藏、转移、隐瞒毒品、毒赃罪(刑法第 349 条)，作为对 1988 年《联合国禁止非法贩运麻醉药品和精神药物公约》义务履行之延续，其设置初衷，即服务于毒品犯罪的防控治理。此亦可从该罪名在刑法分则“走私、贩卖、运输、制造毒品罪”的章节定位略见一斑。诚然，基于我国毒品犯罪自成体系式立法模式，[③]刑法第 349 条确有其存在合理性；但若站在赃物犯罪治理体系视角，其存续价值却并不明显。毕竟，针对非金融方式隐匿犯罪所得，刑法第 349 条与 312 条之刑罚差异本就不大。而现有差异，亦无法合理解释为何利用非金融方式清洗毒赃仅在情节严重的情况下才可适用高于其他上游犯罪的法定刑；而在一般情况下，其法定刑设置却又低于其他上游犯罪。

对于当前我国赃物犯罪立法结构之不足，究其根本，实在于各赃物罪名并非形成于体系化、层次化的赃物犯罪治理需要，而是服务于不同时期、不同犯罪的差异化打击诉求。也正因如此，即便具有掩饰、隐瞒犯罪所得之共性特征，我国的赃物犯罪却被区分类型呈现于不同的刑法分则章节、服务于不同的客体保护倾向。此种分散化的赃物犯罪立法模式，虽可通过刑法解释寻求适用困境的

---

① 2009 年《最高人民法院关于审理洗钱等刑事案件具体应用法律若干问题的解释》第二条。

② 1990 年《全国人民代表大会常务委员会关于禁毒的决定》第四条第一款规定：“包庇走私、贩卖、运输、制造毒品的犯罪分子的，为犯罪分子窝藏、转移、隐瞒毒品或者犯罪所得的财物的，掩饰、隐瞒出售毒品获得财物的非法性质和来源的，处七年以下有期徒刑、拘役或者管制，可以并处罚金。”

③ 高铭暄、马克昌主编：《中国刑法解释》，中国社会科学出版社 2005 年版，第 2447 页。

部分突破，却难以真正克服特定时期的历史局限以适应体系化的治理需要。结合前文所述，赃物犯罪的治理方向正在归于融合，不同赃物犯罪类型的行为差异正在被逐渐淡化，层次化的打击诉求开始逐渐显现。在此发展趋势下，上游犯罪、司法妨害程度、涉猎领域很难再被置于平面化的考量视角进行排列组合，而是需要区分先后主次进行位阶化的考量排序。基于前文对惩戒要素层次化考量的具体阐释，我国未来赃物犯罪的立法完善方向宜从如下几个方面实现：

第一，将刑法第191条洗钱罪中"涉猎金融领域"之地位从"犯罪成立要件"转变为"从重处罚情节"，恢复"上游犯罪"在赃物犯罪打击中的首要政策考量地位。如是修正，一方面，有利于保障"特定上游犯罪"的从重打击需要，避免犯罪分子利用非金融方式以规避洗钱罪适用之司法尴尬；另一方面，有助于强化金融行业的注意义务、落实监管责任。毕竟，基于金融领域之行业特性，其对资金来源与流转过程之审查与监管，本"不应"也"无法"因所得来源的不同而有所差异。严格意义而言，"涉猎金融领域"更应被视为一种普遍性的从重处罚情节。即，不论何种赃物犯罪形式，只要涉猎金融领域，都将作为一种"情节严重"、受到更为严厉的刑事惩戒。唯有如此，才有助于最大限度地威慑犯罪分子，以打压其对金融领域的涉猎欲望。

第二，考虑到前文对刑法第191条洗钱罪"掩饰、隐瞒犯罪所得来源与性质"的扩大解释必要，建议将刑法第191条关于"来源和性质"之表述予以删除。结合前文所述，相较于主观目的的证明困难，"隐匿赃款来源与性质"更宜作为一种客观效果，对应于赃款隐匿的一种高阶状态——所得与犯罪关联相对彻底地切断以及司法追缴风险较高程度地防范。然而，作为一种处置效果，对赃款来源与性质之隐匿，便可能出现在任何一种赃物犯罪当中，而不受所得来源的影响。基于此,“掩饰、隐瞒来源与性质”则更应作为一种“情节严重”的表现形式和提升量刑档次的适用依据。对“来源和性质”表述的删除,在一定程度上亦避免了文义解释的繁冗与可能引发之争议。

第三,调整刑法第 349 条中关于窝藏、转移、隐瞒毒赃罪之量刑设置,以与刑法第 191 条洗钱罪相统一。当前,刑法第 349 条窝藏、转移、隐瞒毒赃罪的存在意义,基本是建立在以“是否涉猎金融领域”以及“是否掩饰、隐瞒性质与来源”作为与刑法第 191 条洗钱罪区分适用的判断基础之上。而结合前文所述,如若不再将二者视为刑法第 191 条洗钱罪的成立要件,而是当作从重处罚情节,那么刑法第 349 条窝藏、转移、隐瞒毒赃罪的存在价值将被刑法第 191 条完全取代。然而,根据目前的刑罚设置,刑法第 349 条与刑法第 191 条却又并不统一。对此,不妨针对毒赃隐匿行为单设一款为“掩饰、隐瞒毒品犯罪所得及其收益的,依照本法第 191 条的规定定罪处罚”,以在保障反洗钱打击统一的同时,兼顾毒品犯罪自成体系式立法需要。考虑到自洗钱独立成罪之发展趋势,刑法第 349 条第三款“事先通谋的,以走私、贩卖、运输、制造毒品罪共犯论处”,宜排除对掩饰、隐瞒毒赃罪的适用。

第四,将刑法第 191 条洗钱罪在刑法分则中的位置调整至第六章“妨害社会管理秩序罪”中的“妨害司法罪”一节,突出洗钱犯罪妨害司法之本质。刑法第 191 条在破坏金融秩序章节之定位,有一定的历史必然与阶段必要。但伴随着金融行业反洗钱监管的常态化以及反洗钱预防措施向其他职业领域的延伸,依旧强调洗钱犯罪对金融秩序之法益侵害,既有碍于对上游犯罪的从重打击,亦不利于相关作为义务在其他非金融领域的大力推行。基于当今全球反洗钱服务于跨境赃款追缴之作用根本,将洗钱罪并入司法妨害章节,毗邻刑法第 312 条则更为合适。

基于以上思路，我国的赃物犯罪，即广义洗钱罪名体系，被调整为如下模式(如图2所示)。上游犯罪，成为区分“掩饰、隐瞒犯罪所得、犯罪所得收益罪”与“狭义洗钱罪”的唯一考量。在特定赃物罪名打击视阈下，是否改变赃款性质、是否涉猎金融领域等，作为情节严重与否的重要表现，决定着具体的量刑档次高低。

“第312条　【掩饰、隐瞒犯罪所得、犯罪所得收益罪】明知是犯罪所得及其产生的收益而予以窝藏、转移、收购、代为销售或者以其他方法掩饰、隐瞒的，处三年以下有期徒刑、拘役或者管制，并处或者单处罚金；情节严重的，处三年以上七年以下有期徒刑，并处罚金。

单位犯前款罪的，对单位判处罚金，并对其直接负责的主管人员和其他直接责任人员，依照前款的规定处罚。

第312条之一　【洗钱罪】“为掩饰、隐瞒毒品犯罪、黑社会性质的组织犯罪、恐怖活动犯罪、走私犯罪、贪污贿赂犯罪、破坏金融管理秩序犯罪、金融诈骗犯罪的所得及其产生的收益，没收实施以上犯罪的所得及其产生的收益，处五年以下有期徒刑或者拘役，并处或者单处罚金；情节严重的，处五年以上十年以下有期徒刑，并处罚金。

单位犯前款罪的，对单位判处罚金，并对其直接负责的主管人员和其他直接责任人员，依照前款的规定处罚。

第349条　【包庇毒品犯罪分子罪】【窝藏、转移、隐瞒毒品罪】包庇走私、贩卖、运输、制造毒品的犯罪分子的，为犯罪分子窝藏、转移、隐瞒毒品的，处三年以下有期徒刑、拘役或者管制；情节严重的，处三年以上十年以下有期徒刑。

【包庇毒品犯罪分子罪】缉毒人员或者其他国家机关工作人员掩护、包庇走私、贩卖、运输、制造毒品的犯罪分子的，依照前款的规定从重处罚。

犯前两款罪，事先通谋的，以走私、贩卖、运输、制造毒品罪的共犯论处。

窝藏、转移、隐瞒毒赃的，依照本法第 191 条的规定定罪处罚。”

图 2

小结

刑法第 191 条洗钱罪的增设虽是我国对全球反洗钱运动的重要响应，但随着全球反洗钱体系的逐步发展演变，狭义的洗钱罪本身已不足以满足当今全球洗钱犯罪化的现实需要。在此背景之下，除刑法第 191 条洗钱罪以外的其他赃物罪名开始相继调整改造，加入洗钱行为的犯罪化进程。囊括刑法第 191 条、第 312 条与第 349 条在内的广义洗钱罪概念得以产生并获得了较大共识。广义的洗钱罪，指代所有对犯罪所得及其收益的掩饰、隐瞒行为。在某种意义上，其可视为“赃物犯罪”这一传统概念的同义替换。

站在广义洗钱罪的视角审视我国洗钱犯罪化进程不难发现，我国对赃物犯罪的考量方面在日益细化、打击诉求亦在兼顾多元，但整体治理方向却在趋于一定程度的融合统一，并逐渐形成了以反洗钱为核心的赃物犯罪治理合力。在此发展趋势下，广义洗钱罪名体系内部不同赃物罪名的层次化打击区分便显得尤为必要。立足于赃物犯罪的本质特性，同时结合当今反洗钱的刑事打击需要分析，上游犯罪在洗钱犯罪化中应被置于首要的政策考量地位，旨在对赃物犯罪打击进行最初的强度划分；司法妨害效果则被置于次级程度考量地位，意在明确不同上游犯罪的治理语境，进行对特定赃物犯罪的法益侵害评价；相比之下，犯罪涉猎领域则处于洗钱犯罪化中最后一级的附属考量，其目的在于通过赋予作为义务以提升赃物在特定领域的流转难度与隐匿成本，最终建立赃物流转的阻隔屏障。

如上要素的考量位阶划分，在一定程度上为我国广义洗钱罪名体系内部的协调整合、层次化打击的具体实现提供了必要参考依据。在不改变既定立法规范的基础上，对刑法第191条洗钱罪之“掩饰、隐瞒来源与性质”与“利用金融手段”作尽可能的扩张解释，有助于拓宽上游犯罪从重治理范围以规避当前狭义洗钱罪打击受限之困境。但从未来立法完善视角看，删除刑法第191条“来源与性质”之表述、回归其在刑法分则妨害司法秩序罪之章节定位，统一刑法第349条掩饰、隐瞒毒赃行为与刑法第191条洗钱罪的量刑设置，则是有助于从整体上实现国内与国际社会在洗钱犯罪化上面的实质统一。

| 第5章 |

我国洗钱犯罪化的价值实现：犯罪所得没收

尽管反洗钱的直接作用对象是洗钱犯罪，但其服务的宗旨却是没收犯罪所得。后者，既是当今洗钱犯罪化的作用根本，也是洗钱犯罪化实现其核心价值的重要依托。没收犯罪所得既可在一定程度上视为对上游犯罪人的一种惩罚，[①]亦有助于阻止犯罪、支付司法机关执法成本，以及返还被害人合法财产。不得不承认，在国际反洗钱体系中，没收犯罪所得甚至占据了比洗钱犯罪化更为核心的位置。相较于部分反洗钱先行国对公约规定的引导，我国洗钱所涉没收之立法则更类似于对国际公约的追随。然而，追随却并不等同于盲从。立足于眼下国际反洗钱体系的功能定位（受限于上游犯罪的违法所得没收），把握住当前洗钱犯罪对没收犯罪所得的反向影响，乃是合理解读公约相关规范的核心与关键。与此同时，合理平衡司法机关追缴赃款之需求与公民私有财产权利之保护，亦是理性认知、构建本国洗钱所涉没收立法的另一重要因素。

---

① M. Levi and P. Reuter, Money Laundering, *Crime and Justice*, 2006, pp. 289, 348.

5.1　洗钱所涉没收之法律性质探析

根据前文所述，国际反洗钱体系中的没收主要是针对“犯罪所得”与“供犯罪所用财物”两类对象。其中，“犯罪所得”主要是针对因实施上游犯罪与洗钱犯罪而产生的所得及其收益（该部分为反洗钱的重点所在）；而“供犯罪所用财物”则主要是针对用于或即将用于实施上游犯罪或洗钱犯罪的财物以及用于资助恐怖主义的反向洗钱资金。值得一提的是，上游犯罪所得及其收益在洗钱过程中实则具有“双重”属性。即，其既是上游犯罪的“犯罪所得”，又是洗钱罪的“供犯罪所用之物”（亦可称为“犯罪组成之物”）。如此一来，国际反洗钱体系对所涉没收的立法要求，便在一定程度上对应于我国刑法第64条规定的涉案财物没收。因此，在对具体问题展开论述之前，有必要对该种没收在我国的法律性质予以界定，以为后续的探讨提供前提与基础。

5.1.1　现有立场梳理

在我国，针对犯罪所得与供犯罪所用之物的涉案财物没收（即刑法第64条），是作为有别于刑罚没收（即刑法第59条）的强制性措施规定于刑法典第四章“刑罚的具体适用”中的“量刑”一节。因此，从其在刑法典中的立法定位来看，我国反洗钱所涉没收基本可以界定为是一种“可能影响量刑的、针对特定财物的强制处理办法”。近年来，针对此种没收性质究竟是刑罚、保安处分或是独立的刑法处罚措施的探讨甚嚣尘上。然而，这些研究却并非是对该没收之实然性质的争议，而是对其应然性质的探索。换言之，各国刑法对没收犯罪所得及供犯罪所用之物的立法定位，在一定程度上已然决定了该国对其界定的属性（例如，日本将没收规定为附加刑；[①]又如，德国对"追缴和没收"的规定则是独立于"刑罚"和"量刑"而与之并列规定于刑法第三章"行为的法律后果"，[②]故而被中性地描述为措施(Massnahmen)。[③] 因此，学界对没收犯罪所得及供犯罪所用财物性质的争议，其实是对其实然界定妥当与否的反思。尽管，没收不同对象所具有的不同功能(例如惩罚性、预防性)常常被学者引为论证的依据，刑罚说、保安处分说、折中说等学说也随之应运而生。然而，对犯罪所得及供犯罪所用之物予以没收的正当化依据，即国家何以要对、并能够对其收归国有，却被大多数学者所忽略。而后者，恰恰是界定相应举措应然性质之根本。相比之下，特定举措是否带有惩罚性色彩、是否局限于预防犯罪，则是在特定没收举措之应然属性基础上，对其"超属性""过限度"实施合理性的考量。

对我国涉案财物没收之法律性质的界定，学界目前主要包括刑罚说、保安处分说以及折中说(或多义说)三种观点。

5.1.1.1 刑罚说

理论界主要是从以下几个方面论述涉案财物没收的刑罚性质：

其一，是基于没收违法所得和供犯罪所用的本人财物对行为人财产(尤其是合法财产)的剥夺、给行为人带来的痛苦与不利以及对其行为在法律上的否定评价，类比法律制裁所具有的通过剥夺利益或施加一定的不利而对违法行为作出否定评价之特征，进

① 【日】大塚仁：《刑法概说・总论》，冯军译，中国人民大学出版社 2003 年版，第 451 页。

② 【德】《德国刑法典》，徐久生、庄敬华译，中国方正出版社 2004 年版，第 38 页。

③ 【德】汉斯・海因里希・耶塞克、托马斯・魏根特：《德国刑法教科书・总论》，徐久生译，中国法制出版社 2001 年版，第 952 页。

而阐释该举措的刑罚属性。[①] 在此种论证模式中，被没收的财产价值越大，伴随的痛苦越深、不利越严重，没收之刑罚色彩也自然越强烈。[②]

其二，是从罪刑相适应的角度出发，阐释将此种没收界定为刑罚的必要。因为如若无论涉案财物价值多寡，也无论犯罪分子所负罪责大小，而一律没收涉案财物，将导致在一定情形下，对涉案财物之没收超过甚至远远超过犯罪分子所应当承担的刑事责任。这无疑违反了"罪刑法定"的基本原则。[③] 毕竟，在行为人驾驶上百万的进口车故意撞毁他人几千元简易房的情形下，对供犯罪所用轿车的没收显然比判处故意毁坏财物罪后单处罚金刑要严厉得多。而如果仅因容留卖淫就将行为人所拥有的房屋收归国有，处罚亦有过重之嫌。

其三，是从保护第三方权益的角度出发，论述将没收涉案财物界定为刑罚的意义。例如，有学者以我国刑法为例，指出当犯罪分子拿出自己的全部积蓄用于非法经营而获罪，那么如若将涉案财物之没收界定为保安处分，则无疑意味着对供犯罪所用本人财物（即全部财产）既无法偿还犯罪分子所负担的正当债务，也无法为其家属留下必要的抚养费用。[④] 毕竟，我国对上述第三方权利的明确仅仅出现在判处没收财产刑（刑法第 59 条、第 60 条）的规定中，刑法第 64 条涉案财物的处理，也仅仅只是涉及对被害人合法财产的返还。

其四，则是通过罗列部分国家或地区将没收涉案财物归入刑

---

① 金光旭：《日本刑法中的不法收益之剥夺》，《中外法学》2009 年第 5 期，第 785 页。

② 【日】木村龟二主编：《刑法学词典》，顾肖荣等译，上海翻译出版公司 1991 年版，第 428 页。

③ 何帆：《刑事没收研究——国际法与比较法视角》，法律出版社 2007 年版，第 92 页。

④ 张明楷：《论刑法中的没收》，《法学家》2012 年第 3 期，第 60 页。

罚之既有立法，以印证该种界定模式的现实可操作性。例如，日本即将没收规定为附加刑，[①]而将没收违法所得作为刑罚，基本上成为了日本刑法理论的通说；[②]又如，我国台湾地区在2005年修订刑法时，亦将没收与追征、追缴、抵偿并列而统一设置为“从刑”；[③]再如，美国联邦最高法院则早在1993年的 Alexander v. United States 一案中即以判决的形式确认了涉案财物没收的刑事处罚性质。[④]

5.1.1.2 保安处分说

对于将涉案财物没收作为保安处分的界定，学界论述主要包括以下几个方面：

首先，是从对违禁品，以及“可能危害人身安全或公共秩序”的其他涉案财物之没收，目的在于满足社会安保的需要以防患于未然，类比保安处分所具有的不问物品由谁持有，只要对公共安全或社会秩序有威胁，均应基于防卫社会立场而予以没收的特性。证明涉案财物没收对保安处分之归属。[⑤] 例如，对爆炸物的没收；对用于伪造信用卡、制作假钞工具的没收；以及对假钞的没收。

其次，是通过揭露“基于没收涉案财物与刑罚之间的共性，而将其界定为刑罚”之论证在逻辑方面的缺陷，以否定将涉案财物没收界定为刑罚之可行。例如，没收涉案财物给犯罪分子带来与刑罚相似的剥夺性痛苦并不必然意味着前者即是刑罚。因为对行为人采取的收容戒毒、收容精神病院以及职业禁止等保安处分，亦会

---

① 【日】大塚仁：《刑法概说·总论》，冯军译，中国人民大学出版社2003年版，第451页。

② 金光旭：《日本刑法中的不法收益之剥夺》，《中外法学》2009年第5期，第785页。

③ 陈子平：《刑法总论》，中国人民大学出版社2009年版，第483—487页。

④ Alexander v. United States, 113 S. Ct. 2766, 1993.

⑤ 高铭暄主编：《刑法学原理》（第3卷），中国人民大学出版社1993年版，第184—186页。

带给人剥夺自由的痛苦，但其却不是刑罚。又如，没收涉案财物给犯罪分子带来的不利尽管与刑罚具有相似性，但是如果该种不利并不是使犯罪分子处于比实施违法行为之前更糟糕的状态，而仅仅只是恢复到了违法前状态（如没收违法所得），对其实施的没收亦不可能等同于刑罚。[①]

再次，是从界定为刑罚可能产生的缺陷入手，反向论证没收涉案财物属于保安处分的合理性。即，如果将没收涉案财物视为一种刑罚，那么一方面，法院可能基于罪责轻重而判处没收一部分违法所得，进而允许犯罪分子对剩余违法所得的持有并认可其合法性；另一方面，对涉案财物的没收则皆应以定罪为前提。如此一来，当司法机关缺乏足够证据而难以定罪，或者行为人未达刑事责任年龄又或是缺乏责任能力的情况下，对其违法所得、供犯罪所用本人财物或是违禁品的没收便无法适用。不得不承认，以上处理结果，均与“任何人不得从其违法行为中获利”之法谚相违背。[②] 除此之外，将没收涉案财物界定为刑罚，亦将导致对第三人的没收失去合理依据。

最后，亦是借鉴其他国家的既有立法规定，以体现将没收涉案物界定为保安处分的借鉴意义与价值。例如，希腊《刑法典》第 76 条将没收规定为保安处分；[③]又如，意大利《刑法典》第 240 条没收财物即规定于法典第八章第二节“对物的保安处分”中；[④]再如，挪威将没收规定在等同于保安处分的“预防性措施”之中。[⑤]

---

① 张明楷：《论刑法中的没收》，《法学家》2012 年第 3 期，第 63 页。

② 张明楷：《论刑法中的没收》，《法学家》2012 年第 3 期，第 64 页。

③ 【日】大塚仁：《刑法概说・总论》，冯军译，中国人民大学出版社 2003 年版，第 452 页。

④ 《意大利刑法典》，黄风译，中国政法大学出版社 1998 年版，第 75 页。

⑤ 李长坤：《刑事涉案财物处理制度研究》，华东政法大学 2010 年博士学位论文，第 21 页。

5.1.1.3 折中说(或多义说)

由于刑罚说难以合理说明国家对违禁品以及违法所得的绝对没收以及没收可能波及第三人财产权利的客观现实;而保安处分说又无法有效避免没收可能导致罚过其责的尴尬处境。在此背景下,折中说(或多义说)应运而生。此学说即是对刑罚说与保安处分说的平衡与中和。简而言之,该理论既认可部分没收举措的刑罚特性,亦不排斥相应没收之保安处分功能。如此一来,折中说则因其在一定程度上回避了单纯采用刑罚说或保安处分说所难以克服的弊端而获得认可。

就如何平衡没收涉案财物所兼具的刑罚与保安处分属性,学界亦存在不同的见解。例如,有的观点将没收涉案财物在法律上界定为刑罚,但承认没收本质上所具有的保安处分属性侧面(即消除涉案财物社会危险性以及阻止犯罪分子保有犯罪所得);①有的观点则主张具体问题具体分析,依据没收不同涉案财物之目的(即报复或预防)来界定相应的性质;②还有观点认为应以犯罪分子是否负有刑事责任作为两种属性的区分标准,对负有刑事责任罪犯所判没收即为刑罚,而与处罚无关之没收则界定为保安处分。③

与折中说相呼应的,乃是立法实践中对涉案财物没收的不同处理方式。例如,德国在其《刑法典》中一方面将“追缴与没收”“矫正与保安处分”以及“刑罚”并列规定于第三章“行为的法律后果”;另一方面又在其第 11 条“人和物的含义”第 1 款第 8 项中规定“本

---

① 【日】前田雅英等编:《条解刑法》,弘文堂 2007 年第 2 版,第 33—34 页。转引自张明楷:《论刑法中的没收》,《法学家》2012 年第 3 期,第 58 页。

② 何帆:《刑事没收研究——国际法与比较法视角》,法律出版社 2007 年版,第 93 页。

③ 傅美惠:《论没收——刑法修正草案“没收”规范评析》,《中正法学集刊》2004 年第 17 期,第 79 页。

法所说的处分，是指各种矫正与保安处分、追缴、没收和查封”。[①] 瑞士《刑法典》，则是将保安没收、没收财产价值作为“其他处分措施”，与刑罚以及保安处分相并列。[②] 韩国，则在其1992年审议确定的《韩国刑法改正方案》中对刑罚没收与保安处分的没收进行了区分，将没收犯罪人所有物品界定为刑罚性质的没收，而将没收非犯罪人所有的第三人物品界定为保安处分。[③] 值得一提的是，即便日本仍将涉案财物没收规定为附加刑，但在其1974年法制委员会制定的《日本改正刑法草案》中，其却将没收作为独立处分加以规定。诚然，该草案未能获得通过，但是此种界定模式却与日本学界的主流观点相契合。[④]

5.1.2 学说争议述评

经由上文对各类学说观点的整理，不难发现以下几个问题：

首先，单就刑罚说与保安处分说而言，学界对涉案财物性质的论证看似合理，却不乏以偏概全之嫌。例如，保安处分说以没收涉案财物仅仅是让犯罪分子恢复到违法前状态而并未使其恶化为由，否定没收涉案财物给行为人带来的不利。然而，此种论证却是以没收“违法所得”为前提，对于没收“供犯罪所用本人财物”可能给行为人带来的超责任范围之不利则根本无法适用。同理，惩罚说对没收涉案财物之惩罚性甚至超越刑罚的论证，也多是立足于对“供犯罪所用本人财物”的没收。该种惩罚性在没收“违禁品”或“违法所得”的场合却并非必然。因此，若将没收涉案财物分为针

---

① 【德】《德国刑法典》，徐久生、庄敬华译，中国方正出版社2004年版，第7页。

② 【瑞】《瑞士联邦刑法典》，徐久生译，中国方正出版社2004年版，第23—24页。

③ 【韩】李祥源：《没收的法律性质》，京师刑事法治网，https://www.criminallawbnu.cn/criminal/Info/showpage.asp?pkID=10874，最后访问于2015年12月19日。

④ 何鹏主编：《现代日本刑法专题研究》，吉林大学出版社1994年版，第268页。

对“违禁品”“供犯罪所用财物”以及“违法所得”之甲、乙、丙三种情形，那么刑罚说与保安处分说所犯的一个通病即是，仅凭一种情形界定的合理与否去裁定全部情形界定的是否妥当。在此背景之下，诸如凭借“甲”的预防犯罪性去否定“丙”的惩罚犯罪性，或是基于“丙”的惩罚犯罪性而否定“乙”的预防犯罪性等论证模式频频出现。然而，上述论证所争议的标的却是风马牛不相及。

其次，就折中说而言，尽管其因对惩罚说与保安处分说的兼顾，而在一定程度上规避了单以一种性质界定没收涉案财物性质的弊端。然而，此种学说的合理性，却是通过模糊没收涉案财物之性质本身来实现的。换言之，该学说对于涉案财物性质之界定并无任何本质的帮助或推进。例如，如果将没收涉案财物笼统地界定为既有刑罚属性又有保安处分属性，那么对于刑罚与保安处分在适用依据（前者基于过去的犯罪行为，后者基于未来的犯罪可能）、适用目的（前者包含制裁犯罪，后者仅是预防犯罪）以及衡量标准（前者基于责任，后者基于行为人实施犯罪的危险性）等方面的差异[①]应该如何中和？而一种行为的实施又何以能够运用两套完全不同的适用标准？显然，此种折中除了混淆刑罚与保安处分之间的区别外，并无太多实践指导意义。然而，若将折中说理解为是对不同没收对象的区别界定。那么具体到特定对象，以没收“供犯罪所用之物”为例，又该如何在肯定没收容留嫖娼房屋之刑罚性的同时，涵盖没收盗窃犯所用撬门扳手情形下对行为人使用犯罪工具再犯之预防？即便细致到依据不同情况而将没收供犯罪所用之物界定为不同的性质，但此种界定方式所违背的一个根本原则即是——物质的基本属性应是外界环境变化过程中所体现出来的共性，而不是跟随环境变化而产生的差异。因此，将折中说视为是

① 张明楷：《外国刑法纲要》，清华大学出版社第 2007 年版，第 429 页。

基于不同没收对象的区别界定亦无太多的操作空间。

再次，若仔细审视刑罚说与保安处分说之间的冲突便不难发现，二者争议的实质其实并非没收涉案财物之性质，而在于没收涉案财物之传统做法（类似于保安处分）所产生的弊端与问题。即，当没收"供犯罪所用财物"之严厉程度明显大于所判刑罚时，如何解决对犯罪分子的"罚过其罪"；而当没收不法对象牵涉到第三人的合法权益时，又该如何对其予以适当保护。诚然，将没收涉案财物界定为刑罚，在一定程度上有利于解决上述问题。但是，对问题的有效解决却并不代表性质的必然转化。否则，刑罚说也不至于面对难以合理解释对违法所得及违禁品之没收何以必须要基于定罪，以及"任何人不得从其违法行为中获利"何以还要以刑事责任作为衡量标准的尴尬。

综合以上分析，笔者认为，学界对没收犯罪所得及供犯罪所用之物性质的探讨似乎偏离了应有之轨道。换言之，对该种没收应然性质的界定，应当立足于该举措设立之依据，而并非该举措实施过程中所发挥之功能。好比，某种药物有助于治疗某种疾病，但其在发挥正常功能的同时亦可能伴随必要的副作用。在此情况下，既不会有人以该副作用的存在去界定该药的基本属性，亦不会有人因该药与其他药物治疗效果的类似而将两种药性等而视之。相比之下，探寻该种药物本身的化学成分、分子结构以及形成过程，才是准确认定药效的关键。毕竟，功能的好坏尚可调试，而性质的根本却不会改变。两者实乃完全不同的问题。如此，对洗钱所涉没收性质的界定便相应地转为对其存在依据的探索。

5.1.3　洗钱所涉没收之正当化依据及性质界定

5.1.3.1　对犯罪所得没收之依据及性质界定

没收犯罪所得之正当化依据源于"任何人不得从自己的错误行为中获利"（Nullus commodum capere potest de injuria sua propria)的格言。[①] 最早将其适用于裁判实践的案例,是 1889 年美国纽约州法院审理的 Riggs v. Palmer 案。该案中,继承人 Palmer 为谋取财产故意杀害了被继承人。法院从普通法的众多前例中,推演出了一个法律原则,即不应容许以欺诈行为或犯罪行为而获得利益,从而判决凶手不得继承被害人遗产。[②] 无独有偶,英国对该原则的适用亦源于故意杀人案件,在 Cleaver 案中,行为人(Florence Maybrick)因其毒死丈夫的行为而被禁止从其丈夫的人寿保险中获利。[③] 尽管该原则的适用范围在后来逐渐拓宽,但该原则的内涵实质——"要求法律的一致性",却未曾改变。这种一致性根植于一个基本问题,即法律的作用究竟是什么。[④] 确切地说,如果刑法的目的在于阻止人们进行某种形式的行为,那么如果同时又允许人们从其所禁止的行为中获得利益,这种矛盾信息的传达显然不利于该目标之实现。"任何人不得从自己的错误行为中获利"原则的功能主要表现在两个方面:一方面,在于阻止罪犯对其"犯罪所得"主张权利;另一方面,则是为迫使罪犯交出"犯罪所得"提供依据与理由。对于前者而言,其意味着法院不得允许罪犯以原告的身份对犯罪所得主张权利。这一做法主要是源于"违背道德之对价,不生诉权"(ex turpicausa non orituraction)[⑤]的法律格言。对于后者而言,其为赔偿被害人损失,国家没收权力的

---

① Goff and Jones, The Law of Restitution, 5th edn (London, Sweet & Maxwell 1999) ch 37 '*Benefits accruing to a criminal from his crime*'. And see the discussion by Ronald Dworkin, Taking Rights Seriously (London, Duckworth, 1977)23 et seq. of Riggs v. Palmer (1889)12 American St Rep 819.

② See Riggs v. Palmer, N. Y. 506,22 N. E. 188,1889.

③ See Bernard Ryan (with Lord Havers), *The Poisoned life of Mrs. Maybrick*, Harmondsworth Penguin, 1989.

④ Lon Fuller, *The Morality of Law*, New Haven, CT, Yale UP, revised edn, 1969.

⑤ "指不能以违背道德或违法之合同的对价作为提起诉讼的理由",《元照英美法词典》,北京大学出版社 2013 年版,第 523 页。

产生提供了基本前提。基于此，相比于将没收违法所得界定为一种刑罚，将其界定为一种预防犯罪的保安处分则更为合适。借用法官 Lawton LJ 在 R. V. Waterfield 案中对该原则的阐释："法律首先应当做的事情便是确保违反法律规定的人无法从其违法行为当中获得任何利益……法庭应当坚定地认为行为人如果确信其通过违法犯罪所获得每一分甚至更多利益都将会被剥夺，那么其犯罪的动力与欲望将会消失。"[①]

5.1.3.2 对供犯罪所用财物没收之依据及性质界定

对于没收供犯罪所用物品之正当性依据，最初起源于古代"有罪物"的说法。[②] 即，由于特定物品被使用于犯罪，从而使得物品本身具有了有罪性，国家据此对其进行没收。此理论最大的弊端在于"物品无法自行犯罪，其所谓的有罪性实乃源自于使用该物品的人"。[③] 因此，该正当化依据因其浓厚的封建主义色彩而逐渐退出了历史舞台。

供犯罪所用财物一般包括两类：一类是违禁品，一类则是供犯罪所用财物。二者没收的正当化依据具有一定的相似性。即，无论是"违禁品"，抑或是"供犯罪所用财物"，既然已被用作犯罪，而又无法完全排除其将会被继续用于犯罪的可能性，那么政府出于预防犯罪的考虑对其进行没收，便显得再合适不过。然而，值得一提的是，此种预防犯罪理论只是一定程度上适用，而并非完全适

---

① R. V. Waterfield (17 February 1975, unreported).

② Paul Schiff Berman, *An Anthropological Approach to Modern Forfeiture Law: The Symbolic Function of Legal Actions against Objects*, Social Science Electronic Publishing, 1999.

③ "Goods, as goods, cannot offend, forfeit, unlade, pay duties, or the like, but men whose goods they are." Sheppard v. Gosonld (1671) Vaugh 159 at 172; 124 ER 1018 at 1024 per Vaughan CJ, approved in Mitchell v Torup (1766) Parker 227 at 236; 145 ER 764 at 767 per Parker CB.

用于没收"供犯罪所用财物"。因为个人对相应物品的合法持有并不必然导致严重犯罪。即使这些物品曾经被非法使用,但此亦无法排除其将来被合法使用的可能性。国家对这部分财物的没收所遵循的理由类似于"由于行为人将其用于犯罪,从而推出该行为人不配拥有该财物,进而其拥有该项财物的权利被剥夺"。[①] 显然,此种论断在一定程度上侵犯了公民对财产的合法所有权。因为,要求一个合法拥有特定财物的行为人去负担证明其如何值得拥有该项财物其实并不合理。[②] 因此,从某种意义而言,对没收"供犯罪所用财物"正当化依据争议的更深层次,其实是公民究竟可以在何种程度与范围内享有财产权利。由于本文仅是在刑法层面探讨该举措的正当性,故而依旧以预防犯罪作为没收"供犯罪所用财物"的正当化依据。由此看来,此举亦具有保安处分的性质。

5.2 洗钱所涉财物没收范围之明确

尽管国际反洗钱体系的没收涵盖了对供犯罪所用之物的没收。然而,与洗钱犯罪最直接关联的对象仍然是"犯罪所得及其产生的收益"。根据刑法第 191 条洗钱罪的规定,"明知是毒品犯罪,黑社会性质犯罪……金融诈骗犯罪的所得及其产生的收益,为掩饰、隐瞒其来源和性质,有下列行为之一的,没收实施以上犯罪的所得及其产生的收益"。而刑法第 312 条亦是以掩饰、隐瞒"犯罪所得及其产生的收益"为打击对象。因此,如果暂且忽略狭义洗钱罪与广义洗钱罪在上游犯罪范围上的差异,而仅就"犯罪所得及其

---

① Guy Stessens, *Money Laundering*: *A New International Law Enforcement Model*, Cambridge, Cambridge University Press, 2000,43 (emphasis added).

② Guy Stessens, *Money Laundering*: *A New International Law Enforcement Model*, Cambridge, Cambridge University Press, 2000,57 - 59.

收益"这一抽象概念而言，对其范围的界定主要涉及以下几方面的问题：其一，没收的犯罪所得是否应限制于成立犯罪后的所得；其二，是否应将所得范围限于"犯罪利润"而剔除"犯罪成本"；其三，对犯罪收益的没收是否应当包涵利用犯罪所得而经由合法劳动所产生的收益；其四，在没收对象形态发生转变后如何确立其没收的价值；其五，如何对转移至善意第三人的"犯罪所得及收益"予以排除。

5.2.1 "犯罪所得及其收益"的概念界定

5.2.1.1 对"犯罪"涵义的理解

所谓犯罪所得，笼统而言，即是通过犯罪行为而获取的财物或财产性利益。如果结合国外立法的规定，[①]犯罪所得可进一步细化为犯罪产生之物(例如伪造的金融票证、货币等)、犯罪取得之物(如盗窃、抢劫的钱财)以及犯罪所得报酬(例如通过泄露商业秘密而获得的报酬)。不难发现，无论是何种形式，"直接缘起于犯罪行为"乃是犯罪所得的基本特征。

界定犯罪所得需要明确的第一个问题即是如何理解词条中"犯罪"的内涵。换言之，洗钱所涉的对象是否应限定为符合犯罪成立条件的犯罪所得。对此，若持肯定态度，那么犯罪所得的没收则必须建立在刑事定罪的基础上，唯有经过刑事审判构成犯罪后，方能确认其违法性质；相反，若持否定态度，那么以何种标准确立成立犯罪所得的门槛，则是不可回避的问题。

对于应否以"犯罪成立"作为犯罪所得判断的限制条件，无论

① 例如，《日本刑法典》第19条即规定为"犯罪行为所产生或者因犯罪行为获得之物，以及作为犯罪行为的报酬所得之物"；《韩国刑法典》第48条则规定为"因犯罪行为产生、取得的物品"。

是从没收犯罪所得的正当化依据，还是洗钱入罪的初衷，又或是公约对反洗钱没收立法模式的规定，均显示出对该限制条件的排斥。首先，就没收犯罪所得的正当化依据而言，“任何人不得从自己的错误行为中获利”并未排除对不符合犯罪成立条件之犯罪所得的剥夺。事实上，没收犯罪所得的正当化依据甚至可以适用于对一般违法所得的没收，其为“犯罪”之内涵提供了较大的解释空间。而从另一个角度看，剥夺因犯罪而获取的财物，只是“任何人不得从自己的错误行为中获利”之最严重的情形，其不应成为该正当化依据适用的门槛。其次，结合本文第一章的阐释，洗钱罪的立法初衷乃在于加大赃款追缴力度助力上游犯罪打击，甚至为惩戒上游犯罪提供二次机会。即，即便上游犯罪因种种原因而无法治罪，行为人也可能因衍生的洗钱犯罪而受到刑事追诉。然而，若将洗钱所涉对象理解为满足犯罪成立条件的所得，那么洗钱罪的成立则必须以上游犯罪定罪为前提，我国反洗钱监管的对象也对应为已经定罪的上游犯罪所得。如此一来，希冀通过反洗钱以发现、追踪、惩治上游犯罪的设想便无从实现。显然，这与洗钱犯罪化的初衷相违背。再次，从国际公约对反洗钱没收模式的规定来看，其鼓励各国建立非基于刑事定罪没收的态度，在一定程度亦是对以犯罪成立作为犯罪所得限制条件的否定。

基于以上因素，对“犯罪”涵义的理解便转化为犯罪所得之成立门槛的确立。对此，有必要立足于我国立法现状具体分析。首先，刑法第 191 条“没收实施以上犯罪所得及其收益”的适用依据，实际来源于刑法第 64 条对犯罪所得之物的处理。相较于“犯罪所得”，刑法第 64 条使用的却是“犯罪分子违法所得的一切财物”之表述。尽管学界对“违法所得”的范围界定尚未统一，但是没收对象必须具有“违法性”则已然达成共识。此处，若借用德日三阶层犯罪论体系，那么“犯罪所得”则可以被解释为“符合构成要件的违法行为所得"。[①] 其次，根据刑事诉讼法第245条以及对犯罪嫌疑人、被告人逃匿、死亡案件违法所得没收程序的规定，可以导出没收犯罪所得实际上包涵了两种形式——基于刑事定罪的没收以及非基于刑事定罪的没收。尽管两种没收均需经由法庭审理后决定，但前者是附随刑事审判以判决的形式呈现；后者则是在嫌犯、被告人无法正常到案的情况下，经由法院作出的裁定。结合程序法的规定不难发现，我国对犯罪所得的没收其实并不以行为人有责为前提。换言之，只要侦查机关已经立案，对于侦查过程中冻结、扣押的违法所得及其收益，法院便可基于对其权属以及是否来源于所涉罪行的确认，决定对其没收。[②] 由此，将"犯罪所得"理解为"实施犯罪行为而获得的违法财物或利益"较为合适。成立"犯罪所得"至少应当满足两个条件：其一，行为人实施了具体的犯罪行为；其二，并不存在违法阻却事由。

5.2.1.2　对"所得"范围的明确

对于"所得"范围的明确，单从字面意义上看，其并未对因犯罪而获取财物的形式予以任何限制。换言之，"所得"既可以包括有形的财物，也可以包括无形的资产；既可通过资产增加的形式呈现，也可通过减免支出(例如偷逃税款)的方式显示。因此，将"犯罪所得"界定为"因实施犯罪行为而获得的违法财物或利益"较为妥帖。然而，"所得"表达本身对是否应将犯罪成本从中剔除却并不明晰。因此，该问题亦成为了界定犯罪所得范围的另一争议所在。

就没收"犯罪所得"而言，如果依循"任何人不得从自己的错误

---

① 参见张明楷：《论刑法中的没收》，《法学家》2012年第3期，第68页。

② 参见2021年《最高人民法院关于适用〈中华人民共和国刑事诉讼法〉的解释》，第279条。

行为中获利”之正当化依据，那么该原则可以作为阻止行为人从犯罪中获利之理由，却无法合理解释对超过犯罪所得财产没收之合理性。借用英国著名的霍奇森报告(Hodgson Report)对犯罪所得没收限度的阐释即是：“如果‘没收’的目的在于将罪犯回归到一个其在犯罪之前所处的经济地位，那么该没收便具有一定的‘修复性’，但是如果没收超过了上述范围，那么该没收便具有一定的‘惩罚性’。”①

不得不承认，将没收“犯罪所得”之对象从“犯罪利润”扩张至“犯罪利润＋犯罪成本”所引发的争议，即在于其制造了一种不公平的、过分的处罚。这种处罚的轻重在一定程度上取决于同等利润下犯罪成本开支的多寡。而从另一个角度看，未将犯罪成本剔除的情形，亦有可能引发对犯罪分子的重复处罚。例如，将 10 万元合法积蓄用于非法经营的犯罪分子通过犯罪获利 20 万元的情形中，若对此 20 万元予以全部没收，则意味着犯罪分子实际上有 10 万元的合法收入亦被罚没，而犯罪分子多承担的这 10 万元损失显然并不会折抵刑罚。诚然，如此没收犯罪所得在一定意义上已然超过其应有之属性并产生了浓厚的惩罚色彩，但是司法实践中却鲜少对犯罪所得区分“犯罪利润”与“犯罪成本”。

引发此种现象的原因，笔者认为主要在于以下三点。首先，“犯罪成本”本身能否成立并获得认可亦是一个问题。诚然，从没收犯罪所得固有属性出发，应当将“犯罪成本”予以剔除。但是，此举在一定程度便意味着法律对“犯罪成本”之投入是予以认可的。如此引发的一个矛盾即是，国家一方面禁止犯罪获利，一方面又允许犯罪成本的投入，这是否亦是一种法律评价的不一致呢？其次，对犯罪所得成本的认定与度量不具有现实可操作性。如果说直接

① See the Speech of Lord Ackner, HL Debates Vol. 540 cols 744,749,22 Nov 1992.

为实施犯罪而投入的资本算是成本，那么惯犯维持生计的生活开销是否亦可算作违法成本？政府官员在贪污受贿过程中正常缴纳的税款、社保以及为单位创造的隐形价值，又是否应纳入违法成本中予以计量？显然，对犯罪成本的界定其实极其困难。再次，即便是最明显的"犯罪成本"——为实施犯罪而做出的前期基础投入，如果将其界定为"供犯罪所用财物"，那么对其没收亦在合理范围内，又何来惩罚之有？基于以上考虑，司法机关对犯罪所得不予区分成本与利润的做法亦具有一定的必然性。值得一提的是，即便如此，也不宜将包含"犯罪成本"之违法所得的没收界定为具有"刑罚"的性质。毕竟后者基于刑事定罪、受制于刑事责任大小，并服务于制裁、预防犯罪等种种特征，难以在没收"犯罪所得"中得到完整体现。换言之，没收"犯罪所得"的超属性、过限度实施所具有的"惩罚性"，与其基于"任何人不得从自己的错误行为中获利"而作用于预防犯罪之目的相比，太过微不足道。

5.2.1.3　对"收益"外延的限定

对于犯罪收益，有学者将其解读为犯罪所得的"孳息"（其中，因犯罪所得的自然属性而产生的增值为天然孳息；因建立在犯罪所得上的法律关系而产生的收益，则为法定孳息）；[①]亦有学者将其分为必然性收益、可能性收益以及偶然性收益。[②] 然而，无论以何种方式解读，"衍生于犯罪所得"则是学界认定该种利益的共性所在。

事实上，对犯罪收益的没收，乃是没收犯罪所得的必然延续。因为从法律评价一致性的角度看，如果没收犯罪所得的目的在于

① 参见杨金彪：《赃物罪中"犯罪所得"的含义》，《社会科学》2008年第2期，第123页。

② 参见代杰：《论犯罪所得与相关概念的关系》，《三峡大学学报》（人文社会科学版），2014年第9期，第97页。

阻止行为人从犯罪中获利，进而打击、预防犯罪，那么，刑法若又同时允许行为人保有犯罪所得的衍生利益，此种矛盾信息的表达显然不利于没收犯罪所得初衷的实现。依循该种思路，则应当将犯罪收益的范围界定为任何缘起或衍生于犯罪所得的合法或非法利益。然而，该种界定方式所面临的一个争议点则是，对于仅将犯罪所得作为投资成本，而通过合法诚实劳动创造收益之没收的合理性。毕竟，在此种情形中，“犯罪所得”并非犯罪收益产生的唯一因素，“合法诚实劳动”甚至占据了更为重要的位置。因此，有学者试图从宪法认可并保护公民合法诚实劳动获取的财富，以及犯罪预防应以确认、维护公民合法权利为基础的角度，论述排除没收此种收益形式的必要性。[①] 然而，此种解决方案所产生的一个潜在隐患则是，其在无形中鼓励了犯罪分子尽快将犯罪所得投入到各种合法经济的运营模式中，以期通过诚实劳动实现赃款的增值，进而避免因犯罪所得被没收而导致的“血本无归”。换言之，其为犯罪分子变相保有犯罪所得提供了一条“合法”路径，而此路径亦很难不被视为一种将赃款由“黑”洗“白”的方式。不难发现，对经由合法诚实劳动而产生的犯罪收益应否没收的判断，其本质乃是应否基于其财富增值过程的合法而否定其衍生于犯罪所得的非法。对此问题，实难一概而论。确切地说，在犯罪分子作为产业所有者或经营方，或者产业所有者或经营方明知款项为犯罪所得，却仍将其作为成本投入以实现增值的情况下，其创造价值的劳动过程尽管在形式上符合“合法诚实劳动”的外观，但其实质却有别于一般意义上的“合法诚实劳动”。因为这两者乃是有意识地服务于赃款增值，以期进一步扩大非法获利的范围与程度。此种情形若排除对

① 参见时延安：《违法所得没收条款的刑事法解释》，《法学》2015 年第 11 期，第 127 页。

其收益的没收，显然为"禁止行为人从犯罪中获利"原则的适用打开了漏洞。然而，当产业所有者或经营方是善意第三人的情况下，[①]由于其在主观上并不具有掩饰、增值犯罪所得之目的，故而若一味强调对其收益的没收，则难免会因预防犯罪而过度侵害公民的财产权利。事实上，犯罪所得转移、转换的次数越多，其与上游犯罪之间的关联性就越弱，对社会正常经济活动的参与程度也就越高，从业者对资金来源的合法性的感知度也就越弱。因此，从维护社会正常经济秩序的角度，也应将善意第三人通过合法劳动而获得的犯罪收益排除在没收范围之外。如此一来，"犯罪收益"则宜界定为犯罪所得衍生的合法或非法利益，但不包括善意第三人因占有犯罪所得而通过合法劳动获取的收益。

5.2.2 "犯罪所得及其收益"的形式转变及价值确立

为了降低犯罪所得及其收益被没收的概率，洗钱者必然会通过各种方式转换犯罪所得及其收益的外在形式及权属关系，以期通过多次地"改头换面"模糊其与上游犯罪之间的关联。如此一来，若将没收对象局限于犯罪所得及其收益的原物，则必然导致没收制度"形同虚设"。正因如此，反洗钱国际公约才会在确立没收对象的同时，进一步对其可能存在的各种转换、混合形式加以明确。根据公约的规定，经犯罪所得转化或转变的财产，将视为原犯罪所得的替代物；[②]与合法财产混合的犯罪所得，将基于其所具有

---

① 对善意第三人成立条件的论述，将在本节后文予以详述。

② Article 5(6)(a), "*United Nations Convention against Illicit Traffic in Narcotic Drugs and Psychotropic Substances*", Article 12(3), "*United Nations Convention against Transnational Organized Crime*", Article 31(4), "*United Nations Convention against Corruption*".

的价值而对应于等价的混合财产；[①]犯罪所得经由转变、转换、混合后形成的犯罪收益，则等同于原犯罪所得产生的收益。[②]

如此一来，“犯罪所得及其收益”则应当界定为原物及其可能存在的各种转变形式。

然而，形式的转变则时常伴随着价值的相应增减。换言之，除却犯罪所得及其收益本身，转变过程亦可能导致没收对象的增值或贬值。如此一来，突破物质形态，而以“价值”衡量犯罪所得及其收益的范围则成为了必然。这也恰恰是公约在规定没收对象时采用“犯罪所得或价值与其相当财产”[③]之表述的原因所在。此种规定方式为各国采用直接没收（针对犯罪所得及其收益本身进行的没收）或等价没收（针对犯罪所得及其收益折算的价值，由罪犯的可支配财产而向国家承担的“司法之债”）提供了操作的空间与依据。对于后者，有学者将其进一步细分为“狭义的等价没收”与“广义的等价没收”。[④] 前者，可视为直接没收不能时的补救举措。即，在犯罪所得及其收益已被挥霍、灭失或者贬值的情况下，由犯罪分子用其合法财产支付与没收不能之财物价值相当的款项。后者，则可视为对直接没收的替代。即，国家对犯罪所得及其收益的

---

① Article 5(6)(b), "*United Nations Convention against Illicit Traffic in Narcotic Drugs and Psychotropic Substances*", Article 12(4), "*United Nations Convention against Transnational Organized Crime*", Article 31(5), "*United Nations Convention against Corruption*".

② Article 5(6)(c), "*United Nations Convention against Illicit Traffic in Narcotic Drugs and Psychotropic Substances*", Article 12(5), "*United Nations Convention against Transnational Organized Crime*", Article 31(6), "*United Nations Convention against Corruption*".

③ Article 12(1), "*United Nations Convention against Transnational Organized Crime*", Article 31(1), "*United Nations Convention against Corruption*".

④ 参见黄风：《等值没收及可追缴资产评估规则探析》，《比较法研究》2015 年第 5 期，第 8 页。

没收指其所对应的价值，通过要求犯罪分子缴纳与犯罪所得及其收益等价的款项以实现没收。

有别于直接计量没收对象的价值总额来实现没收，我国对等价没收的适用则更类似狭义的情形。故而，在犯罪所得及其收益灭失、被挥霍、发生贬值以及与合法财产相混合而难以分离的情况下，如何确立其所对应的价值则成为了界定没收范围的关键。对此，根据最高人民法院 2015 年《关于审理掩饰、隐瞒犯罪所得、犯罪所得收益刑事案件适用法律若干问题的解释》的规定，“掩饰、隐瞒犯罪所得及其产生的收益的数额，应当以实施掩饰、隐瞒行为时为准。收购或者代为销售财物的价格高于其实际价值的，以收购或者代为销售的价格计算”。[①] 故而，我国对犯罪所得及其收益价值的计量原则为——以犯罪行为发生时为准，但转变后价值有所增加的则以转变后价值为准。对形式转变后增值部分予以没收的正当化依据，则源于其为衍生于“犯罪所得”的收益。

值得一提的是，由于犯罪分子是从其合法财产中退赔追缴不能财物的价值，故而尽管其有别于刑罚性质的没收，却仍有可能波及犯罪分子个人及其抚养家属必须的生活费用。在此情形下，应否参考刑法第 59 条的规定，降低应予没收的数额以为犯罪分子及家人保留必须的生活费用则是需要明确的另一问题。对此，可以从以下几方面予以分析。首先，无论是刑罚的没收，还是非刑罚性质的没收，在犯罪分子对应缴款项的支付已然影响到其基本生活的情况下，都应当从人道主义的角度，为其本人及亲属保留必须的生活费用。其次，没收犯罪所得与刑法第 59 条没收财产刑有所不同，前者受到价值的数额限制而具有可延续性，后者则是针对犯罪

① 2015 年《关于审理掩饰、隐瞒犯罪所得、犯罪所得收益刑事案件适用法律若干问题的解释》第 4 条第 1 款。

分子所有的一切合法财产而难以延续。换言之,对于等价没收所产生的"司法之债",在为犯罪分子保留必要生活费用而导致未能全额缴纳的情况下,仍然可以依据未缴纳的数额从犯罪分子日后产生的合法收入中扣缴,而财产没收刑则不可无止境地适用于判决以后犯罪分子所获得的合法财产。因此,基于以上考虑,我国等价没收的场合,在犯罪分子可支配财产不足以缴纳的情形下,应当为其保留必要的生活费用,但此种保留却不应影响犯罪分子应予支付的总额。此时,可以参考刑法第 53 条规定的罚金缴纳方式(即"人民法院在任何时候发现被执行人有可以执行的财产,应当随时追缴")以实现等价没收。

5.2.3 对善意第三人所得的排除

将没收的适用范围不加限制地延伸至犯罪所得及其收益可能存在的各种转变形式,可能引发的一个后果则是对善意第三人权利的侵犯。事实上,由于洗钱的目的在于将赃款"由黑洗白",故而犯罪所得流向合法经济领域并进一步参与到正常的社会经济活动中,便是清洗过程必然伴随的现象。因此,如若强行将融入其中的犯罪所得或收益予以一律没收,显然会打乱基于诚实信用而建立起来的正常经济往来。或许正是出于此种考虑,涉及反洗钱的相关公约才提出"不得就公约规定作出损害善意第三人权利的解释"之原则性规定。[①] 然而,就如何确立善意第三人,并对其予以何种程度的保护,公约则留给了各缔约国自行决定。

对于赃款赃物的善意取得,我国民法典中的物权法编采取了回避态度,而将追赃过程中善意受让人的权益保护留给了"相关"

---

① Article 12(8), "*United Nations Convention against Transnational Organized Crime*".

法律法规予以解决。[①] 2014年以前，我国对赃款赃物善意取得的规定大多散见于一些具体罪名的司法解释中，[②]处理方式也并不统一。直到2014年9月《最高人民法院关于刑事裁判涉财产部分执行的若干规定》(以下简称《解释》)的颁布，才对涉案财物的善意取得予以了体系性的明确。[③]《解释》主要从三方面对赃款赃物的善意取得作出规定：首先，就善意取得的适用范围而言，其包括了债务的清偿、财物的转让以及在财物上设置其他权利负担三种情形；其次，关于善意第三人的认定，知晓财物的非法来源、未支付合理对价、经由非法债务清偿或违法犯罪活动取得涉案财物或其他恶意方式，只要行为人具备其中一项，即可排除其受让之"善意"；再次，对于财物原所有权人的被害人对所涉财物的权利主张，应由法院告知其通过诉讼程序处理。

基于以上规定不难发现，我国对善意第三人的权利给予了极大的保护。换言之，除了基于支付合理对价而获得赃款赃物之所有权以及他物权，我国甚至还承认了赃款对合法债务之清偿。而后者，甚至不需要受让人支付任何对价即可实现对赃款赃物的取得。不可否认，此种规定方式有利于整个经济秩序的稳定。毕竟，善意取得制度即是以牺牲真正所有权之权利(静的安全)为代价，以维护资产流转之动的安全。[④] 然而，对犯罪所得之善意取得却不同于民法中对无处分权人转让的动产或不动产之善意取

---

① 参见胡康生主编：《中华人民共和国物权法释义》，法律出版社2007年版，第244页。

② 如1996年12月最高人民法院《关于审理诈骗案件具体应用法律的若干问题的解释》第11条，1998年5月最高人民法院、最高人民检察院、公安部、国家工商行政管理局《关于依法查处盗窃、抢劫机动车案件的规定》第12条，1998年4月最高人民法院《关于在审理经济纠纷案件中涉及经济犯罪嫌疑若干问题的规定》第7条。

③ 2014年《最高人民法院关于刑事裁判涉财产部分执行的若干规定》第11条。

④ 参见谢在全：《民法物权论(上册)》，中国政法大学出版社1999年版，第221页。

得。[①] 后者对资产流转的维护，仅仅是以牺牲“恢复违法行为发生之前的法律关系”为代价；而前者所牺牲的，则还包括国家对犯罪的预防效力。然而，对比《解释》与《民法典》对善意取得的规定，后者的适用范围仅仅限制在支付了合理对价而取得所有权的情形；而前者却延伸至了对他物权的获取以及对合法债务的清偿。同样是为了保障社会主义市场经济的有序运行，对赃款赃物之善意取得牺牲的利益（对原法律关系的修复、与对犯罪的预防）大于一般财物之善意取得（对原法律关系的修复与还原），其适用的范围却远大于后者。从价值衡平的角度，此种规定方式本身的合理性即存在质疑。

其次，不同于支付对价而取得财物的所有权（司法机关可以将支付的对价视为犯罪所得的“替代物”而予以没收），在偿还债务的场合，司法机关只能要求犯罪分子“责令退赔”因偿还合法债务而导致追缴不能的等价款项。而结合前文所述，此种“司法之债”的缴纳受到犯罪分子可支配财产数额的限制。换言之，当犯罪分子一方面通过虚构大量的合法债务以使犯罪所得落入其同伙手中；另一方面，又通过转移自己的合法财产以削弱向国家退赔相应款项的能力。此时，即便犯罪分子因等价没收而承担的“司法之债”能延伸至其未来可能获得的合法收入，但对于一个无所谓获取任何合法收入的行为人而言（行为人在入狱服刑期不可能产生合法所得，服刑后有可能慑于退赔的数额而“重操旧业”），此种举措的制约力微乎其微。或许正是基于此，英国将“没收令”（confiscation order）的优先性置于了被告人的其他债务之上。[②] 实际上，犯罪分子用犯罪所得清偿债务本身的正当性即值得怀疑，更毋庸说将债

① 《民法典》第 311 条。

② “The Proceeds of Crime Act 2002”, 2002 S 417.

务清偿纳入赃款的善意取得，还为犯罪分子保有犯罪所得创造了一条“合法路径”。

再次，对于在赃款赃物上设立其他权利负担的善意取得，《解释》并未对权利存续期间届满之后财物所有权之归属加以明示。如此一来，此种善意取得对没收效力的阻却，能否被视为“追缴不能”而责令犯罪分子退赔相应价值款项的理由？对此，若持肯定态度，那么在对犯罪分子实施等价没收并对被害人实现赔偿之后，又该如何认定他物权届满后赃款赃物的所有权？若持否定态度，且司法机关可对他物权届满后的赃款赃物继续追缴，那么与没收违法所得密切关联的“被害人合法财产之返还”是否也无法及时兑现而需要相应地推迟？除此之外，犯罪分子为履行合法债务而在赃款赃物上设置的担保物权，同样存在前文所述的因清偿债务而产生的各种弊端与问题。

事实上，即便是欧美等反洗钱先行国，其对赃款赃物的善意取得也多限制在基于支付合理对价而取得财物所有权的狭小范围。[①] 不得不承认，若希冀实现没收对预防犯罪效果的最大化，尽可能地减少对追缴犯罪所得及其收益的限制条件则是明智之举，因为任何一种限制都可能为犯罪分子掩饰、隐瞒犯罪所得创造有利条件。在我国目前对犯罪所得追缴不力的局面下，过分扩大赃款赃物善意取得的适用范围，必将使得司法机关的追赃工作更加举步维艰。而如果民法对无权处分中被侵害方权利的牺牲也只是

---

① 《美国统一商法典》第 2403 条规定“具有可撤销的所有权的人有权向按价购货的善意第三人转让所有权。当货物是以买卖交易的形式交付的，购买人取得其所有权”；澳大利亚《2002 年犯罪收益追缴法》第 330 条第 4 款规定“如果作为犯罪收益的财产被某一第三人取得，该第三人为此付出了‘足够的对价’，并且不知晓该财产属于犯罪收益，则该财产‘停止作为’犯罪所得”；《芬兰民法典》第 3 篇第 86 条将善意取得制度的范围扩展到遗失物和盗窃物，只需受让方是从正常的商业渠道受让该物的顾客。

限制在所有权转让之领域，那么将对犯罪客体的恢复、预防犯罪效力之牺牲扩张至债权债务以及除所有权之外的其他权利关系则实在缺乏足够的理由。

5.3 洗钱所涉财物没收模式之扩张与优化

5.3.1 反洗钱突破传统没收模式的必然

对犯罪所得及其收益的传统没收模式，一般都是建立在刑事定罪的基础上。在此种模式之下，犯罪的成立是明确相关财物之违法性质的先决条件。换言之，在定罪之前，尽管司法机关能够对“疑似犯罪所得及其收益”予以查封、扣押、冻结，但此种举措却仍然是一种程序性的强制措施。“疑似犯罪所得及其收益”唯有在法院确立行为人构成犯罪以后，才能最终确定为“犯罪所得及其收益”，并由法院收归国有。[①] 因此，传统没收模式的适用范围是相对有限的，其针对的仅仅是已成立犯罪的违法所得。

洗钱行为的犯罪化，无疑在一定程度上打破了以定罪为没收前提的适用局限。确切地说，洗钱罪为国家间接没收上游犯罪所得提供了法律依据。由于上游犯罪所得乃是洗钱犯罪的作用对象，而洗钱罪的定罪却并不以成立特定上游犯罪为前提，故而国家在此种情形下对上游犯罪所得的没收，便已不再是传统意义上的基于刑事定罪的没收。尽管其仍需以成立洗钱罪为前提，但是其中涉及的上游犯罪所得却并非产生于洗钱罪。从某种意义而言，洗钱入罪为非基于刑事定罪没收模式的构建提供了一定的操作空间与可能。

① 参见张军主编：《新刑事诉讼法法官培训教材》，法律出版社 2012 年版，第 446 页。

其次，结合本章第二节所述，洗钱方式的科技化与多样化直接导致了没收适用范围的延伸（即犯罪所得及其收益可能转变的一切形式）。然而，犯罪所得及其收益经转化、混合的次数越多，其与犯罪之间的关联性就越弱，司法机关所负担的证明责任也就越重。不得不承认，一笔经过数次转手而"改头换面"的犯罪所得，只要流转期间的资金链条有一处中断，便难以达到刑事定罪所要求的排除合理怀疑之证明标准。此问题，伴随着犯罪所得的跨境转移而越发明显。不可否认，司法机关在传统没收模式下担负的举证责任，难以适应并配合当下反洗钱对没收范围的延伸，其给司法机关追缴赃款带来的约束力，又将进一步加重赃款追缴相对于洗钱的"滞后性"。突破举证责任对犯罪所得及其收益追缴效率的制约无疑为非基于刑事定罪没收的创制提供了动力。

再次，国际反洗钱体系为犯罪所得的跨境转移搭建了基础的司法合作平台，但基于刑事定罪的传统没收，却在一定程度上阻碍了跨境没收机制的功能发挥。根据公约要求，被请求国不仅应当在接到拥有刑事管辖权的另一缔约国的请求之后及时采取措施辨认、追查、扣押和冻结涉案财物，还应当执行请求国提出的没收请求（执行方式包括两种：一种是将没收请求交由本国主管当局，并由主管当局签发没收令予以没收；另一种则是直接由主管当局执行请求国的没收令）。[①] 然而，对于传统没收模式而言，没收决定的作出不仅可能经历漫长的案件审理周期，还将可能面临因犯罪分子死亡、逃匿等因素而导致的审理终止。对于前者而言，被请求国"扣押、冻结"涉案财产时间的有限性，将导致赃款的再次"失

---

① Article 5(4)(a), "*United Nations Convention against Illicit Traffic in Narcotic Drugs and Psychotropic Substances*", Article 13(1), "*United Nations Convention against Transnational Organized Crime*", Article 55 (1), "*United Nations Convention against Corruption*".

控”。相比之下，后者则意味着请求国直接失去了请求别国执行没收的依据与凭证。不难发现，在国际反洗钱框架下，若固守传统的没收模式，那么尽可能地拖延并阻碍案件的审理，将成为犯罪分子对抗反洗钱追赃机制的有力“武器”。显然，基于刑事定罪的没收严重制约了犯罪所得跨境追缴的效率，其所引发的追缴漏洞，也将进一步威胁国际社会对上游犯罪的打击威力。由此可见，规避没收适用的定罪前提以克服传统没收模式存在的上述缺陷，也势必成为国际社会顺利实现跨境没收之反洗钱宗旨的当然选择。

5.3.2 非基于刑事定罪没收之正当性之不足

诚然，有诸多理由可以解释非基于刑事定罪没收产生之必然，但是，上述因由却并不足以解释非基于刑事定罪没收之正当。

对定罪条件的移除，意味着没收适用门槛的降低。即，只要相关财物“有可能”来源于犯罪或者用于犯罪，无需达到排除合理怀疑的程度，国家即有权对其收归国有。然而，此种赃款追缴效率之提升，却是建立在对公民合法财产的不当干预基础上。就没收供犯罪所用财物而言，非基于刑事定罪没收对公民财产权利的剥夺，不再是基于行为人对财物不当使用之“必然”，而是可能不当使用之“或然”。换言之，公民不仅需要为不当使用财物的已然行为付出代价，还将因合法财物与犯罪之间的潜在关联而承担损失。例如，对于贩运毒品的常习犯，尽管其用于运输毒品的汽车仅限于一辆，但在行为人无法合理排除其他交通工具曾用于毒品犯罪可能的情况下，司法机关将仍可基于其与犯罪之间的高度关联而收归国有。而就没收犯罪所得及其收益而言，非基于刑事定罪的没收，亦将导致行为人失去一切与犯罪行为相关却无法证明合法来源，但又并非源于犯罪的财产。例如，对于屡次或长期涉嫌洗钱的酒吧，正常经营收入与混合于其中的赃款及收益的难以区分，无疑极大地增加了行为人丧失其合法收入的风险。然而，合法来源证明的缺失却并不必然等同于“违法性”。

不难发现，非基于刑事定罪没收将司法机关的证明负担在一定程度上转移给了犯罪嫌疑人或被告。换言之，在行为人涉嫌犯罪的情况下，所有与犯罪具有一定关联的财物，即便来源于合法渠道，都将被“先入为主”地视为没收对象。而相较于宪法对“公民的合法私人财产不受侵犯”之当然保障，在非基于刑事定罪没收模式下，行为人对其合法财产的享有，则转变为了一项需要通过证明其如何值得拥有该财物才得以实现的权利。然而，对于涉案财物之没收却并不是一种刑罚，其所基于的“禁止从犯罪中获利”之正当化依据，也并未赋予其僭越违法所得而波及公民合法财产之可能。不得不承认，对没收适用条件的放宽，进一步压缩了公民对其合法财产的权利享有空间。因此，如果说基于刑事定罪的没收是以牺牲没收预防犯罪之效果，以保全公民的私权空间；那么非基于刑事定罪的没收，则是舍弃公民的部分财产权利，以成全国家追缴犯罪所得之公权需要。

除此之外，非基于刑事定罪的没收还存在着对“无罪推定原则”“程序参与原则”等正当程序要求的违背。不得不承认，尽管非基于刑事定罪没收针对的是涉案财物之追缴，而非行为人责任之追究，然而，法院对没收犯罪所得及收益决定的作出，却仍然是建立在假设犯罪行为确已成立这一潜在基础之上。显然，此种犯罪成立并不是基于刑事定罪，而是根据“疑似赃款赃物”的反向推导。换言之，此种没收适用的前提，恰恰是对被告人的“推定有罪”。另一方面，由于无需以定罪为前提，非基于刑事定罪没收亦在一定程度上弱化了被追诉人对诉讼程序的参与程度。尤其是在被追诉人因逃匿等因素缺席审判的情况下，其在刑事诉讼中应当享有的质证权、抗辩权则均无法得到有效落实与保障。值得一提的是，部分发达国家为了避免非基于刑事定罪没收在无罪推定、排除合理怀疑以及合理抗辩权利方面对《欧洲人权公约》的违背，而巧妙地将此种没收命名为“民事没收”。① 然而，尽管其可通过民事证明标准的采纳以解释该种命名的源由，但其针对犯罪所得等涉案财物且意在预防犯罪之根本却无法改变。

5.3.3 对非基于刑事定罪没收的合理适用

从某种意义而言，洗钱与没收好比一对相辅相生的对立面。二者间的对立体现在，洗钱即是为了逃避没收，而没收的过程即是抗击洗钱。二者的相辅相生则体现在，为了应对洗钱的全球化、科技化、迅捷化，没收则必然相应地走向国际化、信息化、高效化；而反过来，没收能力与效率的提升，又将反向刺激洗钱向更加隐蔽、复杂的方向发展。如果说以价值没收为表现形式的没收范围延伸，即是对通过复杂流转以掩盖赃款“原貌”的应对之法，那么舍弃定罪前提以降低没收适用之门槛，则是对当今赃款转移、清洗速度的回应之策。在这场洗钱与反洗钱、追赃与反追赃的较量当中，无论是对善意第三人权利的侵犯，还是对犯罪分子个人合法财产的波及，牺牲公民的部分财产权利，已然被默认为调整传统没收方式以保全反洗钱大局的必要代价。在此既成事实下，如何控制非基于刑事定罪没收的适用，以将这种代价控制在合理范围内则成为了当务之急。

我国对非基于刑事定罪没收的规定始于 2012 年修订的《中华人民共和国刑事诉讼法》。根据规定，对于贪污贿赂犯罪、恐怖活动犯罪等重大犯罪案件，犯罪嫌疑人、被告人逃匿通缉一年后不能

---

① Parliamentary Joint Committee on Human Rights—11th Report, 4 February 2002, para 20.

到案或者死亡的，检察院可以向人民法院提出违法所得没收申请；[①]就我国特别没收程序的适用范围，仅限定在了特定犯罪类型中犯罪分子逃匿或死亡之情形，这无疑在一定程度上限缩了违法所得没收效率的提升空间。另一方面，对证明标准以及财产权利保护明细的"留白"，亦给财产权利应有之保护带来了一定隐患。

5.3.3.1　适用范围的适度扩张

有别于英国与美国的民事没收制度，我国的非基于刑事定罪没收被严格控制在"特定案件类型"与"特定情形"两大限制条件下。

就"特定案件类型"而言，刑诉法仅对"恐怖主义犯罪"与"贪污贿赂犯罪"予以了列举明示，后便以"等重大犯罪案件"予以抽象概括，这在立法初期亦引发了一定争议。有学者指出特别没收"仅适用于贪污贿赂犯罪与恐怖犯罪这两类犯罪类型"；[②]亦有学者结合当时司法解释对"重大"的规定，主张从嫌犯、被告人可能判处的刑期以及案件的社会影响予以综合考量。[③] 就"特定情形"而言，嫌犯、被告须逃匿且通缉一年仍无法到案后方能符合适用条件；而对于嫌犯、报告死亡案件的涉案财物没收，则是对早先规则的吸收与进一步明确。因为在1999年的最高人民检察院《刑事诉讼规则》[④]以及2010年最高人民检察院《人民检察院扣押、冻结涉案财物工作规定》[⑤]中，就曾规定因犯罪嫌疑人死亡而撤销案件的，可以由法院裁定通知冻结存款、汇款的金融机构上缴国库或返还被

① 《中华人民共和国刑事诉讼法》(2018)，第298条。

② 参见王尚新、李寿伟主编：《〈关于修改刑事诉讼法的决定〉解释与适用》，人民法院出版社2012年版，第289页。

③ 参见张慧芳、曹琳：《论正确适用违法所得没收程序理念》，《河北法学》2015年第9期，第79页。

④ 参见1999年最高人民检察院《刑事诉讼规则》，第239条、第277条。

⑤ 参见2010年最高人民检察院《人民检察院扣押、冻结涉案财物工作规定》，第34条。

害人。因此,严格意义上,特别没收程序对追赃缴赃的实质贡献,仅仅是弥补了因嫌犯逃匿而导致的追缴不能。

相比之下,英国的民事没收对于是否提起诉讼、是否作出有罪判决、是否发现违法行为人、违法行为人能否被追踪皆在所不问,只要能够证明财产与违法行为之间存在足够的联系,即可启动民事追缴程序。[①] 不难发现,相较于英美国家提升赃款追缴效率的激进态度,我国非基于刑事定罪没收,则更像是对传统没收的一种保障。换言之,我国仅仅是在刑事诉讼"被迫"处于停顿或终止而导致审判不能的状态下,才"不得以"放弃定罪的适用前提,而由法院裁定没收。如此一来,在某种意义上,以嫌犯、被告逃匿或死亡为限制条件的特别没收程序,在一开始便注定了其难以成为大幅提升没收效率以对抗赃款转移、清洗速度的有力工具。在此前提下,若再通过"特定案件类型"加以限制,则难免使得我国没收力度的提升进一步受限。或许是基于此种顾虑考量,两高在 2017 年颁布了《关于适用犯罪嫌疑人、被告人逃匿、死亡案件违法所得没收程序若干问题的规定》,将"贪污贿赂犯罪、恐怖活动犯罪等"犯罪案件解读为包括"危害国家安全、走私、洗钱、金融诈骗、黑社会性质组织、毒品犯罪案件以及电信与网络诈骗犯罪案件"。[②] 不得不承认,若非出于重点打击特定犯罪之目的,将我国特别没收的适用范围限制在特定的案件类型其实缺乏足够的理由。毕竟,如果从预防犯罪的角度,同样是为了躲避追赃而逃匿,对重大案件与普通案件犯罪所得的没收必要性其实并无差异。即便是出于对公民合

① 参见《英国 2002 年犯罪收益追缴法》,张磊等译,中国政法大学出版社 2010 年版,第 17 页。

② 参见 2017 年《最高人民法院、最高人民检察院关于适用犯罪嫌疑人、被告人逃匿、死亡案件违法所得没收程序若干问题的规定》第一条;后被 2018 年最高人民法院《关于适用〈中华人民共和国刑事诉讼法〉的解释》部分吸收,规定为第 609 条。

法财产权利的维护，但基于财产权利享有的平等性，也难以解释司法机关何以能对不同案件中犯罪分子的财产权利区别对待。而若是出于重点打击特定犯罪之目的，那么对打击范围的确立则显得尤为重要。对此，不妨将其与我国洗钱罪的上游犯罪范围相统一，并附随"以及其他重大犯罪案件"[①]的兜底条款（即，将特别没收的适用案件范围变更为"毒品犯罪、黑社会性质的组织犯罪、恐怖活动犯罪、走私犯罪、贪污贿赂犯罪、破坏金融管理秩序犯罪、金融诈骗犯罪，以及其他重大犯罪案件"）。如此规定，一方面，有助于我国非基于刑事定罪没收与洗钱犯罪打击重点相衔接；另一方面，也为必要情况下适度扩张适用范围提供了操作空间。

5.3.3.2　证明标准的保守设置

结合上文所述，非基于刑事定罪没收的证明标准，在一定程度上直接决定着此种没收模式对犯罪分子合法财产的波及程度。因此，适度限制涉案财物证明标准的放宽，即是对公民合法财产权利的一种有效保护。

对于我国特别没收证明标准的设置，首先应当明确的前提是，一般的刑事诉讼证明标准（即"排除合理怀疑"）难以甚至无法在特别没收程序中得到实现。究其原因，主要在于以下几个方面。其一，特别没收无需以定罪为前提的基本特征，注定了其对涉案财物的证明要求不可能达到排除合理怀疑的程度。因为，确认犯罪所得及收益的基本前提——"成立犯罪"在特别没收中本就是基于犯罪事实的一种推定而非确证。其二，在嫌疑人、被告人逃匿、死亡的情形下，案件的审理过程根本无法形成控、审、辩的完整结构。

① 此处将"等"更改为"以及"之目的在于体现兜底条款对所列罪名的补充，而非对等关系。否则，列举的罪名则均需要达到足够的社会影响力或是无期徒刑以上的刑罚，方能适用特别没收。

缺乏来自被告人质证与辩护的制约，程序本身便很难具有实现排除合理怀疑之证明程度的可能。其三，非基于刑事定罪没收出现的初衷，即是为了减少没收适用的限制以提高司法机关的没收效率。然而，如果在无需定罪的前提下，仍然将证明标准设置为排除合理怀疑，其无异于要求司法机关完成一项不可能的任务，司法机关的证明负担只可能比传统没收更重而不可能更轻，此举与非基于刑事定罪之初衷显然背道而驰。

其次，对特别没收证明标准的设置，也应当尽量避免走向采纳民事证明标准的另一个极端。其中的一个重要原因在于，我国的特别没收仍然规定在刑事诉讼法中。尽管其有别于传统的刑事没收，但是特别没收针对犯罪所得等涉案财物，意在预防犯罪之本质却与传统没收并无二致。仅仅以其针对的是“赃物”而非“行为人罪责”为由，便类比民法的对物之诉，[①]难免过于武断。诚然，以英国、美国为例，其确将民事证明标准（盖然性证明标准或优势证明标准）运用于非基于刑事定罪的没收当中，[②]然而，这些国家所设置的民事没收却是与刑事诉讼相对独立的程序。是否对违法行为提起刑事诉讼、是否发现嫌犯、嫌犯能否被追踪，与民事没收是否适用皆无关联。而反观我国，从法院作出没收裁决的前提仍然需要基于“犯罪事实清楚”的判定，[③]以及在逃嫌犯、被告人自动投案或被抓获后对特别没收程序的终止以及恢复案件审理，[④]均可以看出特别没收对刑事诉讼的依附性。显然，我国的特别没收与英

① 参见黄风：《我国特别刑事没收程序若干问题探讨》，《人民检察》2013 年第 13 期。

② 参见张磊等译：《英国 2002 年犯罪收益追缴法》，中国政法大学出版社 2010 年版，第 4 页；《美国法典》第 18 编第 983 条(c)款。

③《最高人民法院关于适用〈中华人民共和国刑事诉讼法〉的解释》，第 516 条。

④《中华人民共和国刑事诉讼法》（2012 年修正），第 283 条；《最高人民法院关于适用〈中华人民共和国刑事诉讼法〉的解释》，第 519 条。

美的民事没收尽管同归属于非基于刑事定罪的没收，但二者仍然存在着本质区别。他山之石不可攻玉。

基于以上论述，如果将特别没收程序的证明标准比作一段区间，那么"排除合理怀疑"即对应于该区间的"上限"；民事证明标准则对应于该区间的"下限"；上、下限之间的距离，则对应于特别没收证明标准的适用空间。即，应无需达到排除合理怀疑的程度，但有确实、充分的证据能够证明所涉财物与犯罪行为之间的关联。换言之，对涉案财物与犯罪行为之间关联性的判断，不是基于一种单纯的怀疑，而是依循证据而导出的理性推断。

5.3.3.3 财产权利的应有保障

由于没收对象范围的延伸(即，扩张至涉案财物可能存在的一切转变形式)，无论是传统没收还是特别没收，其均可能面临侵犯第三人权利的问题。只不过，在特别没收程序中，司法机关基于较低的证明标准而可能将更多的"合法财产"纳入没收的范围，故而存在更大的权利侵犯风险。

我国的特别没收，亦明确规定犯罪嫌疑人、被告人的近亲属及其他利害关系人有权申请参加诉讼。[①] 值得一提的是，司法解释对"利害关系人"的界定，已从早年的"对申请没收的财产主张所有权的人"[②]扩张至"对申请没收的财产主张权利的自然人和单位"。[③] 这在一定程度上，实现了与 2014 年《最高人民法院关于刑事裁判涉财产部分执行的若干规定》(以下简称《刑事裁判涉财产部分执行的若干规定》)中涉案财物善意取得的呼应。因为根据《刑事裁判涉财产部分执行的若干规定》，对赃款赃物的善意取得

---

① 《刑事诉讼法》(2018)第 299 条第 2 款。

② 《最高人民法院关于适用〈中华人民共和国刑事诉讼法〉的解释》，第 513 条第 1 款。

③ 《最高人民法院关于适用〈中华人民共和国刑事诉讼法〉的解释》(2021)，第 616 条。

适用于清偿债务、转让或者设置其他权利负担的情形。[①] 在此前提下,若将特别没收的程序参与权限定在“所有权”范畴,难免因立法不统一而为诟病善意第三人保护的流于形式埋下隐患。因此,2021 年司法解释对“利害关系人”的扩容,在一定程度上可视为对特别没收权利侵害风险的一种有力制衡。程序参与权利人的扩张无疑为权利保护提供了更多的操作空间与实现可能。

此外,对近亲属及权利关系人的知情权,我国刑诉法亦在特别没收程序中给予了保障。即,规定人民法院在受理没收违法所得申请后,应发布为期 6 个月的公告,以提醒与被申请没收财产有法律上利害关系的人申报权利,参加诉讼。[②] 与此同时,司法解释进一步规定,即便近亲属及权利关系人在公告期满后申请参加诉讼,只要能够合理说明原因,法院亦准许其参与诉讼当中。[③] 由此看来,我国对第三人知情权的获取给予了相对较大的空间。

值得一提的是,尽管在程序参与和知情权的获取上,应尽量以一种包容的态度给予保护;但在对第三人权利主张的认定上,却不可过于宽松。根据现有的规定,第三人提供的证据范围仅限于对违法所得及其他涉案财产主张权利的证据材料。[④] 然而,恰如部分论者所言,在洗钱导致违法所得可以通过各种形式呈现的背景下,任何一种形式都可以表现为外观上的权利合法。仅以权利合法作为对抗没收的主张,无疑为不法分子掩饰、隐瞒犯罪所得及收

---

① 2014 年《最高人民法院关于刑事裁判涉财产部分执行的若干规定》第 11 条。

②《中华人民共和国刑事诉讼法》(2018 年),第 299 条第 2 款。

③《最高人民法院关于适用〈中华人民共和国刑事诉讼法〉的解释》(2021),第 617 条第 3 款。

④《最高人民法院关于适用〈中华人民共和国刑事诉讼法〉的解释》(2021),第 617 条第 1 款。

益提供了更多可能。[①] 对此，仍应结合我国对赃款善意取得的规定，在出示相关权利证明的同时，亦应结合主观上对财物非法来源知晓可能之排除，是否支付合理对价、权属变更是否符合行业规律等因素共同判定所涉财物应否没收。

5.4　对洗钱所涉财物的追索及处置举措

对犯罪所得及其收益的追索及处置，刑法中的法律依据主要来源于第64条和第191条。根据刑法第64条犯罪所得之物、所用之物的处理规定，“犯罪分子违法所得的一切财物，应当予以追缴或者责令退赔”。然而，对比刑法第191条洗钱罪的规定(“为掩饰、隐瞒毒品犯罪……所得及其产生的收益的来源和性质，有下列行为之一的，没收实施以上犯罪的所得及其产生的收益”)便不难发现，同样是针对犯罪所得及其收益[②]的处理，一个使用的是“追缴或者责令退赔”，另一个使用的却是“没收”。如果从立法一致性的角度，无异于将“没收”等同于“追缴或者责令退赔”。但是，如果从刑法第64条的行文逻辑来看，“没收”与“追缴”或“责令退赔”又绝非同一含义。同样的表述尴尬亦出现在司法解释当中。例如2002年《最高人民法院、最高人民检察院、海关总署关于办理走私刑事案件适用法律若干问题的意见》对于走私货物、违法所得以及属于走私犯罪分子所有的犯罪工具之处理，即是用了“追缴”的表

---

① 参见陈卫东、李响：《论违法所得没收特别程序中的利害关系人》，《政法论坛》2015年第1期，第81页。

② 尽管对违法所得的界定学界存在一定的争议，但是对违法所得包括犯罪所得及其收益却是共性与一致的。

达。[①] 然而，在 2005 年《最高人民法院、最高人民检察院关于办理赌博等刑事案件具体应用法律若干问题的解释》的规定中，却是对赌资予以"追缴"，对赌具、违法所得、用于赌博的资金等予以"没收"。[②] 规范表述的不统一亦在一定程度上引发了实务界对"没收""追缴"与"责令退赔"使用的混淆。有学者曾就判决书中涉案财物处理之具体表述，对基层法院工作的多名法官以及多份刑事判决书进行过访问与采样调研。结果显示，在这些判决书中，对于涉案财物之处理表述，要么遗漏，要么简略，要么直接混淆对没收、追缴、责令退赔的使用。[③] 面对刑法第 64 条的既有规定方式，明晰没收、追缴、责令退赔的含义及差异以厘清三者之间的逻辑关系，显得尤为重要。

5.4.1 犯罪所得及其收益追索、处置举措之辨析

5.4.1.1 "追缴"与"查封、扣押、冻结"

对"追缴"之理解，引注较多的是《中华人民共和国刑法释义》(以下简称《释义》)中的解读。由于该解释在一定程度上体现了立法机关对条文适用的理解，故而具有一定的权威性。根据《释义》中的阐释，"追缴"是将犯罪分子的违法所得强制收缴。[④] 相较于早前版本提出的"将犯罪分子违法所得强制收归国有"之解读，[⑤]新版《释义》回避了"收归国有"这一强调实体处分的表述，而代之以"强制收缴"之表达。这在一定程度上化解了先前解释方式

---

① 2002 年《最高人民法院、最高人民检察院、海关总署关于办理走私刑事案件适用法律若干问题的意见》，第 23 条。

② 2005 年《最高人民法院、最高人民检察院关于办理赌博等刑事案件具体应用法律若干问题的解释》，第 8 条第 2 款。

③ 何帆：《刑事没收研究——国际法与比较法视角》，法律出版社 2007 年版，第 12 页。

④ 王爱立主编：《中华人民共和国刑法释义》，法律出版社 2021 年版，第 100 页。

⑤ 胡康生、朗胜主编：《中华人民共和国刑法释义》，法律出版社 2004 年版，第 62 页。

可能引发的所有权重叠困境。即，一方面强调对违法所得及收益应"收归国有"，另一方面又提出"被害人合法财产应及时返还"的权属确认。然而，尽管新版《释义》在一定程度上否定了"追缴"与"收归国有"的等同，但就何为"收缴"，新版《释义》却未有进一步明示。换言之，"收缴"仍是一个相对模糊的概念，其本身并不足以对追缴的内涵作出明晰界定。

相较于将追缴视为一种实体性的权利处分，程序性的强制措施似是当下学界更为普遍的观点。只是对"追缴"含义的界定方式，不尽相同。例如，有学者将其理解为"勒令追回非法所得至司法机关"[①]，有学者将其表述为"侦查机关在诉讼过程中采取的强制措施"[②]，有学者阐释为"追查与收缴(且收缴因其仅指代将违法所得置于司法机关的管控而有别于上缴)"[③]，亦有学者将其解读为"追回违法所得的过程"。[④] 对该种理解的具体论证视角大致包括以下几个方面：其一，是从刑法第64条的规定出发，以追缴的违法所得要么返还被害人要么上缴国库为由，否定"追缴"是对违法所得的实体处分；其二，是从"追缴"行为之目的出发，以期通过查封、扣押、冻结等措施及时控制违法所得以保障对相应财物的最终处理，而论述其所具有的程序意义；其三，则是从"追缴"多发生于侦查、起诉阶段出发，以明示其程序属性。值得一提的是"追缴"与"查封、扣押、冻结"所指意义并非一致。"查封、扣押、冻结"，乃是针对侦查活动中发现的可用以证明犯罪嫌疑人有罪或者无罪的

① 曲升霞，袁江华：《论我国〈刑法〉第64条的理解与适用》，《法律适用》2007年第4期，第85页。

② 同247。

③ 刘振会：《刑事诉讼中涉案财物处理之我见》，《山东审判》2008年第3期，第92页。

④ 刘廷和：《追缴、责令退赔和刑事没收探讨》，《人民司法》2004年第12期，第44页。

各种财物、文件以及资金的固定举措。[1] 由于该举措之目的主要在于获取、固定证据，因此该举措面向的对象包括犯罪所得，却不限于犯罪所得。相比之下，"追缴"则是对已定性为违法所得之物的强制性控制举措。司法机关对相应财物的控制，不是为了证明有罪或无罪，而是等待法院作出或返还被害人或上缴国库的处理。

基于"追缴"的适用期间、作用目的以及对追缴财物处置的不确定性，"追缴"宜被界定为"诉讼过程中在实体性处分作出前，司法机关对违法所得及收益的强制控制状态"。一方面，追缴后的违法所得及收益有待进一步确认其权利归属，以作出收归国有或者返还被害人的处置判断；另一方面，追缴是在查封、扣押、冻结基础上对违法所得及收益控制的进一步延续，其不同于侦查阶段服务于案件调查的强制性举措，而是服务于最终实体性处置的前置性准备。

5.4.1.2 "责令退赔"与"返还被害人"

对于"责令退赔"之适用前提，学界并无太多争议。即，"责令退赔"一般适用于犯罪分子已将违法所得毁坏、挥霍、使用、丢失而导致原物不复存在之事实上追缴不能的情形。[2] 在此基础上，有学者还进一步借鉴日本、我国台湾等追征制度，将"责令退赔"的适用范围扩展至法律上的追缴不能。即，在原物尚且存在却因为法定原因（如第三方善意取得）而难以实现追缴之情形。[3] 如果从"保护公私财产，不让犯罪分子在经济上占便宜"[4]之立法初衷出

---

① 第 222 条，2012 年《公安机关办理刑事案件程序规定》（公安部令第 127 号）；第 139 条，《中华人民共和国刑事诉讼法》。

② 1999 年 10 月《全国法院维护农村稳定刑事审判工作座谈会纪要》规定"……如赃款赃物尚在的，应一律追缴；已被用掉、毁坏或挥霍的，应责令退赔……"。

③ 张明楷：《论刑法中的没收》，《法学家》2012 年第 3 期，第 57 页。

④ 胡康生、朗胜主编：《中华人民共和国刑法释义》，法律出版社 2004 年第 2 版，第 63 页。

发，那么将“责令退赔”的适用前提理解为事实追缴不能与法律追缴不能，亦具有一定的合理性。

事实上，学界对“责令退赔”含义理解之争议，主要体现在对“退赔”对象解读的分歧上。即，“退赔”的对象究竟是应当被追缴而无法实施追缴之“财物”，[①]还是被害人因犯罪行为而受到的“损失”。[②] 若是对应被追缴财物之退赔，那么，犯罪分子所应退赔财物之数额则应与追缴不能财物之价值相当，经退赔的财产即等同于应被“追缴”之款物，从而面临进一步或返还被害人或上缴国库的终极处分。如此，“责令退赔”即是追缴不能情况下的补救措施，或可视为“追缴”之替代措施。然而，若将退赔理解为退还并赔偿被害人的损失，那么退赔的数额则不受应追缴数额的限制，而是应以被害人损失为度量。经犯罪分子退赔后的财物也不存在上缴国库之可能，而是直接与被害人关联。如此，“责令退赔”则是一种适用于追缴不能却完全有别于“追缴”的财产处分举措。对于后一种理解，有学者指出其将导致一些存在违法所得却没有明确被害人（例如洗钱罪）的案件，因为没有明确的退赔对象，而无法在追缴不能的情形下适用“责令退赔”。[③] 不可否认，将“责令退赔”理解为直接偿还被害人损失难以成立的一个重要原因，乃是其引发了刑事立法的尴尬。即，此种解读方式将难以说明为何在违法所得可以正常追缴的情况下，追缴所得财物需要经由法院审理后再行确认处分（或返还被害人或上缴国库）；而在追缴不能的情况下，“责

① 刘志德：《“判处赔偿经济损失”“责令赔偿损失”及“责令退赔”辨析》，《法律适用》2005年第4期，第80页。

② 曲升霞，袁江华：《论我国〈刑法〉第64条的理解与适用》，《法律适用》2007年第4期，第86页。

③ 胡成胜：《我国刑法第64条“没收”规定的理解与适用》，《河北法学》2012年第3期，第159页。

令退赔”的财物却可以直接用于对被害人损失之偿付。毕竟，追缴不能这一适用前提本身并不足以作为区分上述情形的依据。除此之外，由于将退赔的数额与被害人的损害相挂钩，故而其亦将导致在追缴不能的违法所得价值大于或远大于被害人损失的情况下，责令退赔将极有可能成为犯罪分子逃避惩处的有效途径。故而，对“责令退赔”的含义应明确为“在追缴不能的情形下要求犯罪分子退赔与不能追缴之财物等价的财产”较为合适。

5.4.1.3 “没收”与“上缴国库”

在我国的刑法典中，对“没收”的规定主要出现于两处，一处是刑法第 59 条规定的“没收财产”；一处则是刑法第 64 条所规定的“对违禁品和供犯罪所用的本人财物，应予没收”。尽管两者实施的结果均是将对应财产强制收归国有，但是由于前者针对的是犯罪分子个人所有的合法财产，而后者面向的则是包括违法所得、犯罪工具、违禁品在内的特定涉案财物。故而前者被视为一种刑罚方法，后者则被认为是基于保安、预防犯罪需要而采取的非刑罚处置措施。[①] 因此，我国对涉案财物没收之非刑罚性既已确认。

“没收”概念界定的分歧之一，体现在对“没收”对象的认定差异上。例如，有的学者认为“没收”仅能适用于违禁品和供犯罪所用的本人财物；[②]而有的学者却坚持“没收”是对违法所得及与犯罪有关财物的无偿收归国有；[③]还有学者主张“没收”除了针对违禁品和供犯罪所用的本人财物，还包括扣除被害人合法财产后的

---

① 谢望原、肖怡：《中国刑法中的“没收”及其缺憾与完善》，《法学论坛》2006 年第 4 期，第 6 页。

② 朗胜主编：《中华人民共和国刑法释义》，法律出版社 2009 年版，第 63 页。

③ 刘家琛主编：《新刑法条文释义》，人民法院出版社 2001 年版，第 248 页。

追缴和责令退赔所得。[①] 笔者认为，将“没收”之对象理解为违禁品和供犯罪所用的本人财物，只是局限于对刑法第 64 条“违禁品和供犯罪所用的本人财物，应当予以没收”的形式解读，却并未顾及法条中紧随该内容之后的“没收的财物和罚金，一律上缴国库”之规定。换言之，如果“没收”仅仅针对的是违禁品和供犯罪所用的本人财物，那么刑法第 64 条“上缴国库”的范围便无法涵盖违法所得。如此一来，被追缴或责令退赔的违法所得，在经过返还被害人合法财产之后，对其处置之规定将处于一种空白状态。其次，对于将“没收”理解为包括违法所得的观点，尽管有学者列举出诸多早年的单行刑法规定或立法机关颁布的决议[②]以阐释“没收”对违法所得的包含。但是，暂且不论我国刑事立法与司法中对“没收”与“追缴”概念本来就有混同使用之嫌，单就用追缴或责令退赔之违法所得返还被害人合法财产之举，就难以和“没收”划等号。不得不承认，笼统地将违法所得全部纳入“没收”的范围，无疑否定了刑法第 64 条中对违法所得的另一种处置方式——返还被害人。因此，将“没收”的对象界定为违禁品、供犯罪所用的本人财物以及扣除返还被害人合法财产后的违法所得，较为适宜。

值得一提的是，对于“没收”的结果是否直接对应于上缴国库(或收归国有)，有学者曾经提出过澄清。其认为没收上缴的过程中，由于可能涉及到支付拍卖费、鉴定费，用于奖励检举揭发有功之人，或涉及对第三人的补偿，而难以全数上缴国库。而对被没收

---

① 高铭暄、马克昌主编，冯军执行主编：《中国刑法解释》(上册)，中国社会科学出版社 2005 年版，第 780 页。

② 例如，1994 年《全国人民代表大会常务委员会关于严惩组织、运送他人偷越国(边)境犯罪的补充规定》第 7 条；1990 年《全国人民代表大会常务委员会关于惩治走私、制作、贩卖、传播淫秽物品的犯罪分子的决定》；1995 年《全国人民代表大会常务委员会关于惩治违反公司法的犯罪的决定》。

的违禁品之销毁,[①]也使得相应财物不可能收归国有。[②] 对于此种认知,笔者认为,其只是关注到了被没收财物之物理形态的转移,却并未留意相应财产权利归属的本质。换言之,从物理形态转移的角度看,同样一件财物,要么被上缴国库,要么被销毁,要么被用于支付拍卖、鉴定等费用或支付奖金,而绝对不可能同时出现于上述各个过程之中。然而,若是将"上缴国库"理解为"收归国有"的同义替换,那么从权利归属的角度看,无论是将相应的财物存放于国库,还是将其销毁,或作于他用,上述举措无非都是国家对其所拥有财物的处置行为。如此,没收的后果即是强制收归国有。而刑法第 64 条所规定的"一律上缴国库",则是为了强调国家对相应财物的管控状态,该句后面紧跟的"不得挪用和自行处理"即是很好的印证。

因此,对"没收"的含义则应明确为"对违禁品、供犯罪所用的本人财物以及扣除返还被害人合法财产后的违法所得收归国有的强制性举措"较为合适。

5.4.2 "追缴""责令退赔"及"没收"的逻辑关系

学界对刑法第 64 条"没收""追缴"及"责令退赔"之间关系的理解大体分为三种主张。一种,是将"追缴"与"责令退赔"视为部分的"没收";另一种,是将"追缴"与"责令退赔"视为程序上的强制措施,以区别于最终处分之"没收";还有一种则是否定"追缴"与

---

① 例如,第 7 条,1990 年《全国人民代表大会常务委员会关于惩治走私、制作、贩卖、传播淫秽物品的犯罪分子的决定》;第 22 条,1995 年《全国人民代表大会常务委员会关于惩治破坏金融秩序犯罪的决定》;第 12 条,1990 年《全国人民代表大会常务委员会关于禁毒的决定》。

② 李长坤:《刑事涉案财物处理制度研究》,华东政法大学 2010 年博士学位论文,第 60 页。

"责令退赔"间的并列关系，将"责令退赔"与"没收"同视为实体处分，而将"追缴"视为程序上前置于实体处分的强制措施。对于第一种主张，其立论的依据主要在于：无论刑法如何区分表述对违法所得的追缴以及责令退赔，被追缴与责令退赔的犯罪所得在剔除应当及时返还被害人的部分之后，对其的处理结果均是上缴国库。而根据刑法第64条"没收的财物和罚金，一律上缴国库"之规定，便可推出"没收"实际上包含了返还被害人的合法财产之外的追缴与责令退赔。[①] 对于第二种主张，学者的论证理由则主要是基于追缴、责令退赔与没收适用的不同期间（即，追缴与责令退赔一般由公安或检察机关在诉讼过程中进行，而对追缴及责令退赔后财物的处置——没收，则一般是由法院经由审判后决定）而主张"追缴"与"责令退赔"在程序上的重要意义，以有别于没收这一实体处分。[②] 对于第三种主张，将"责令退赔"理解为是对原财物权利所有人的赔偿，则是观点持有者将其视为实体处分的关键。[③]

统观上述各异的论述观点，引发争议的原因其实在于两方面。一方面，是对具体概念的界定差异。例如，第三种主张将"责令退赔"理解为是直接对被害人的赔偿，而该种理解则有别于前两种观点中将"责令退赔"理解为因违法所得被毁坏、使用、挥霍以致追缴不能情形下，对"追缴"的补充性或是替代性举措。又如，将"追缴"理解为强制收归国有的，便倾向于将其等同于如"没收"一般的实体性处分；而将"追缴"理解为追回违法所得的过程，则无疑更偏向于程序性举措。另一方面，则是对刑事涉案财物处理举措之关注点的不同。例如，第一种观点对"追缴""责令退赔"与"没收"的认

---

① 张明楷：《论刑法中的没收》，《法学家》2012年第3期，第57页。
② 何帆：《刑事没收研究——国际法与比较法视角》，法律出版社2007年版，第108页。
③ 曲升霞，袁江华：《论我国〈刑法〉第64条的理解与适用》，《法律适用》2007年第4期，第86页。

知，即是立足于三者在处置结果上所具有的一定程度之共性——上缴国库；而第二种观点，则是着眼于刑事涉案财物处理的整个过程，从阶段的区分以呈现上述举措之差异。在上述引发争议的两大原因中，对基本概念之界定是厘清概念关联的基础；而对概念之间共性与差异的区分，则是梳理概念逻辑的关键。

根据上文所述，“追缴”即指诉讼过程中在实体性处分作出前，司法机关对违法所得及收益的强制控制状态；“责令退赔”则是在追缴不能的情形下要求犯罪分子退赔与追缴不能之财物等价财产的措施；“没收”则是对违禁品、供犯罪所用的本人财物以及扣除返还被害人合法财产后的违法所得收归国有的处分。因此，从某种意义而言，“追缴”“责令退赔”以及“没收”之间其实并不存在明显的共性。将“追缴”或“责令退赔”的财物可能被“没收”理解为三者之间的共性，其实是将概念本身与概念之间的关系相混淆。换言之，“追缴”或“责令退赔”的财物可能被“没收”体现的只是“追缴”“责令退赔”与“没收”之间的关系，而并非共性。“追缴”与“责令退赔”均不涉及对涉案财物的最终处分，而仅仅只是一种强制性的控制状态或举措。也正是基于上述三者在性质上的不同，故而三者所处阶段（“没收”一般是经由审判后决定，而“追缴”“责令退赔”则可以发生于侦查、审查起诉以及案件审理阶段）、实施的主体（“没收”需由法院决定并实施，而“追缴”和“责令退赔”的实施主体则包括公安机关、检察机关）也均体现出了一定程度的差异。

故而，对“追缴”“责令退赔”以及“没收”之间的关系应作如下理解：“责令退赔”可以视为“追缴”的替代性举措，“追缴”与“责令退赔”是“没收”的前置性措施，“没收”则是对涉案财物的一种实体性处分。由于违法所得大多牵涉到被害人的合法财产或损失，故而对“追缴”或“责令退赔”所得之处置方式以返还被害人为优先，以收归国有为补充。而违禁品与供犯罪所用的本人财物，则分别由于其自身的违法性以及不涉及被害人，而直接收归国有。此处，需要特别澄清的一点是，针对个别学者凭借贿赂款项既可以因其属于行贿人供犯罪所用的本人财物而施以“没收”，又可以因其属于受贿人的犯罪所得而施以“追缴”，而论证“追缴”与“没收”界限模糊之主张，[①]其实并不成立。事实上，引发“没收”与“追缴”适用重合的并非是两者界限的模糊，而是贿款本身兼具了“供犯罪所用之物”与“违法所得”的双重属性。换言之，对此问题的处理，并不在于是适用“追缴”还是“没收”，而是在于司法机关将汇款定性为何种属性。若是定性为“违法所得”，那么对该财物的追缴可以进一步满足对被害人的补偿；而若将其定性为“供犯罪所用的本人财物”，则直接收归国有。考虑到贿赂犯罪侵犯的客体乃是职务行为的廉洁性，故而，将贿款界定为何种性质的意义并不大。适用到洗钱犯罪，情形亦复如是。上游犯罪所得既是上游犯罪的违法所得，亦是洗钱犯罪的供犯罪所用之物。然而，将其定性为“违法所得”却能较好地满足对上游犯罪被害人的赔偿。

5.4.3 对已没收犯罪所得及其收益的分享

结合本文第一部分所述，洗钱行为犯罪化的一个重要价值即是为跨境追缴犯罪所得提供“双重犯罪”的国际司法合作基础。因此，不同于国内没收，对经由国际协助而请求他国追缴的犯罪所得及其收益，除去对被害人或原所有权人的返还之外，在上缴国库之前其还将涉及另外两方面的处置，即对被请求国执法费用的支付以及与被请求国间就追缴所得的共享。

就执法费用的支付而言，尽管我国与各国缔结的刑事司法互助协定并不统一，但依据现有的协定内容来看，我国采取的基本原

---

① 何帆：《刑事没收研究——国际法与比较法视角》，法律出版社2007年版，第98页。

则大多是：由被请求国承担执行请求的费用，[①]但是对于鉴定人的费用、翻译及誊写的费用以及有关人员前往、停留和离开被请求方的费用等，则由请求国支付。[②] 此外，针对执行过程中可能产生的巨大开支，则由双方通过个案协商的方式确认应予扣除的费用。此种协定方式与《联合国反腐败公约》第 57 条的规定基本吻合。[③]

引发争议的，主要在于应否对已没收犯罪所得及其收益的分享。尽管《联合国反腐败公约》第 57 条明确了对公职人员贪污、挪用或者以其他类似方式侵犯财产犯罪以及洗钱犯罪之违法所得的“优先返还”，但此种返还却是以生效的刑事判决为前提和基础。这便意味着，当我国就犯罪分子逃匿、死亡等情形作出没收裁定的情况下，对赃款的追回将难以实现。[④] 与此同时，《联合国反腐败公约》第 57 条第 1 款“缔约国依据公约而没收的财产，应当依据公约规定与本国法律处分”亦为部分国家以“违背国内法律”为由而拒绝返还犯罪所得及其收益提供了可能。[⑤] 资产分享即是在此背景下的产物。

事实上，对于通过国际协助所获没收财产的分享，1988 年《维也纳公约》就提出了一定的建议。即，捐给专门从事打击非法贩运

---

① 如《中华人民共和国和俄罗斯联邦关于民事和刑事司法协助的条约》第 5 条、《中华人民共和国和波兰人民共和国关于民事和刑事司法协助的协定》第 9 条。

② 参见《中华人民共和国政府和美利坚合众国政府关于刑事司法协助的协定》第 20 条、《中华人民共和国与加拿大刑事司法协助条约》第 6 条、《中华人民共和国和俄罗斯联邦关于民事和刑事司法协助的条约》第 5 条。

③ Article 57(4), “*United Nations Convention against Corruption*”, “Interpretative Notes for the Official Record (Travaux Preparatoires) of the Negotiation of the United Nations Convention against Corruption”, UN Doc. A/58/422/Add. 1, 7 October 2003, p. 11.

④ 参见高铭暄、张杰：《论国际腐败犯罪的趋势及中国的回应——以〈联合国反腐败公约〉为参照》，《政治与法律》2007 年第 5 期。

⑤ 参见张士金：《对资产追回国际法律合作的现实考量》，《政法论坛》2010 年第 1 期。

及滥用麻醉药品和精神药物的政府间机构，或者定期或逐案地与其他缔约国分享。[①] 相较于前者，将没收的收益或财产在缔约国之间的分享则受到了更多青睐。正如美国司法部所表示的"将没收标的在缔约国之间进行分享创造了一种动力，这种动力有助于促进国际间为实现最终的没收而团结合作，且这种合作不受没收标的所处地理位置以及对没收标的进行最终没收之执行主体的影响"。[②] 同样的建议内容也相继出现在了《联合国制止向恐怖主义提供资助的国际公约》以及《巴勒莫公约》中。[③] 然而，其后的《联合国反腐败公约》却并未对此内容予以涉及。究其原因，仍然是发展中国家与发达国家间对资产分享态度的较大分歧。[④]

国内对犯罪所得及其收益分享之否定主要出于以下两方面因由：一方面，是从世界各国履行打击特定犯罪之共同义务出发，指出发达国家就司法协助而向发展中国家要求资产分享并不合适，且此举对于本身亟需资金发展建设的发展中国家而言有失公平；[⑤]其二，则是从犯罪所得及其收益的应然归属角度，指出即便是流入境外的赃款，刑法第 64 条"应当上缴国库"的规定亦明示了

---

① Article 5(5)(b), "*United Nations Convention against Illicit Traffic in Narcotic Drugs and Psychotropic Substances*".

② Greenberg, T S, "*Anti-Money Laundering Activities in the United States*", in Action against transnational criminality: papers from the 1993 Oxford Conference on International and White Collar Crime, London, Commonwealth Secretariat, 1994, p. 53, at p. 58.

③ Article 8, "The 1999 UN International Convention for the Suppression of the Financing of Terrorism", Article 14 (3)(a), "*United Nations Convention against Transnational Organized Crime*".

④ 参见林雪标：《资产分享相关问题研究》，《河南师范大学学报》(哲学社会科学版)，2010 年第 1 期，第 112 页。

⑤ 参见储槐植、郭明跃：《联合国反腐败公约与中国反腐败国际合作研究》，《刑法论丛》2007 年第 1 期。

我国对该资产的所有权,故而不应与国外分享。[①] 不可否认,站在维护国家利益的立场,上述理由皆具有说服力。然而,该种理由在当下的国际反洗钱大环境下却难以被真正采纳。就前者而言,现有的国际公约所创设的赃款间接追缴机制,已然为国外拒绝返还犯罪所得提供了操作的空间与可能。在缺乏法律依据的前提下,仅仅以做法不够恰当或有失公平来抵制资产分享,显然太过羸弱。而就后者而言,公约目前仅认可原所有权人以对犯罪所得及其收益的权利主张,却并未肯定各国没收权力与赃款所有权间的关联。更何况司法协助需依据公约及本国法律进行之规定本身,在一定程度上即否定了他国法律在本国的适用。正如本文在第一章没收犯罪所得的利益作用机制中所阐释的,赃款流入国作为犯罪所得跨境转移的既得利益者,在协助特定国家的机率远大于请求该国协助的前提下,必然会尽可能利用现有法律的操作空间以节制资产的返还。而"为促进各国努力追回赃款提供经济刺激",将成为其阐释行为合理性的正当化依据。

不得不承认,在现有的跨境没收合作框架以及我国已然流失大量犯罪所得并亟需发达国家司法协助的背景下,坚持对资产分享的拒绝态度显然并非明智。该种态度不仅会使得我国为跨境追赃付出的大量人力物力付诸东流,还将降低国外司法机关协助追赃的力度与积极性。其导致的最终结果,将是为犯罪分子在境外保有犯罪所得提供了更多希望与可能。相比之下,牺牲一部分国家利益,在以未来相互司法协助的基础上争取返还的数额,则更利于没收犯罪所得打击、预防犯罪之目标的实现。毕竟,相较于对赃款最终归属的关注,犯罪分子更在乎的是自己在境外隐匿犯罪所

① 参见毛兴勤:《违法所得没收裁定的域外执行:机遇、挑战与进路》,《法治研究》2014年第3期。

得的安全。对此，我国适宜采取个案的方式，根据具体案件与他国订立资产分享的比例或数额。采取此种分享方式的理由在于，在科技高度发展、经济全球化的今天，各国之间的利益争夺瞬息万变，有太多因素决定着国与国之间在追缴、返还犯罪所得过程中的博弈地位。正如，谁曾想到一场由发达国家为本国利益而主导、发起的反洗钱运动，如今利用、参与度最高的竟会是相对被动的发展中国家(除却大量赃款，尤其是腐败所得，流失并隐藏于发达国家的银行之中；发展中国家资产追回效率的低下也进一步刺激其参与并构建国际资产追回机制的渴望。例如，尽管发展中国家每年会流失将近 400 亿美元的赃款，但是在 1995—2010 年的时间内，只有大约 50 亿美元得到了追回[①])。而基于个案分享资产所具有的高度灵活性，无疑最有助于我国利用一切条件与时机争取违法所得资产的回归。

小结

如果说反洗钱的根本在于加大对犯罪所得的没收力度，那么洗钱犯罪亦在一定程度上反向作用并影响着没收犯罪所得的立法构建。基于“任何人不得从其错误行为中获利”的正当化依据，没收犯罪所得之目的即在于预防犯罪。基于此种性质界定，将犯罪所得理解为“犯罪成本＋犯罪利润”则更为适宜。洗钱手法的多样与速度的提升，在一定程度上直接导致了没收对象范围的延伸以及没收适用门槛的降低。然而，在以等价没收为表现形式的责令退赔犯罪所得及其收益中，也仍应考虑到为犯罪分子与其家属保

① O. Canuto and J. Devan, *No Safe Havens for Stolen Funds*, International Herald Tribune, 26 March 2010, p. 8.

留必要的生活资料。相比之下，在没收适用门槛降低之既定事实下，严格把握证明标准的放宽并细化对相关权利人的应有保护，则是当务之急。我国目前对善意第三人的保护过于宽泛，承认债权与他物权的善意取得极大地增加了犯罪分子逃避没收的可能。而另一方面，我国对非基于刑事定罪的适用限制又相对过多。对非基于刑事定罪的保守适用，使得我国的赃款追缴效率难以合理应对当今的洗钱问题。在对犯罪所得及其收益的处置举措上，厘清追缴、责令退赔以及没收之间的逻辑关系，有助于明确我国对犯罪所得及其收益的追索、处置顺序。而在犯罪所得及其收益的分享问题上，牺牲部分犯罪所得以实现对上游犯罪与洗钱犯罪之打击预防目的，则更符合当前的现实。

结语

对洗钱罪的研究既不可脱离其犯罪化的作用根本，亦不可缺失对反洗钱立法国际标准化原理的基本认知。前者的意义在于，其为洗钱犯罪化路径的探索提供了基本方向；后者的价值则在于，其为各国理性迎合国际立法要求提供了空间与可能。洗钱的犯罪化即是为了弥补司法机关对犯罪所得的没收不力。反洗钱体系作用的本质亦是对犯罪所得的跨境追缴。因此，无论是洗钱罪客体性质的界定，还是上游犯罪范围的明确，又或是自洗钱独立成罪的适用，再或是反向洗钱行为的入罪，对洗钱犯罪化问题的探讨，均应立足于其服务于没收犯罪所得的根本。另一方面，没收犯罪所得作为当今反洗钱的助力对象，无论是其法律性质的界定，还是适用范围的延伸，又或是适用门槛的降低，再或是追索、处置举措的设置，对相关问题的探讨则不应背离当今洗钱全球化、科技化以及迅捷化的客观现实。反洗钱立法的国际标准化，既是各国牺牲部分立法自主性的过程，也是各国逐步参与并利用跨境追缴赃款之国际合作机制的过程。对于国内立法与国际要求之间的差距，立足于国际反洗钱宗旨并善用公约提供的立法选择空间，无疑有助于缓和甚至化解矛盾与冲突。

事实上,洗钱与没收恰似一体两面。洗钱的猖獗导致了没收力度的加大,而没收力度的加大又反向刺激洗钱向更隐蔽、更复杂的方向发展。在这场洗钱与没收的战役中,公民的私有财产权成为了双方对抗的牺牲品。对银行保密条款的突破、反洗钱监管义务的渐次扩张、非基于刑事定罪中对疑似犯罪所得的没收以及无惧犯罪所得转换形式的等价追偿,预防犯罪之需求正在逐步压缩着公民对私有财产的权利享有空间。如何在加大反洗钱力度、提升没收效果的同时,适度控制对公民财产权利的过度干预,也应时刻贯穿于反洗钱立法的研究当中。

参考文献

一、中文文献

(一) 中文著作

1. 高铭暄、马克昌主编：中国刑法解释，北京：中国社会科学出版社，2005。
2. 陈兴良主编，罪名指南（第二版）（上册），北京：中国人民大学出版社，2008。
3. 陈子平，刑法总论，北京：中国人民大学出版社，2009。
4. 戴长林，刑事案件涉案财物处理程序，北京：法律出版社，2014。
5. 高铭暄，刑法学原理（第 3 卷），北京：中国人民大学出版社，1993。
6. 高铭暄主编，经济犯罪和侵犯人身权利犯罪研究，北京：中国人民公安大学出版社，1995。
7. 高铭暄、马克昌，刑法学，北京：北京大学出版社、高等教育出版社，2000。
8. 高铭暄、马克昌主编、冯军执行主编，中国刑法解释（上册），北京：中国社会科学出版社，2005。
9. 韩忠谟，刑法原理，北京：中国政法大学出版社，2001。
10. 何帆，刑事没收研究——国际法与比较法视角，北京：法律出版社，2007。
11. 何鹏主编，现代日本刑法专题研究，吉林：吉林大学出版社，1994。
12. 何萍，中国洗钱犯罪立法与司法与欧盟反洗钱制度比较研究，上海：上海人民出版社，2005。
13. 黄太云，立法解读，刑法修正案及刑法立法解释，北京：人民法院出版社，2006。
14. 胡康生主编，中华人民共和国物权法释义，北京：法律出版社，2007。

15. 胡康生、朗胜,中华人民共和国刑法释义,北京:法律出版社,2004。
16. 朗胜,中华人民共和国刑法释义,北京:法律出版社,2009。
17. 刘飞,洗钱罪研究,北京:社科文献出版社,2005。
18. 刘家琛主编,新刑法条文释义,北京:人民法院出版社,2001。
19. 刘宪权,金融犯罪刑法理论与实践,北京:北京大学出版社,2008。
20. 马克昌,完善我国关于洗钱罪的刑事立法——以《联合国打击跨国有组织犯罪公约》为依据,载赵秉志主编,联合国公约在刑事法治领域的贯彻实施,北京:中国人民公安大学出版社,2010。
21. 马克昌,比较刑法原理——外国刑法学总论,武汉,武汉大学出版社,2002。
22. 莫洪宪主编,加入〈联合国打击跨国有组织犯罪公约〉对中国的影响,北京:中国人民公安大学出版社,2005。
23. 王尚新、李寿伟主编,〈关于修改刑事诉讼法的决定〉解释与适用,北京:人民法院出版社 2012 年版。
24. 王新,反洗钱:概念与规范诠释,北京:中国法制出版社,2011。
25. 吴燕、赵祥东,供犯罪所用的本人财物的认定与没收,载《刑事审判参考,北京:法律出版社,2005。
26. 鲜铁可,金融犯罪的定罪与量刑,北京:人民法院出版社,1999。
27. 谢在全,民法物权论(上册),北京:中国政法大学出版社,1999。
28. 薛波,元照英美法词典,北京:北京大学出版社,2013。
29. 杨春洗、杨敦先主编,中国刑法论(第二版),北京:北京大学出版社,1998。
30. 张军主编,反洗钱立法与实务,北京:人民法院出版社,2007。
31. 张军主编,新刑事诉讼法法官培训教材,北京:法律出版社,2012。
32. 张明楷,外国刑法纲要,北京:清华大学出版社,2007。
33. 张明楷,刑法学,北京:法律出版社,2011。
34. 张智辉、刘远,金融犯罪与金融刑法新论,山东,山东大学出版社,2006。
35. 赵秉志主编,中国刑法案例与学理研究(分则篇二)(上),北京:法律出版社,2001。
36. 赵秉志,外国最新反恐法选编,北京:中国法制出版社,2008。
37. 赵金成,洗钱犯罪研究,北京:中国人民公安大学出版社,2006。
38. 赵永琛,国际刑法与司法协助,北京:法律出版社,1994。
39. 周道鸾、张军主编,刑法罪名精释,北京:人民法院出版社,2013。
40. 周振想,中国新刑法释论与罪案,北京:中国方正出版社,1997。

41. 中华人民共和国最高人民法院刑事审判第一、二、三、四、五庭,《中国刑事审判指导案例(第 2 卷),北京:法律出版社,2009。

(二) 中文译著

1.《国际司法协助条约集》,中华人民共和国司法部司法协助局翻译,北京:法律出版社,1990。
2.《英国 2002 年犯罪收益追缴法》,张磊等译,北京:中国政法大学出版社,2010。
3.【德】《德国刑法典》,徐久生、庄敬华译,北京:中国方正出版社,2004。
4.【德】汉斯·海因里希·耶塞克、托马斯·魏根特,《德国刑法教科书·总论》,徐久生译,北京:中国法制出版社,2001。
5.【法】卡斯东·斯特法尼,《法国刑法总论精义》,罗结珍译,北京:中国政法大学出版社,1998。
6.【荷】《荷兰刑法典》,于志刚、龚馨译,北京:中国方正出版社,2007。
7.【日】大谷实,《刑法总论》,黎宏译,北京:法律出版社,2003。
8.【日】大塚仁,《刑法概说·总论》,冯军译,北京:中国人民大学出版社,2003。
9.【日】木村龟二,《刑法学词典》,顾肖荣等译,上海:上海翻译出版公司,1991。
10.【日】前田雅英等,《条解刑法》,弘文堂译,2007。
11.【日】森下忠,《国际刑法入门》,阮齐林译,北京:中国人民公安大学出版社,2004。
12.【日】西原春夫,《刑法的根基与哲学》,顾肖荣等译,北京:法律出版社,2004。
13.【瑞】《瑞士联邦刑法典》,徐久生译,北京:中国方正出版社,2004。
14.【意】《意大利刑法典》,黄风译,北京:中国政法大学出版社,1998。

(三) 中文期刊

1. 顾肖荣,也谈赃物和窝赃、销赃罪,法学研究,1987 年第 1 期。
2. 山石,卡住贩毒者的咽喉——缉毒战扩展到控制洗钱的新领域,国际展望,1989 年第 21 期。
3. 黄风,向洗钱张开法网——记第 4 次亚太地区洗钱问题研讨会,当代司法》1997 年第 5 期。
4. 李希慧,论洗钱罪的几个问题,法商研究,1998 年第 2 期。

5. 蔡桂生,洗钱罪上游犯罪刑事立法研究,大连大学学报,2008 年第 1 期。
6. 陈晖,《联合国禁毒公约》与我国洗钱收益之没收,环球法律评论,2006 年第 6 期。
7. 陈兴良,协助他人掩饰毒品犯罪所得行为之定性研究——以汪照洗钱案为例的分析,北方法学,2009 年第 3 期。
8. 陈明华,洗钱罪的认定及处罚,法律科学(西北政法学院学报),1997 年第 6 期。
9. 陈卫东、李响,论违法所得没收特别程序中的利害关系人,政法论坛,2015 年第 1 期。
10. 储槐植、郭明跃,联合国反腐败公约与中国反腐败国际合作研究,刑法论丛,2007 年第 1 期。
11. 代杰,论犯罪所得与相关概念的关系,三峡大学学报(人文社会科学版),2014 年第 9 期。
12. 付立庆,刑法规范的供给不足及其应对,中国人民大学学报,2014 年第 2 期。
13. 傅美惠,论没收——刑法修正草案"没收"规范评析,中正法学集刊,2004 年第 17 期。
14. 高铭暄、张杰,论国际腐败犯罪的趋势及中国的回应——以《联合国反腐败公约》为参照,政治与法律,2007 年第 5 期。
15. 侯国云、安丽萍,洗钱罪相关问题探讨,河南师范大学学报,2007 年第 1 期。
16. 胡成胜,我国刑法第 64 条"没收"规定的理解与适用,河北法学,2012 年第 3 期。
17. 黄风,我国特别刑事没收程序若干问题探讨,人民检察,2013 年第 13 期。
18. 黄风,等值没收及可追缴资产评估规则探析,比较法研究,2015 年第 5 期。
19. 李齐广、黄佩娟,洗钱罪上游犯罪的范围之认定,河北法学,2012 年第 7 期。
20. 李希慧,论洗钱罪的几个问题,法商研究(中南政法学院学报),1998 年第 2 期。
21. 林山田,论法律竞合与不罚之前后行为,台大法学论丛,1993 年 22 卷第 2 期。
22. 林雪标,资产分享相关问题研究,河南师范大学学报(哲学社会科学版),2010 年第 1 期。

23. 卢勤忠,我国洗钱罪立法完善之思考,华东政法学院学报,2004 年第 2 期。
24. 刘贵涛、张成发,洗钱罪与窝赃、销赃罪比较研究,理论界,1999 年第 3 期。
25. 刘廷和,追缴、责令退赔和刑事没收探讨,人民司法,2004 年第 12 期。
26. 刘伟,事后不可罚行为——兼论吸收犯之重构,金陵法律评论,2005 年第 1 期。
27. 刘振会,刑事诉讼中涉案财物处理之我见,山东审判,2008 年第 3 期。
28. 刘志德,“判处赔偿经济损失”、“责令赔偿损失”及“责令退赔”辨析,法律适用,2005 年第 4 期。
29. 吕秀莲,论不罚的后行为,刑事法杂志,第 13 卷第 3 期。
30. 贾学胜,事后不可罚行为研究,现代法学,2001 年第 5 期。
31. 贾宇、舒洪水,洗钱犯罪若干争议问题研究,中国刑事法杂志,2005 年第 5 期。
32. 姜志刚,洗钱罪比较研究,现代法学,1999 年第 1 期。
33. 金光旭,日本刑法中的不法收益之剥夺,中外法学,2009 年第 5 期。
34. 马长生、辜志珍,论刑法修正案(六)对洗钱罪的扩容,河北法学,2007 年第 9 期。
35. 毛兴勤,违法所得没收裁定的域外执行:机遇、挑战与进路,法治研究,2014 年第 3 期。
36. 曲升霞、袁江华,论我国《刑法》第 64 条的理解与适用,法律适用,2007 年第 4 期。
37. 任惠,中国资本外逃的规模测算和对策分析,经济研究,2001 年 11 期。
38. 时延安,违法所得没收条款的刑事法解释,法学,2015 年第 11 期。
39. 时延安、刘伟,美国的刑事没收制度,检察日报,2007 年 11 月 12 日。
40. 苏俊雄,论共犯之责任共同原则对没收宣告之适用性问题——评“最高法院”八十八年度台上字第六二三四号刑事判决,月旦法学杂志,2000 年第 66 期。
41. 王朋、赵准,洗钱罪初探,人民检察,1997 年第 8 期。
42. 王琼,《联合国反腐败公约》与我国洗钱罪之刑事立法,人民司法,2006 年第 8 期。
43. 王新,德国反洗钱刑事立法述评与启示,河南财经政法大学学报,2012 年第 1 期。
44. 王新,竞合抑或全异:辨析洗钱罪与掩饰、隐瞒犯罪所得、犯罪所得利益罪之关系,政治与法律,2009 年第 1 期。
45. 王飞跃,犯罪工具没收研究,中外法学,2010 年第 4 期。
46. 肖乾利、孙华南,我国洗钱罪刑事立法缺陷与完善之探讨,云南行政学院学报,2012 年第 1 期。
47. 谢财能,台湾地区没收犯罪工具界说,台湾法研究,2007 年第 2 期。
48. 谢望原、肖怡,中国刑法中的“没收”及其缺憾与完善,法学论坛,2006 年第 4 期。
49. 徐岱、梁缘,吸收犯之生存空间论——吸收犯之学理解释,当代法学,2005 年第 3 期。
50. 杨金彪,赃物罪中“犯罪所得”的含义,社会科学,2008 年第 2 期。
51. 杨胜刚、乔海曙,我国资本外逃的现状、影响及对策,对外经济贸易大学学报,2004 年第 5 期。
52. 阴建峰,洗钱罪上游犯罪之再扩容,法学,2010 年第 12 期。
53. 于志刚,恐怖活动犯罪中资助行为入罪化的价值取向——与传统洗钱罪的冲突与整合,中国检察官,2006 年第 6 期。
54. 袁益波,刑法中没收物之分类研究,华东政法学院学报,2004 年第 1 期。
55. 张慧芳、曹琳,论正确适用违法所得没收程序理念,河北法学,2015 年第 9 期。
56. 张磊,以“反向洗钱”的入罪化为中心反思我国洗钱罪的行为方式,当代法学,2012 年第 1 期。
57. 张明楷,期待可能性理论的梳理,法学研究,2009 年第 1 期。
58. 张明楷,论刑法中的没收,法学家,2012 年第 3 期。
59. 张士金,对资产追回国际法律合作的现实考量,政法论坛,2010 年第 1 期。
60. 张翔飞,洗钱罪构成要件探析,宁波大学学报,2001 年第 3 期。
61. 张阳,论犯罪工具的内涵及其处理模式,昆明理工大学学报,2008 年第 5 期。
62. 赵海峰,试述掩饰、隐瞒出售毒品所得财物的非法性质和来源罪,法学杂志,1992 年第 6 期。
63. 赵永林,论我国反洗钱犯罪的国际合作,法学杂志,2011 年第 5 期。
64. 王新,自洗钱犯罪: 传统赃物罪理论有新解,检察日报,2021 年 5 月 12 日第 003 版。
65. 刘宪权、陆一敏,自洗钱入罪司法适用的疑难解析,检查日报,2021 年 5 月 12 日。

66. 何萍,自洗钱入罪后的罪数问题,人民法院报,2021 年 7 月 8 日。
67. 王新,自洗钱犯罪:传统赃物罪理论有新解,检察日报,2021 年 5 月 12 日。
68. 刘宪权、陆一敏,自洗钱入罪司法适用的疑难解析,检查日报,2021 年 5 月 12 日。
69. 何萍,自洗钱入罪后的罪数问题,人民法院报,2021 年 7 月 8 日。

(四) 中文论文

1. 白勇,洗钱犯罪体系,西南政法大学 2011 年硕士学位论文。
2. 曾文波,洗钱罪基础理论问题研究,吉林大学 2007 年博士学位论文。
3. 戴婷,洗钱犯罪焦点问题研究,华东政法大学 2014 年硕士学位论文。
4. 何度海,我国洗钱罪若干问题研究,贵州大学 2009 年硕士学位论文。
5. 李长坤,刑事涉案财物处理制度研究,华东政法大学 2010 年博士学位论文。
6. 李群杰,洗钱罪若干问题研究——侧重于立法完善与司法认定视角,中国社会科学院研究生院 2012 年硕士学位论文。
7. 李云飞,中美洗钱罪立法比较研究,西南政法大学 2014 年博士学位论文。
8. 林安民,我国反洗钱立法演变研究,华东政法大学 2008 年博士学位论文。
9. 刘健,洗钱罪之上游犯罪研究,中国海洋大学 2011 年硕士学位论文。
10. 刘飞,洗钱罪研究,吉林大学 2004 年博士学位论文。
11. 戚佳娴,洗钱犯罪研究,华东政法大学 2014 年硕士学位论文。
12. 唐浩,洗钱罪若干问题研究,云南大学 2014 年硕士学位论文。
13. 唐娟,洗钱罪若干法律问题探析,西南政法大学 2011 年硕士学位论文。
14. 汤洁,洗钱罪上游犯罪范围研究,中国政法大学 2011 年硕士学位论文。
15. 王立军,洗钱罪之上游犯罪研究,吉林大学 2009 年硕士学位论文。
16. 吴青颖,论洗钱罪的上游犯罪,苏州大学 2014 年硕士学位论文。
17. 吴怡,洗钱罪研究,中国政法大学 2011 年硕士学位论文。
18. 徐志乐,论洗钱罪的构成要件和立法完善,中南民族大学 2011 年硕士学位论文。
19. 杨国举,吸收犯研究,武汉大学 2009 年博士学位论文。
20. 袁永超,洗钱犯罪的规范解读及其防治,中国人民大学 2015 年博士学位论文。
21. 张珊珊,我国刑法中洗钱罪认定问题研究,西南政法大学 2014 年硕士学位论文。

22. 张先广,洗钱罪研究,中国政法大学2011年硕士学位论文。
23. 张叶婷,浅议洗钱罪的几个争议问题,中国政法大学2010年硕士学位论文。
24. 赵金成,洗钱犯罪研究,吉林大学2005年博士学位论文。
25. 郑宜涛,论洗钱罪与掩饰、隐瞒犯罪所得、犯罪所得收益罪的关系,西南政法大学2014年硕士学位论文。
26. 周娟,两岸洗钱犯罪比较研究,华东政法大学2013年博士学位论文。

二、英文文献

(一) 英文著作

1. Joras Ferwerda, *The effects of money laundering*, edited in "Research Handbook on Money Laundering" edited by Brigitte Unger, Daan van der Linde, Published by Edward Elgar Publishing Limited, 2013.
2. Mackrell, N., *Economic consequences of money laundering*, Research and Public Policy Series, 1997.
3. Walker, J. and B. Unger, *Estimating money laundering: The Walker Gravity Model*, review of law and Economics, 2009.
4. Vito Tanzi, *Money Laundering and the International Financial System*, Social Science Electronic Publishing, 1996.
5. United Nations Office on Drugs and Crime (UNODC) (2009, 2010, 2011), World Drug Report 2009,2010,2011, Vienna.
6. Peter Alldridge, *Money Laundering Law*, Hart Publishing c/o International Specialized Book Services, 2003.
7. Thomas Bingham, Inquiry into the supervision of the Bank of Credit and Commerce International, HC 198 (London, HMSO, 1992) PARA 2. 3.
8. Joras Ferwerda, *The effects of money laundering*, Research Handbook on Money Laundering, 2013.
9. Vito Tanzi, *Money Laundering and the International Financial System*, IMF Working paper 96/55, Washington DC, International Monetary Fund, 1996.
10. Neil Boister, *An Introduction to Transnational Criminal Law*, Oxford University Press, 2012.
11. Kris Hinterseer, *Criminal Finance: The Political Economy of Money Laundering in a Comparative Legal Context*, Hague: Kluwer Law

International, 2002.

12. Vito Tanzi, *Money Laundering and the International Financial System*, IMF Working Paper 96/55, Washington DC, International Monetary Fund, 1996.

13. PB Heymann, *Two Models of National Attitudes toward International Co-operation in Law Enforcement*, Harvard International Law Journal, 1990.

14. Valsamis Mitsilegas, Peter Alldridge and Leonidas Cheliotis, *Globalisation, Criminal Law and Criminal Justice*, Hart Publishing, 2015.

15. Sherman, T, *International Efforts to Combat Money Laundering: The Role of the Financial Action Task Force*, in Macqueen, H L (ed.), Money Laundering, Edinburgh: Edinburgh University Press, 1993.

16. *Financial Action Task Force on Money Laundering: Annual Report 1999 - 2000*, Paris, 2000.

17. M. Gallant, *Money Laundering and the Proceeds of Crime*, Cheltenham: Edward Elgar, 2005.

18. A. Leong, *Assets Recovery under the Proceeds of Crime Act 2002: the UK Experience*, in S. Yong (ed.), *Civil Forfeiture of Criminal Property: Legal Measures for Targeting the Proceeds of Crime*, CheltenhamL Edward Elgar, 2009.

19. M. Simpson, N. Smith and A. Srivastava (eds), *International Guide to Money Laundering Law and Practice*, London: Haywards Heath, 2010.

20. A. P. Simester and G. R. Sullivan, *Criminal Law: Theory and Doctrine*, Oxford, Hart Publishing, 2000.

21. D. Saltzurg, *Real property forfeitures as a weapon in the government's war on drugs: a failure to protect innocent ownerships*, Boston University Law Review, 1992.

22. S. Grono, "Civil forfeiture- the Australian experience", in S. Young (ed.), *Civil Forfeiture of Criminal Property- Legal Measures for Targeting the Proceeds of Crime*, Cheltenham, Edward Elgar, 2009.

23. R. C. H. Alexander, *Insider Dealing and Money Laundering in the EU: Law and Regulation*, Aldershot: Ashgate, 2007.

24. Sproule, D. W. and Saint-Denis, P., *The UN Drug Trafficking Convention: An Ambitious Step*, Canadian Yearbook of International Law, 1989.
25. FATF, *Stocktaking Review of the Forty FATF Recommendations: Summary of Responses to the Consultation Questionnaire*, FATF VI, PLEN/48 Paris, FATF.
26. McClean, D., *International Co-operation in Civil and Criminal Matters*, Oxford University Press, 2002.
27. Michael Levi, *Following the Criminal and Terrorist Money Trails*, Global Journal on Crime & Criminal Law, 2003.
28. Ward, C. A., *Legal Imperative for Implementation of Resolution 1373 (2001)*, paper presented to the Caribbean Regional Conference of the International Law Association, 2003.
29. *Financial Action Task Force on Money Laundering: Annual Report 1996 - 1997* (hereafter Report VIII), 1997.
30. Greenberg, T. S., *Anti-Money Laundering Activities in the United States*, in Action against Transnational Criminality: Papers from the 1993 Oxford Conference on International and White Collar Crime, London, Commonwealth Secretariat, 1994.
31. M. Levi and P. Reuter, *Money Laundering*, *Crime and Justice*, 2006.
32. Lon Fuller, *The Morality of Law*, Harvard Law Review, 1969.
33. RGB Goff and GH Jones, *The Law of Restitution*, Law of Restitution, 1993.
34. Ronald Dworkin, *Taking Rights Seriously*, 1977.
35. Bernard Ryan, *The Poisoned life of Mrs. Maybrick*, 1989.
36. Paul Schiff Berman, *An Anthropological Approach to Modern Forfeiture Law: The Symbolic Function of Legal Actions against Objects*, Social Science Electronic Publishing, 1999.
37. Guy Stessens, *Money Laundering: A New International Law Enforcement Model*, Cambridge University Press, 2000.
38. The Speech of Lord Ackner, HL Debates vol 540 cols 744, 749 (22 Nov 1992).
39. Donald J Boudreaux and AC Pritchard, *Civil Forfeiture and the War on Drugs: Lessons from Economics and History*, San Diego Law

Review, 1996.

40. Barclay Thomas Johnson, *Restoring Civility — the Civil Asset Forfeiture Reform Act of 2000: Baby Steps towards a More Civilized Civil Forfeiture System*, Ind. L. Rev., 2001.

41. Norman Abrams and Sara Sun Beale, *Federal Criminal Law and Its Enforcement*, ST. Paul West Group, 3rd ed., 2000.

42. O. Canuto and J. Devan, *No Safe Havens for Stolen Funds*, International Herald Tribune, 2010.

(二) 英文论文

1. G. Richard Strafer, Money laundering: the crime of the "90s", *American Criminal Law Review*, Vol. 27, Issue 1, 1989.

2. Francisco E. Thoumi, The numbers game: let's all guess the size of the illegal drug industry!, *Journal of Drug Issues*, Vol. 35, Issue 1, 2005.

3. Petrus van Duyne, Money-laundering: pavlov's dog and beyond, *Howard Journal of Criminal Justice*, Vol. 37, Issue 4, 1998.

4. B. Johnson, Restoring civility-the civil asset forfeiture reform act 2000: baby steps towards a more civilized civil forfeiture system, *Indiana Law Review*, Vol. 35, 2002.

5. Courtney J. Linn, Redefining the bank secrecy act: currency reporting and the crime of structuring, *Santa Clara Law Review*, Vol. 50, 2010.

6. M. Levitsky, Transnational criminal networks and international security, *Syracuse Journal of International Law and Commerce*, Vol. 30, 2003.

7. Petrus van Duyne and Hervy de Miranda, The emperor's clothes of disclosure: hot money and suspect disclosures, *Crime Law and Social Change*, Vol. 31, Issue 3, 1999.

8. S. Cassella, The civil asset forfeiture reform act of 2000: expanded government forfeiture authority and strict deadlines imposed on all parties, *Journal of Legislation*, 2001.

9. M. Gallant, Canada: crime control and co-opting legal counsel: canvassing the confidentiality crisis, *Journal of Financial Crime*, Vol. 10, 2003.

10. A. Kennedy, Designing a civil forfeiture system: an issue list for policymakers and legislators, *Journal of Financial Crime*, Vol.

13,2006.

11. S. Cassella, Forfeiture of terrorist assets under the USA Patriot Act of 2001, *Law and Policy in International Business*, Vol. 34, 2002,
12. Stigler, G., The theory of economic regulation, *Bell Journal of Economics*, Vol. 2, Issue 2, 1971.
13. Becker Gary, Crime and punishment: an economic approach, *The Journal of Political Economy*, Vol. 76, 1998.
14. M. Levitsky, The dark side of globalization, *International Studies Review*, Vol. 5, Issue 2, 2003.
15. Anthony Aust, Counter-terrorism-a new approach, *Max Planck Yearbook of United Nations Law Online*, Vol. 5, 2001.
16. Freiberg A., Criminal confiscation, profit and liberty, *Australian and New Zealand Journal of Criminology*, Vol. 25, Issue 1, 1992.
17. L. Blakeney and M. Blakeney, Counterfeiting and piracy — removing the incentives through confiscation, *European Intellectual Property Review*, Vol. 30, Issue 9, 2008.

图书在版编目(CIP)数据

全球化背景下的洗钱犯罪化:以没收为视角/周锦依著.—上海:上海三联书店,2022.12
ISBN 978-7-5426-7947-5

Ⅰ.①全… Ⅱ.①周… Ⅲ.①洗钱罪-研究
Ⅳ.①D914.330.4

中国版本图书馆CIP数据核字(2022)第221752号

全球化背景下的洗钱犯罪化:以没收为视角

著　　者 / 周锦依

责任编辑 / 郑秀艳
装帧设计 / 一本好书
监　　制 / 姚　军
责任校对 / 王凌霄

出版发行 / 上海三联书店
(200030)中国上海市漕溪北路331号A座6楼
邮　　箱 / sdxsanlian@sina.com
邮购电话 / 021-22895540
印　　刷 / 上海惠敦印务科技有限公司
版　　次 / 2022年12月第1版
印　　次 / 2022年12月第1次印刷
开　　本 / 890mm×1240mm　1/32
字　　数 / 180千字
印　　张 / 7.625
书　　号 / ISBN 978-7-5426-7947-5/D·559
定　　价 / 48.00元